U0749397

人才培养与教学改革

——浙江工商大学教学改革论文集(2016)

主　编　赵英军

副主编　厉小军　伍　蓓

浙江工商大学出版社
ZHEJIANG GONGSHANG UNIVERSITY PRESS

图书在版编目（CIP）数据

人才培养与教学改革：浙江工商大学教学改革论文集 . 2016 / 赵英军主编 . — 杭州：浙江工商大学出版社，2018.1

ISBN 978-7-5178-2546-3

Ⅰ.①人… Ⅱ.①赵… Ⅲ.①高等学校—教学改革—中国—文集 Ⅳ.① G642.0-53

中国版本图书馆 CIP 数据核字 (2017) 第 312818 号

人才培养与教学改革

——浙江工商大学教学改革论文集（2016）

赵英军　主编

责任编辑	沈明珠　白小平	
封面设计	林朦朦	
责任印制	包建辉	
出版发行	浙江工商大学出版社	
	（杭州市教工路 198 号　邮政编码 310012）	
	（E-mail : zjgsupress@163.com）	
	（网址 : http://www.zjgsupress.com）	
	电话：0571-88904980，88831806（传真）	
录　　排	五五三九七一五工作室	
印　　刷	浙江新华数码印务有限公司	
开　　本	787mm×1092mm　1/16	
印　　张	17	
字　　数	371 千	
版 印 次	2018 年 1 月第 1 版　2018 年 1 月第 1 次印刷	
书　　号	ISBN 978-7-5178-2546-3	
定　　价	49.00 元	

前　言

　　加快"双一流"建设，落实"立德树人"的根本任务，是高等教育提升人才培养质量的必经之路。为此，必须不断深化教学改革，并及时总结教学改革中的宝贵经验。

　　浙江工商大学作为一所具有百年历史的高校，通过牢牢把握"大商科"办学特色，不断优化学科结构，经过全校师生不懈的努力，已跻身国内一流财经类高校序列。学校广大教师在育人和教学实践中，取得了一批重要的研究成果。本书是我校教师教改理论成果的集中展示，在内容上涵盖了模式改革、课程建设、教学方法、实践教学等方面。论文集主要分为以下四个部分：

　　第一部分，模式改革篇，共收录12篇论文。其中《基于融合创新的"大商科"人才培养体系构建与实践》一文认为，根据浙江工商大学"大商科"人才培养的新要求，学生不仅要掌握商科知识，而且更要有多元的素质和能力，包括心理、道德、审美等人文素质，创新创业、跨文化交流、团队合作等实践能力。因此，必须走经管为主、工商融合、多科交叉、协调发展的人才培养之路，探索融入"浙商"要素的、基于"一体多元"课堂协同的人才培养改革与实践。《基于校企合作的现代商贸人才培养模式的实践与思考》以浙江工商大学义乌中国小商品城实践教育基地为例，立足"大商科"办学特色，开展全方位、深层次、多形式的校企合作，以服务社会、提升技能、促进就业为目的，提升学生的创新精神、实践能力、社会责任感和综合素质，形成了校企合作、协同发展、互利双赢的现代商贸人才培养模式。

　　第二部分，课程建设篇，共收录13篇论文。《数据结构与程序设计教学方法改革的实践与思考》一文针对"数据结构与程序设计"课程教学中存在的问题，就教学方法、教学手段、教学反馈进行分析。从分层的教学课件设计、分层课堂案例提问、作业反馈及解答和对作业及分层测试的相关性分析四个方面，构建了基于相关性分析的分层反馈式教学方法。

　　第三部分，教学方法篇，共收录11篇论文。其中，《基于学生视角的小组学习教学优化研究》一文以大学生问卷调研为基础，基于学生学习需求的视角分析了小组教学组织过程的基本现状，提出了合理设置学习小组及目标任务、强化组内学生间的相互交流与合作、优化协调管理提升任务完成质量、创新小组学习的评价方式方法、充分调动学生参与小组学习的积极性等优化建议。《从"学习中心法"谈专门用途英语教材设计》一文从输入、内容、语言和任务四个方面对浙江工商大学商务英语专业的《物流英语简易教程》这一教材进行评估，为 ESP 课程教材的设计提供了建设性的意见。

第四部分，实践教学篇，共收录 9 篇论文。其中《高校创业教育与创新型人才培养》一文，介绍了创业教育契合了知识经济对创新型人才的需求。文章介绍了欧美高校创业教育的经验，强调创业教育应面向创新型人才培养、理性的创业教育、从国家创新战略高度认识创业教育的作用等内容，这对我国高校创业教育有诸多启示。

感谢各位作者对本书的辛勤写作。本论文集凝聚了全校教师的心血，体现我校教师对于教学前沿问题的理论探索精神。我们还要特别感谢浙江工商大学出版社对出版本书的大力支持。希望本论文集能给广大读者带来教学上的启示、思考。如有不足之处，请批评指正。

编　者

2017 年 9 月

目　录

模式改革篇

1

课程建设篇

教学方法篇

实践教学篇

模式改革篇
MOSHI GAIGE PIAN

基于融合创新的"大商科"人才培养体系构建及实践

陈寿灿 ①

摘　要： 为了培养具有"大商科"特色的高层次应用型、复合型、创新型人才，浙江工商大学近年来进行了基于融合创新的人才培养模式改革与创新，积极开展 "工商融和"的专业教育、"融会贯通"的通识教育及"创新引领"的创新创业教育。通过多年的教育实践取得了明显的成效，培养了一大批具有创新创业能力和"大商科"背景的人才。

关键词： 融合创新；大商科；人才培养体系

浙江工商大学是我国最早建立的商科专门学校之一（1911 年），在悠久的办学历史里，曾经历 16 次易名，但每一次都没有离开一个"商"字。近年来，随着学科专业的立体化、丰富化，我们也一直在思考一个问题，即面对教育现代化、教育国际化等新形势，如何基于商科办学优势及其扩展，培养出更多融合创新的大商科人才。

"大商科"是我校自己提出的一个"大概念"。是指一种以开放的思维、国际化的视野，以社会营利组织商务活动为主要研究对象，并基于商务活动的广泛社会联系、深刻社会影响与辐射作用，在商科与文、法、理、工等相关学科彼此互动交融中，以"重点明确、辐射广泛、注重协同与联动"为主要存在特点和发展愿景的现代大学人才培养以及学科发展理念。

大商科人才培养特色主要体现在"工商融合、创新引领"，将商科教育、人文教育与理工教育的相关要素相互渗透，培养具有创新创业素质的大商科人才。"融合"是手段，"创新"是目的，"融合创新"是大商科人才培养的内涵要求。

一、融合创新：大商科人才培养的内涵要求

（一）融合创新是我国经济社会发展对大商科人才培养的内在要求

现代科学的发展趋势是知识在不断分化深入的基础上又不断融合，进而产生新的知识。因此，仅具有单一知识结构的人才最终无法适应知识经济社会的需要，知识更新的速

---

① 陈寿灿，校长，教授，博士，研究方向为高校教学管理、伦理学。

度日益加快、产业需求的变化日新月异，需要高校培养的人才具有复合型的知识结构。此外，我国正面临着产业升级转型的重大变革，其突破瓶颈就在于企业创新能力的缺乏和创新动力的不足，根本则在于具有创新精神和能力的人才严重不足。我国能否实现产业的升级转型，能否成功跨越"中等收入陷阱"，关键就在于高校能否培养出具有创新精神和能力的人才。

商科是现代知识体系的重要组成部分，现代商科已经发展为经济学和管理学的交叉学科，同时与文、法、理、工等具有密切联系和交融互渗的关系。并且，随着我国现代市场经济主体以及商品市场的不断发展，许多市场运行原则和企业运行原则也在不断适应变化而更新，需要大批具有创新素质的商科人才。因此，融合创新是我国经济社会发展对大商科人才培养的内在要求。

（二）融合创新是我国宏观发展战略对大商科人才培养的基本诉求

"十三五"时期，我国实施创新驱动发展战略，把发展基点放在创新上，推动科技创新与"大众创业，万众创新"有机结合，塑造更多依靠创新驱动、更多发挥先发优势的引领型发展。我国实施"互联网+"重大发展战略，组织实施"互联网+"重大工程，加快推进基于互联网的商业模式、服务模式、管理模式及供应链、物流链等各类创新，培育"互联网+"生态体系，形成网络化协同分工新格局。此外，还实施健全现代市场体系、财税体制改革、金融体制改革、促进生产性服务业专业化等一系列重大经济领域的改革措施。

国家宏观发展战略对高校商科人才培养提出了新的要求，高校商科人才培养应当主动适应国家宏观发展战略的需要，以培养具有鲜明创新意识、扎实创新能力、广阔知识视野的大商科人才为目标。因此，融合创新是我国宏观发展战略对大商科人才培养的基本诉求。

（三）融合创新是我国教育"十三五"规划对大商科人才培养的现实呼吁

"十三五"时期，我国高等教育将继续深化本科教育教学改革，实行产学研用协同育人，探索通识教育和专业教育相结合的人才培养方式，推行模块化通识教育，促进文理交融。继续强化高校创新体系建设，鼓励高等学校和职业学校建设学生创新创业服务平台，完善创新创业教育课程体系和管理制度，引导鼓励学生积极参与创新活动和创业实践，强化毕业论文、毕业设计的创新创业导向，开展创新创业竞赛，营造创新创业校园文化，培养学生创新创业精神和能力。可见，融合创新是我国教育"十三五"规划对大商科人才培养的现实呼吁。

二、基于融合创新的大商科人才培养路径

近年来，我校以"立德树人"为根本任务，以"专业成才、精神成人"为人才培养理念，以培养具有"大商科"特色的高层次应用型、复合型、创新型人才为培养目标，加强"学生中心、教师发展、课堂开放"的教学文化建设，积极探索本科人才培养模式改革创新，深入开展"一体多元"的课堂教学创新与实践，提高了学校的人才培养质量。总结起来，融合先进的人才培养理念，融合多元的人才培养机制，融合多样的人才培养手段，是我校大商科人才培养的实践路径。

（一）理念融合

"专业成才、精神成人"是我校大商科人才培养的核心理念，它融合了"培养才能"和"陶育人格"两种先进的大学人才培养理念，将通识教育的育人理念和专业教育的育才理念紧密结合，使得大商科人才不仅仅是"经世之才"，也是"济民之士"。从大商科人才培养目标来看，着力于培养高层次应用型、复合型、创新型人才，而非具有单一知识结构的商科人才，体现了大商科人才培养理念与现代知识经济社会的适应融合。

（二）机制融合

大商科人才培养机制超越了封闭单一的课堂育人、学校育人，而是以能力培养、素质提升、个性发展为目标，以提高学生实践能力为重点，创新社会协同育人机制，与社会各界广泛开展联合实验室、校内外实践基地以及课程资源等建设。深化产学研协同育人，创新校政、校企、校院合作机制，加大推进社会力量在专业建设和人才培养中的参与度，构建互惠互利、相互促进的社会力量参与人才培养的协同育人长效机制。

（三）手段融合

大商科人才培养模式充分利用各种手段，协调多元育人资源，共同达至培养目标。除了重视课堂教学外，还充分发掘创新创业教育、校外实践教育、第二校园求学、学生学习社区等第二、三、四、五课堂，不断探索充实大商科育人内涵。

三、浙江工商大学在大商科人才培养上的具体做法

我校"大商科"办学特色具体体现为"工商融和、创新引领"。即，将商科教育、人文教育与理工教育的相关要素相互渗透，培养经世济民的"大商科"人才。2011年我校首次提出"大商科"理念以来，不断深入实践，努力培养具有"专业的人、文化的人、世界的人"特质的"大商科"人才。为达此目的，我校在人才培养上进行了多项有意义的探

索和实践，具体做法是：

（一）"工商融和"的专业教育

基于优势特色学科，为促进学生"专业成才、精神成人"，我校为全校各专业学生开设了丰富多彩的跨学科课程，比较充分地体现了"大商科"特色。以食品科学与工程专业人才培养为例，由于我校原为商业部直属高校，"食品科学与工程"及"食品质量与安全"专业一直着眼于食品商品的生产、流通、消费与品质安全控制。通过将现代商业思想和商科教育精髓融入现代食品专业教育，我校为社会培养了一大批具有"大商科"视野和知识结构的食品人才。以谢宏为代表的校友创办了贝因美集团（国内知名孕婴童产品和服务企业）等一批食品企业。

（二）"融会贯通"的通识教育

为了更好地实现通识教育的目的，并突出"大商科"的人才培养特色，我校把通识选修课程分为"文学·历史·哲学""艺术·宗教·文化""经济·管理·法律""写作·认知·表达""自然·工程·技术""创新·创意·创业"六个模块。其中，文科模块学生需选修"自然·工程·技术"模块学分，理工类学生需选修"文学·历史·哲学"模块学分，非经管法类学生需选修"经济·管理·法律"模块学分。通识课总学分为12学分，原则上在一、二、三年级选修，将在5年内建设40门左右的具有浙商大特色的精品通识选修课程。

我校采取多种途径保障通识课教学的质量。在教学方法上，我校通识课教学采取"大班授课、小班讨论"或"翻转课堂"的方式，改变现有的课程小论文的单一考核方式，丰富考核方式，突出课堂互动、课堂讨论、课后学习、合作学习的成绩评定。此外，还设立了通识课助教制度，通识课助教由参加青年教师助讲培养的教师或通过考核的优秀在读硕士、博士研究生担任。

（三）"创新引领"的创新创业教育

创新创业教育是新时期我校大商科人才培养的重点和亮点。首先，我校建立了"校、省、国家"三级学科竞赛、创新项目联动体系，从2012年起，学校每年有30个项目被列为"国家级大学生创新创业训练计划项目"，极大地调动了我校学生参与学科竞赛、创新项目的积极性，形成良好的校园创新文化氛围。

其次，为了培养学生的创业能力，学校成立了创业学院，负责统筹全校的创业教学、创业实践和创业教学研究工作。开设了创业实验班，学校为创业实验班的学生单独制订个性化培养方案，配备创业导师，开设创业理论、创业技能、创业专题和创业体验等创业课程和若干专题讲座，并组织开展创业实践活动。

再次，为了更好地培养学生的创新意识和创新能力，激发学生的创新热情和创新潜能，学校规定每个学生在校期间必须获得至少 1 个创新学分才能毕业。创新学分可以通过参加创新项目研究、学科竞赛获奖、申请发明专利、发表论文著作、听取一定数量学术讲座等方式获得。此外，学校从 2010 年开始试行普通本科生科研作品代替毕业论文制度，允许学生以在校期间完成的、经学校确认的科研作品（包括公开发表论文、学科竞赛获奖作品、省级以上创新项目成果、发明专利等）代替毕业论文。

四、我校大商科创新型人才培养的实效

总之，"大商科"人才培养宗旨是特色发展，基本方法是融合创新，价值导向是追求卓越，实施策略是"经管为主、工商融合、多科交叉、协调发展"。经过近 6 年的全面实施，学校教学水平有了明显提升，教学成果取得了显著成效，为社会培养和输送了一大批具有创新创业能力和"大商科"背景的人才。我校大商科创新型人才培养的实效主要体现在以下三个方面。

（一）较好的就业质量

根据浙江省教育评估院的毕业一年后调查，我校毕业生的人均起薪水平处于浙江省属高校前列。以 2015 届毕业生的平均月薪水平做比较，高出浙江省本科院校平均水平。当届毕业的 54 个专业中，有 10 个专业为全省同专业最高，另外还有 30 个专业高于全省同专业平均水平，其中 16 个专业高于全省同专业平均 500 元以上。可见我校毕业生的月薪酬水平与浙江省同专业最高、平均水平进行横向比较时优势明显。

（二）较高的升学率

上述调查显示，我校 2015 届毕业生继续国内外读研深造的升学率为 19.24%，高于浙江省本科院校平均水平 9.69 个百分点，在全省本科院校排名第 4。说明我校学生通过考研提升自我的积极性较高，学生培养质量较好，且发展态势良好。54 个专业中，48 个专业的升学率高于浙江省同专业平均水平，25 个专业的升学率超过 20%。较高的升学率说明我校学生自我发展意识较强，学校学风良好。

（三）较高的满意度

上述调查显示，2012—2015 届毕业生对母校的总体满意度分别为 83.9%、85.3%、88.12% 和 84.38%，均高于浙江省高校平均水平。用人单位对我校 2015 届毕业生的综合素质满意度为 87.83，略高于浙江省本科院校平均水平（86.51）。此外，在浙江省 55 所本科院校排名中，我校毕业生的综合素质、实践动手能力、创新能力、合作与协调能力和人际沟通能力均进入前 15 位。

"十三五"浙江工商大学广告学专业人才培养模式的改革思路[①]

高运锋[②]

（浙江工商大学人文与传播学院）

摘　要：随着办学生态环境的巨大转变，建立在大众传播模式下的传统广告学专业人才培养方法面临着严峻的挑战，同时其中也蕴含着黄金发展机遇。调整战略定位，融合优势办学资源，推出旗帜型广告科研成果，加强实验室建设和实践教学，是"十三五"期间我校广告专业实现弯道超车、争创一流的变革思路。

关键词：全媒体；广告专业；人才培养模式

一、当前我校广告专业办学面临的挑战

本校广告学专业招生于 2000 年，至今办学 17 年，是浙江省普通高校中办学时间最早的广告学专业之一。从师资力量看，广告专业在编教师 13 人，其中博士 4 人（含海外归国博士 1 人），45 周岁以下中青年教师 10 人（占 76.0%），综合实力在省内广告学专业中居于前列。本校广告专业学生多次斩获全国、全省大学生广告创意大赛奖项，广告学系是全校广告创意大赛的承办单位。从学生就业情况看，不乏进入阿里巴巴、世茂、万科、思美等著名上市企业任职的学生，就业率多次获评优秀。但当下随着生态环境的剧烈变化和省内办学空间的饱和，我校广告专业办学面临着严峻的挑战。如果不针对生态变化加以战略层面的调整，势必会痛失"十三五"黄金发展机遇。

（一）用户至上，业界环境发生颠覆式裂变

（1）中国经济步入"L"形低速增长新常态，经济增长日益依赖消费拉动。如此，企

---

①　浙江工商大学高教课题研究项目（xgy120630）。

②　高运锋，讲师，博士，研究方向为广告心理。

业必须对消费者进行深度、准确洞察，对广告效果实现要求更加精准。

（2）全媒体时代到来，消费者对信息选择提高门槛。《东方早报》《京华时报》等风云报纸接连停刊，从反面印证内容必须和新媒体结合，拥抱客户。

（3）广告公司真正成为技术密集型企业。过去，中国广告公司分类明晰，基本依靠手中的笔、算盘和人脉就可以风生水起，创意类、媒体经营类、制作类都可以固守本业。如今，云计算、互动技术、VR技术的飞跃发展，都在推动中国广告业真正成为技术密集、人才密集、信息密集的行业。

（二）动态竞争，国家高教资源分配导向重大调整

2015年，国务院对外发布《统筹推进世界一流大学和一流学科建设总体方案》，为我国建成高等教育强国明确了任务路径，其中基本原则之一是坚持以学科为基础享受资源配置，大力推进竞争机制和动态流动。

在此背景下，浙江于2015年12月2日颁布文件拉开省级一流学科建设大幕。根据《浙江省教育厅关于开展省一流学科遴选工作的通知》（浙教高科〔2015〕126号），浙江省"十三五"期间一流学科建设工程的目标是：到2020年，力争全省高校有40个以上的一级学科进入全国前10%、100个以上的一级学科进入全国前30%；有50个学科进入全球ESI排名前1%；浙江高校一流学科将获得资金、政策、资源支持。由此，未来学科之间的"马太效应"必将加大。

（三）更多选择，广告专业招生生源和学习方式竞争加大

1. 生源竞争白热化

从2017年高考开始，浙江省高考专业填报和录取将按照专业为单位进行，这一改以往以学校为报考单位的做法。学生对专业的挑选余地加大，过去单纯依赖学校品牌背书的广告学专业，必然面临生源层面的洗牌。

2. 教育方式多元化

随着移动互联和高清视频传播技术的发展，在线教育如视频直播、慕课等新形式使得学生足不出户就可以接受教育。由此，学生接受教育的方式、时间、地点越来越自主化、自由化。日益丰富的专业知识接受途径，会导致传统的课堂教学方式面临极大挑战。

3. 海外院校对优质学生的竞争

越来越多的学生选择到海外大学接受广告教育，无形中对本省广告专业办学产生挤压效应。

综上所述，当下是一个呼唤新理论、新实践的时代，传统的大众传播模式不再奏效，以此为基础的旧有的办学模式、办学思路必须做出调整。外界环境的巨大变化，也预示着我校广告专业实现弯道超车、实现学科提升迎来黄金时段。

二、当前我校广告专业人才培养模式存在的问题

面临种种环境的变化，我校广告专业人才培养模式存在的问题十分明显。

（一）回应时代、标杆性的广告研究成果欠缺

科研是人才培养的理论基础，高层次、创新性的代表性理论研究成果是在全国 400 多所高校广告专业中成功突破的旗帜。当然，这也和广告专业实践性强、学科发展晚，广告学作为二级学科甚至在国内没有核心刊物、专业教师科研积极性长期受挫有关。

（二）学术交流不够活跃

迄今为止，本校基本没有举办过全国和区域性的广告专业研讨会，广告学的著名学者甚少踏足本校，同行缺少连续性的交流互动。

（三）课程设置方向凝练不强

由于广告学专业教学涉及较多门类，课程设置如果没有鲜明的专业定位做导向，很容易造成学生学习效果和就业竞争力的模糊，落入"什么都学什么都不会"的窘境。在广告学课程设置上，必须大胆取舍，增设新媒体方向必修课程，强化营销学、心理学基础理论教学和传播策划案例教学，加强学生的文案创作水平。

（四）专业实验室建设薄弱

与企业对广告效果精准测定的要求不相匹配的是，我校广告学专业乃至新闻传播学科需要的传播心理实验测量设备相当不足。遍观中国广告学专业排名靠前的院系，均在传播心理测量设备上有较大投入。值得关注的是，最近两年，浙江传媒学院文创学院已经投资建设体感交互系统、VR 系统、增强现实技术、移动体验系统等先进实验设备，浙江大学广告学系引入美国心理测量设备，都率先在新传媒技术引入方面加大投入，为培养学生新的传播策划能力提供了强有力保障。

（五）学生创新实践氛围不太活跃

目前，由于各种原因，学生创新思维活跃期基本还停留在大广赛期间，但这种思维对广告学专业学生而言比较其他专业意义更加重要，因为广告界崇尚创新思维和引导时尚。而这都有赖于学生亲身参与观察、模仿制作广告作品作为基础。这方面，不仅需要学校层面在国家级比赛期间加以引导，还需要切实推出日常措施加以引导，营造活跃的创新创业气氛。

三、我校广告专业人才培养模式的改革思路

适者生存，时不我待。我校作为地方财经类高校举办广告学专业必须根据自身特点，扬长避短，在战略定位支持下，克服守旧思想，在全媒体到来之际实现"弯道超车"，在"十三五"期间大胆创新，迎来广告专业办学的品质提升，争创全省强势品牌专业。

（一）总思路：立足浙江区域经济特色，打造办学亮点

作为地方院校，本省有鲜明的民营经济、电子商务特色，本校拥有鲜明的商科特色。因此，笔者认为，集中优势资源打造新媒体广告方向的专业培养方向是不二之选。即，以浙江民营企业和电子商务的实际需求为目标，以广告研究能力和新媒体技术应用能力培养为主线设计教学体系，制订培养方案。

（二）自强协同，全方位融合本校优势办学资源

首先，对低年级学生实施早期平台分流考核，注意结合自身专业定位选拔具备对口素质的学生进入广告专业学习。其次，增设专项奖学金，或者引入企业课题，引导学生提高相关核心课程的学习兴趣。再次，提高一级学科平台。积极申报新闻传播学硕士学位点，同时，在学校支持和统一调配下，打破学科、学院之间的隔阂，真正树立协同思维，联合本校工商管理这一省重点学科，在工商管理一级学科目录下增加设置广告经营管理或媒体经营管理硕士学位点，联合浙商研究院共同发布浙商品牌排行榜单，联合浙商博物馆增设浙江广告展馆，实现专业办学高端品牌占位。

（三）关注广告前沿理论进展，切实增加实验室投入

由于前述市场需求的原因，应重点关注神经心理、认知心理、传媒生态领域的研究成果，回应和解释时代实践课题，如此才会拥有对广告业界的话语权。同时，以企业广告策划各岗位实际需要的知识点、能力点为基础，不断革新教学方法，优化教案，将优秀教案印成讲义，继而出版优秀教材，争取做出同行业示范性较强的专业教材。

在专业实验室建设方面，首先采购传播心理测量的基础设备。如眼动仪、ECG、CATI调查系统等实验设备，通过承揽社会项目例如政府公益广告、企业广告效果测定的方式消化成本，同时在成果转化的基础上，逐步完善购置其他先进传播实验设备。如此，教师科研、学生毕业设计也有了技术支持。

（四）深化业界互动合作，协作推进专业建设

首先，结合办学定位进行资源联盟，建立高档次的实习基地，联合媒体单位、广告园区举办浙江广告论坛，提高专业知名度、影响力。其次，加大实践教学改革力度，着力提

高学生的实践能力和应用技能。增设广告专业采风、广告专题调研、读书会、会展考察等等。再次，探索"以赛促教""以赛促学"的实验实践教学模式，通过组织、参与广告提案、广告大赛、调研统计大赛等多种方式为企业创造价值，深化校企合作内涵。这方面，武汉大学广告学专业的方式可以借鉴。该专业积极推行广告代理模拟竞标提案，至2016年已经连续举办13届，每年都有企业赞助设置策划课题，学生通过组团模拟实际广告策划流程参与比赛，从而达到了双赢的结果，在全国广告专业办学中享有盛誉。因此，加大兄弟院系间交流，获得国内外最新的办学情报对我校广告学专业争创一流、提高品牌影响力均有较高的借鉴价值。

"校企合作"视角下的人才培养与就业服务优化

——以工商管理学院与施强集团"校企合作"为例

毕德亮 [①]

(浙江工商大学工商管理学院)

摘 要： 随着社会的发展和产业变革的需要，社会对应用型人才的需求也越来越大，高校人才培养模式向产学研用、校企协同人才培养模式的转变越来越迫切。协同创新引领下"校企合作"模式的出现正是对这一迫切需求的应验，"校企合作"为今后企业培养应用型人才、高校提升人才培养质量、毕业生实现高质量就业指明了新方向。本文将通过我院与施强集团校企合作的实例，阐述"校企合作"视角下的人才培养与就业服务优化。

关键词： 校企合作；人才培养；就业服务优化

一、校企合作的推动因素及价值阐释

党的十八大报告明确提出要"推动实现更高质量的就业"的新目标，要"做好以高校毕业生为重点的青年就业工作"。

据相关统计数据显示：2014年高校应届毕业生累计727万人，2015年749万人，2016年达765万人。这一系列数据持续刷新，造就一年又一年的"史上最难就业季"，居高不下的毕业生数量和日趋激烈的竞争形势导致部分毕业生"一岗难求"，究其原因，一方面是毕业生错误的就业观念导致的，前往大城市工作扎根是最好的出路；另一方面则主要是学校在进行人才培养的过程中，对于学生的专业技能与综合素质要求不够，使其并不能够有效符合企业的实际需求，直接导致每一年递增的就业难问题。而"校企合作"则是解决企业、学校、毕业生三方矛盾的有利手段，为企业培养应用型人才、高校提升人才培养质量、毕业生实现高质量就业指明了新方向。

[①] 毕德亮，团委书记，助教，硕士，研究方向为就业服务。

（一）高校层面

在新时代的环境背景下，传统教育模式的弊端已然显现，各高校也应时而动，不断变革传统的教育模式，为培养适应市场发展需求的应用型技术人才开拓新思路。"校企合作"这一合理的办学模式，具有既能实现教育深化改革，又能实现人才培养目标的一石二鸟之功效，成为高校发展与进步的重要条件。只有将教学与企业需求充分结合、依托行业发展，才能构建更有成效的教学体系。校企合作的本质就是实现资源的合理配置，这就使得学校要想真正实现校企合作功能的最大化，就必须要主动去了解企业对于人才培养的真实需求，并让企业充分参与到学校的课程标准制定过程中，这样才能更好保障校企合作办学充分合理地进行。校企合作模式的不断深化，也推动了高校教师与企业技术人员之间的沟通交流，为高校教师在专业培养目标与教学计划的制订上提供了更多的参考价值和借鉴意义，也促使各个专业的教学改革更具针对性。

总之，校企合作是对传统的"关门办学，闭门造车"的教育理念的摒弃和革新，高校借鉴企业提供的带有生动性和实际性的市场信息，能够更好地促使学生适应社会发展需要，能够更好地促进学校完成学生的就业指导工作。

（二）企业层面

校企合作对企业方面的价值体现在：一方面，企业通过有效的教学实习与顶岗实习，能够充分了解毕业生的素质状况与技能水平，有效地为企业的招聘活动打下基础，同时，也能进一步缓解企业劳动力短缺的压力，方便企业进行人才储备；另一方面，进行以就业为导向的校企合作办学，使学生能够提前了解企业的文化环境，帮助其更好地实现"零距离"上岗，进而有效缩短毕业生从学校到工作的磨合期；企业的文化理念能够以更合理的方式植入给学生，学生在实训基地中接触到企业的文化并易于产生认同感，久而久之更会演化成对企业的归宿感。另外，校企合作还可以让用人企业根据自身需求和标准培养自己的人才，真正做到了有的放矢。

（三）学生层面

校企合作是提升人才培养质量的有效途径。校企合作对学生而言的一个重要益处就在于实践环节，企业为大学生提供了一个真实的实习实训平台，这一平台的搭建不仅强化和提升了学生所学专业知识与操作技能，也让学生在实践过程中形成较强的工作素质。校企合作模式培养了学生在实践中发现问题、分析问题和解决问题的能力；培养了学生良好的职业素质和创新能力，以及团结协作和敬业精神，使得学生在走上工作岗位之前进行一次较全面的与本专业及未来职业紧密结合的实践"洗礼"。这些能力的培养都是大学生日后走上工作岗位不可或缺的就业能力。校企合作真正实现了对学生的高效培养，更好地促进了毕业生的就业工作。

二、我院"校企合作"在人才培养和就业服务优化上的模式和成效

通过上面的阐释，我们发现"校企合作"对企业培养应用型人才、高校提升人才培养质量、毕业生实现高质量就业的价值和意义。各大高校也积极推进校企合作，如果把校企合作分门别类、划分层次的话，由浅入深可分为以下三个层次：

一是浅层次的合作。学校专业方向按企业要求确定，并在企业建立实习实训基地，开设的课程主要是定向为企业培养特定的技术人才。

二是中层次合作。学校为企业提供咨询、培训等服务，建立横向联合体，建立由相关专家参加的专业指导委员会，制订切实可行的专业教学计划，根据企业的需要进行人才培养。

三是深层次合作。企业与学校相互渗透，学校将研究成果转化为企业的工艺技术、物化产品和项目决策，提高企业效益。企业同时主动向学校投资，建立利益共享关系，真正实现"教学—科研—开发"协同发展的三位一体模式，是一个双赢的模式。

目前，我国多数的校企合作仍属于浅层次合作，充其量也只能算中层次合作，离真正意义上的校企合作目标还有一定距离。

浙江工商大学工商管理学院按照学校的相关指示与要求，在人才培养和就业服务优化上做了多种尝试与努力。一方面，我院坚持"引进来"的战略，邀请企业经理担任实务精英、就业导师，每学期安排"实务精英进课堂"的活动，方便为学生讲授职场知识与就业技能，进行就业指导；另一方面，借助校友等多方资源，搭建校企合作平台，提升就业服务。2015—2016年度，我院签订的大大小小校企合作项目有十几个，其中影响面、参与面较广的为我院与施强集团、杭州市人才服务局及五洲工程项目管理有限公司等几家单位的校企合作项目。下面将以我院与施强集团的校企合作为例，探讨校企合作在人才培养、就业服务优化上的模式和成效：

在模式的确定过程中，首先由企业根据自身人才需求提出合作要求，学院根据培养环境进行反馈，双方达成合作意向后，成立合作小组，由合作小组成员共同制订合作培养方案，以可操作性为原则建立保障机制使人才培养可持续运行。在教学实施和学生实习实训过程中，实行"校企双导师"，共同实施教学和指导实习实训，并共同参与学生评价考核。学生的就业环节，企业提供就业岗位和发展平台，分享人才培养成果，学校提供就业指导与服务，解决就业问题。最后，由社会和行业给出反馈，将人才培养问题反馈给合作小组，以便修改重订合作培养方案。整个培养过程中，企业全程参与到每个环节，企业对学生进行融入式企业文化宣传和渗透。

在具体的培养方案敲定过程中，双方反复磋商，从以下几个细微处着手：

（一）更新教学理念，明确培养目标

施强集团结合自身及我院专业设置的实际，提出对管理培训生及销售人才的用人需求，明确提出在工商管理学院开设"订单式"定向培养项目，目的是提供资源和平台，提升学生的综合竞争力，并且让学生能够更快速地融入企业，成为企业需要的合格员工。施强集团开宗明义，从企业自身的角度阐释了企业希望通过校企合作达到什么样的目的。而他们对学生综合竞争力提升的注重就体现在学生的"职业性"上，学生从进入这个校企合作项目后，企业便开始培养他们"职业人"的心态和素养，一直贯穿至项目结束，力争让学生成为"准职业人"，让企业不用多费时间再塑造。在学院进行论证、研讨后，校企双方明确了对我院工商管理专业的人才培养目标，那就是根据施强集团各岗位的发展需求，结合学生职业成长规律，确定工商管理专业培养具备"品行优良、能力出众、富有职业或创业精神"三大关键素质的具备全球战略视野、精通科学运营管理、善于团队沟通协作、洞察企业经营风险、勇于承担社会责任的复合型应用人才；确定市场营销专业培养具有良好的思想品德和营销伦理修养、系统掌握现代营销管理理论与方法、具备分析和解决市场营销实际问题能力的、能适应经济发展要求的高素质营销管理人才。同时，院方也保证将做出积极尝试，对学生在企业学习的部分与专业相关课程可进行学分替代。

（二）以工作过程为导向，构建课程体系

以工作过程为导向的课程体系从某种程度上来说是对原有学科体系的颠覆。这是以学生"学"为中心展开的，根据不同的工作过程和工作任务，将知识和实践技能进行整合的体系，让学生学习各种"有用"课程，在循序渐进中，符合或接近企业工作进程。以这种模式培养出来的学生，必然是"产销对路"的，学生在工作中也可以学以致用、得心应手。这种课程体系的构建，基于岗位职责的要求，同时对通用能力的培养也必不可少。一是以企业文化为脉络构建职业基本素养训练体系，形成系统化的职业素养训练体系。在施强校企合作的"从优秀学生到职场精英"系列精品课程中，有专门课程模块介绍公司的企业文化，讲述企业文化的产生过程并让学生产生认同感；另外又有对职业心态等相关内容的培训，突出大学生与职场人士的区别和接下来的塑造方向。二是以通用职业能力为目标，构建职业通用能力培养体系，从而为学生拓宽职业生涯，为行业培养具有较广泛职业能力的管理人才。在通用技能方面，订单班课程内容涉及到沟通技巧，教会学生在职场中如何完成顺畅、精准、高效的商务沟通等；另外还有Office办公软件等相关课程内容……总体而言，双方在课程体系构建的过程中，有清晰的方向，那就是管理岗位人才的培养侧重于管理与沟通技巧的培训，销售岗位人才侧重于销售技能、解决营销实际问题的培训。这一体系的构建以工作过程为导向。

（三）以理论够用为前提，突出实践环节

施强集团深刻地认识到管理培训生、销售人才较高的"职业性"不仅仅来自课程体系的建构，更源于学生的亲身实践，施强集团也一直用"理论够用、实践为重"的标准来对学生进行塑造和培养。在学生经过系列精品课程的学习后，施强集团便花大力气将订单班人才直接输入至企业进行实践实习。这种突出"实践出真知"的做法确实也收到了比较不错的效果，一方面，学院对每一位毕业生的毕业实习学分有要求，而通过订单班的实习学生能够很轻松地拿到这样的实习学分；另外，我院学生确实在企业实习的过程中体会到了"熟能生巧"的道理，通过企业提供的实习机会使得学生的管理能力和销售技能逐步提高。

通过我院与施强集团校企合作的实例，我院学生在施强集团的实习人数不断提升，已为我院提供了一个稳定的实习乃至就业基地。而通过这样的校企合作规模和影响力的不断扩大，2015届、2016届毕业生中已有个别学生在接受"订单班"培养的基础上选择继续留在施强集团工作，真正实现了学校、企业、学生三方的共赢。我院也希望借助校企合作这样的平台，与用人单位建立长期供需伙伴关系，以形成稳定的就业基地，为大学生提供更多的实习和就业机会，优化就业服务，培养更优质的人才。

参考文献

[1] 赵向军，胡静. 高职教育集团校企合作模式的研究 [J]. 合肥学院学报，2010，20(1)：50–53.

[2] 赵玉玲. 简析以就业为导向的校企合作办学之路 [J]. 求知导刊，2015(16)：30–31.

[3] 刘学英. 校企合作视角下的酒店人才培养模式研究 [D]. 长沙：中南大学，2014.

教育改革新形势下LOS人才培养模式提升的探讨[①]

——以浙江工商大学土地资源管理专业为例

曹玉香[②]

（浙江工商大学公共管理学院）

摘　要：土地资源管理专业具有很强的社会实践性，其理论和实际工作内容随着社会经济技术发展、国家土地管理的重视而不断变化和扩充，新形势下更需着力围绕服务国家创新发展，促进创新型人才的培育。本研究在分析浙商大土地资源管理专业现有LOS人才培养模式的优势与不足下，进一步探讨如何适应新形势对土管人才培育，以实现"三-三"培养理念下真正高效培养应用型人才，构建了提升的LOS人才培养模式。

关键词：教育改革新形势；LOS人才培养模式；提升；土地资源管理专业

李克强在《深化教育改革激发更大活力　贯彻创新战略赢得发展未来》中强调，高等教育要着力围绕服务国家创新发展，促进大众创业、万众创新，培育更多创新型人才；建设高水平大学要充分调动广大教学和科研人员的积极性；积极探索为学校、教师、学生服务的新途径、新方式。面对这教育改革新形势，高校更应立足于人才培养模式上探索创新。

浙商大自开办土地资源管理专业起，就已在谙熟本专业社会实践性强，课堂教学滞后于社会需求现象的基础上，探索并开启了一套对知识、能力、素养并举的LOS（L，Laboratory；O，Organization；S，Society）专业人才培养模式，以适应社会需求。但面对当前教育改革着力培育更多创新型人才的新形势，浙商大土地资源管理专业对探索如何提升现有LOS人才培养体系，积极探索专业人才服务的新途径、新方式，以更快更好地满足社会对土管专业人才的需求，具有重要的现实意义。

---

①　教育部人文社科青年基金项目（13YJC790004）。
②　曹玉香，讲师，研究方向为土地资源管理。

一、现有土地资源管理专业人才培养模式概况

浙商大土地资源管理专业采用 LOS 人才培养模式，该模式由我校土地资源管理专业在集集体智慧的基础上，提出以实验室（L）为技术支撑，以学生社团为组织（O）平台，以社会资源（S）为支持与导向，旨在培养知识、能力、素质并举，以适应社会需求，具有团队合作精神的高层次应用型人才的人才培养模式。

（一）LOS 人才培养模式实践成绩与存在的问题

本专业自 2005 年成立以来，在 LOS 人才培养模式下取得了一系列实践成绩。

1. 教学研究与社会认可度

教学研究成果如省新兴特色专业建设项目特色专业、课堂教学示范课程、高等教育学会"十一五"教育科学研究规划课题、21 世纪实验教学示范教材《公共管理实验》及成果奖 22 项。近 5 年特级、SSCI、SCI 及一级期刊学术论文 12 篇。指导学生获省"挑战杯"特等奖 1 项、三等奖 2 项。中科院吴传钧院士、国资部副部长胡存智、国际地科联主席张宏仁、原浙江省国土厅厅长汤文权对本专业给予了高度的评价。其中吴院士书面认为本专业"已集结了有关土地资源管理方面有经验而高水平的师资，工作上已和主管业务部门取得密切联系"。

2. 就业层次高且面广

在校、院和社会各界友好单位的大力支持与系老师的辛勤努力下，土地资源管理专业毕业生以公务员、研究生、公司职员、自主创业等形式在土管与城建部门、房地产企业、金融机构、资产评估机构及其他企事业单位，从事国土资源调查、规划、地籍测量、土地管理、房地产评估、经营与管理等，并获得较好的发展。其中，20%—30% 的学生通过公务员考试进入土地管理、城市规划、建设等相关政府部门或事业单位。

3. 毕业生满意程度高

浙江工商大学土地资源管理专业连续 5 年公务员考取率在全国名列前茅，已成为浙江省国土管理系统最主要的人才来源，毕业生在土地、房地产行业具有良好声誉和较高的社会认可度。2013 年底在浙江省教育评估院 2012 届毕业生的满意度调查中，总体满意度、教师教学水平、课堂教学、实践教学 4 项指标在全校 45 个专业中排名第一，创业率排名第三。

（二）新形势下 LOS 人才培养模式面临的困境

土地资源管理（含房地产管理）是一门集行政管理、信息管理、工程技术管理于一体的综合学科，是实践性非常强的工作，需要学生在学习期间就有不同程度的训练。然而高校人才培养侧重校内课堂，开放性与适应性不强，尽管 LOS 人才培养模式结合实验操作、

实践基地锻炼提升学生的认知、技能，但课程教学内容普遍滞后于现实实践；学生参与基地实践时间短，实践效果不佳；评价体系导向重论文，缺实践；对学生的创新教育和创业训练重视和投入不足；产学政人才合作培养薄弱甚至缺失等。面对以上优势与不足，本文立足如何提升现有 LOS 人才培养加以探讨。

二、新形势下 LOS 人才培养模式提升

学生是高校的血液，其综合质量关系高校的存亡。高校应以学生为中心，着重素养、知识、技能培养，每个专业都应研究一套适合本专业的人才培养模式。浙商大顺应社会经济发展、人才市场需求，坚持"专业成才、精神成人"理念，致力于在培养具有"大商科"特色的应用型、复合型、创新型高层次人才。浙商大土地资源管理专业进一步提炼出"三-三"人才培养理念，致力于培养具有"大商科"土地资源管理专业特色有合作精神的应用型人才。

（一）浙江工商大学土地资源管理专业培养理念的提升

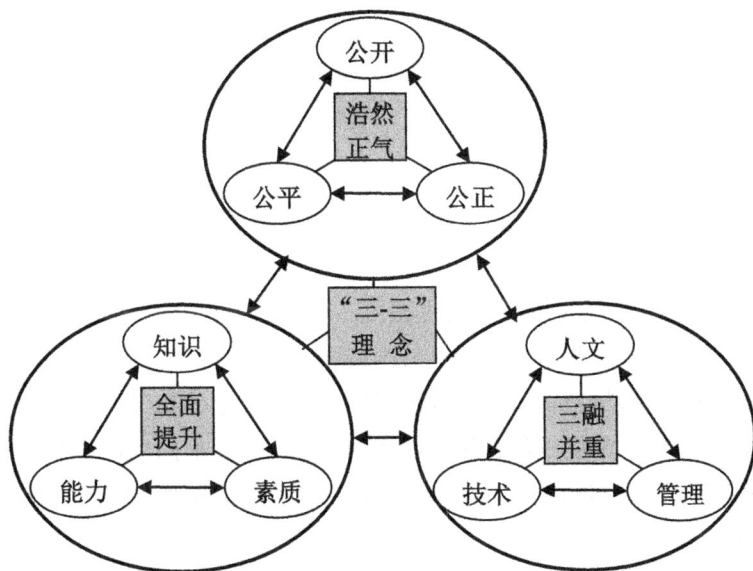

图 1　提升的 LOS 人才"三-三"培养理念

根据社会经济发展，政府管理转型，浙商大本专业人才培养过程中，坚持以"学生"为中心，以"厚基础，宽口径，重人文"为主线，在致力于培养具有合作精神的专业特色的应用型人才为目标的基础上，提炼出"三-三"培养理念，即三公：公开、公平、公正培养浩然正气。三元：知识、能力、素质全面提升。三融：管理、技术、人文融合并重（见图

1）。

（二）浙商大土地资源管理专业课程结构体系的提升

浙商大土地资源管理专业以"学生"为中心，以"应用型"为导向，以"三－三"为培养理念，以浙江省新兴优势（特色）专业及浙江省国土系统主人才库为平台，围绕教育部、国土资源部的国土资源领域卓越工程师教育培养计划人才孵化和培养高度珍惜和爱护土地资源管理（含房地产）专业且具有较扎实的专业理论和知识，掌握现代管理技术与方法，具有计算机应用、规划、测绘、估价、投资分析等基本技能，能在国土资源管理部门、城建部门、房地产企业、金融机构、资产评估机构及其他企事业单位相关工作。为此，本专业人才培养体系构建见表1。

表1 土地资源管理专业课程结构体系的提升

类型	课程类别
课内教育	普通共同课、学科共同课、专业核心课、专业选修课、通识选修课、任意选修课、毕业论文（设计）。
课外教育	军训、土地管理实习、土地测量与制图实践、创新与创业、实习基地实践锻炼、实务精英进课堂、素质拓展、毕业实习。
备注	1. 专业选修课分为四个方向：卓越工程师人才孵化计划（土地资源管理基础类）方向、不动产管理基础类方向、专业基础技术类方向、管理与人文集成类方向。 2. 通识选修分四个模块："哲学·历史·文学""自然·工程·技术"、"经济·管理·法律""写作·认知·表达""创新·创意·创业"。 3. 实践学分达 13.58%。

（三）提升的 LOS 人才培养模式构建

浙商大土管专业教育现实性、动态性极强，为符合社会经济发展对土管专业人才需求，本专业立足于"三－三"培养理念、校内校外人才培养结构体系，打破以往单一高校主体范畴，让校外资源参与技术实践、社团组织、实习基地的指导与培养中来。本研究探讨如何与合作的企业事业单位成员合作，如将国土资源管理部门成员、实务企业精英、行业专家、已就业毕业生等多行动者（M-ANT）纳入培养主体范畴，构建一种开放协同育人的新型 M-ANT-LOS 人才培养模式。

三、新形势下提升的 LOS 专业人才培养模式的实施与意义

（一）浙商大开展四大举措，有利于提高专业培养灵活性以及模式的多样性

浙商大运用四大举措，开展（教师教学发展活动，如教学沙龙、教学比赛等）、协同（实务精英进课堂与实习基地学习）、开放（校内校外授课指导、开放课堂）、拓展（土地、

管理、人文、经济、技术等的教育内容），打破相对封闭校内教学模式，提升师生知识与技能水平、增强专业学生创新与合作精神，促进毕业生的短、平、快满足社会需求的应用型人才的适应能力。很显然，四大举措的进行，可以在各专业特色的基础上，开展校内实验室、校外实习基地的技术操作实践，校内教师、校外精英授课交流，校内教师、校外导师合作指导创新、创业研究等，有利于加强培养人才的适应性。

（二）多元参与 LOS 人才培养，解决教学滞后同时提高育人效果

加强同国土部门、实务企业、专业研究专业联系与合作，如通过研究专家进课堂，了解专家学者的动态实践研究，拓展教学内容，把握专业研究方向。通过与政府（如国土部门、测绘部门等）、实务企业（如房地产公司、土地与房地产数据处理方面的公司、GIS公司、房地产评估机构等）合作，建立校外实习基地，开展长期合作，为学生提供参与土地与房地产资源调查、实际数据处理、人际交往技能提升的机会；通过邀请政府、企业实务精英，走进校内课堂，拓展校内教育内容。甚至可以探索校外精英聘为学生校外导师方式，加强对学生的创新、创业指导。本专业已就业毕业生，因为参加社会实际工作，了解行业需求与在校专业教育缺陷，让其指出专业培养不足，给予在校学生相关指导。

（三）多元参与 LOS 协同育人，增强合作关系的同时提高就业水平

本专业在与国土部门、测绘单位、房地产公司、房地产评估企业、GIS 公司等合作，解决产学政研人才合作培养薄弱甚至缺失问题。不仅有利于学习与吸收新的知识与技能，提高教师教育水平，改变课程教学内容普遍滞后于现实实践现象；更为重要的是加强学校与企事业单位的合作关系，协同培养下增强毕业生短、平、快满足实践与创新研究适应的能力，尤其利于提高本专业毕业生就业水平。

参考文献

[1] 李克强 . 深化教育改革激发更大活力 贯彻创新战略赢得发展未来 [EB/OL]. （2016-04-17）[2016-05-28]. http：//www.gov.cn/xinwen/2016-04/17/content_5065095.htm.

[2] 赵凯，夏显力 . 论土地资源管理专业本科教育的几个关键问题 [J]. 高等农业教育，2009(12).

[3] 张梦琳 . 土地资源管理专业课程教学改革研究 [J]. 经济研究导刊，2012(12).

[4] 浙江工商大学四措并举深化本科教育教学改革 [EB/OL]. （2015-03-27）[2016-05-15].http：//www.zjedu. gov.cn/news/142745103990742927.html.

浅论金融学的通识化教育①

陈志娟②

（浙江工商大学金融学院）

摘　要： 本文基于通识教育的理念提出在高等教育中开设金融学的通识教育。本文从通识教育的概念和金融学通识教育的必要性和紧迫性出发，论证了高等教育进行金融学通识教育的重要性，接着论证了金融学通识教育课程的开设原则和开设方法，最后讨论了在高等教育中开设金融学通识教育的意义。

关键词： 通识教育；金融学；课程设置

一、通识教育的起源和概念

"通识教育"一词由台湾学者根据 general education, liberal education 的思想，借鉴中国传统文化对"通"和"识"的解释翻译转换而来。通识教育的思想，源远流长。在古代中国，《易经》中就提出了"君子多识前言往行"；"博学之，审问之，慎思之，明辨之，笃行之"这句来源于《中庸》的经典论述也被作为优秀传统被反复地提及。古人一贯认为博学多识就可达到出神入化、融会贯通的境地。通识教育的源头是古希腊的自由教育（liberal education），亚里士多德是最早提出自由教育的人。后经过帕卡德、艾略特等人的努力，自由教育逐渐演变成通识教育。1945 年，哈佛大学发表的《自由社会中的通识教育报告》（即《哈佛通识教育红皮书》）中将通识教育性质界定为学生在整个教育过程中，首先作为人类的一个成员和一个公民所应接受的那部分教育。并指出通识教育作为大学教育的一部分，主要关注学生作为一个有责任感的人和公民的生活需要。1947 年，杜鲁门总统高等教育委员会的报告《美国民主社会中的高等教育》(Zook，1947) 呼吁"教育中在民主社会中的作用是确保不同个人和群体的平等自由和平等机会。教育要起这样的作用，就必须改变其手段和方法以适应多样化的学生群体。通识教育应该给学生价值、态度、知识和技能，从而使他能够在自由社会中正确地、很好地生活"。国内也有很多学者

---

① 浙江工商大学校高等教育研究项目（xgy13093）。

② 陈志娟，副教授，博士，研究方向为证券投资、行为金融等。

都对通识教育的内涵特征进行了分析，例如杨洲（2011）对通识教育的起源、内涵与特征进行了系统的阐述。

通识教育重在"育"而非"教"。它关注的是人的生活的、道德的、情感的和理智的和谐发展的教育。通识教育是指非职业性和非专业性的教育，目的在于培养健全的个人和自由社会中健全的公民；作为大学的理念应该是具备远大眼光、通融识见、博雅精神和优美情感的人才的高层的文明教育和完备的人性教育。总之，通识教育的定义强调"通识教育是一种使学生熟悉知识主要领域内的事实的思想的教育类型"。认为通识教育是关于人的生活的各个领域的知识和技能的教育，是非专业性的、非职业性的、非功利性的、不直接作为职业准备的知识和能力的教育，其涉及范围宽广并且全面。当然，通识教育有别与文化素质教育，杨叔子、余东升（2007），沈文婷（2011）及高润、汪霞（2011）将通识教育与文化素质教育进行了比较分析。中国教育学会会长顾明远主编的《教育大辞典》（顾明远，1998）中将"通识教育"阐述为：在高等教育阶段，指大学生均应接受的有关共同内容的教育。通常分属若干学科领域，提供内容宽泛的教育，与专门教育有别。

简而言之，通识教育主要是关注人的生活的、道德的、情感的、理智的和谐发展，通识教育就是将人从偏见、无知、狭隘、傲慢中解放出来，令人成为一个有教养的人。

二、金融学通识教育的必要性和紧迫性

金融学（Finance）是从经济学中分化出来的学科，是以融通货币和货币资金的经济活动为研究对象，具体研究个人、机构、政府如何获取、支出、管理资金以及其他金融资产的学科。金融是社会科学中的重要学科领域，对于现代社会的发展和个人的生活起着至关重要的作用。1945年发表的"哈佛报告"———《自由社会中的通识教育报告》，就明确指出通识教育的目的在于培养"完整的人""健全的人""自由社会中健全公民"。并进一步指出，这样的人必须具备四种能力：有效的思考能力；能清晰地沟通思想的能力；能做出合适明确判断的能力；能辨识普通性价值的认知能力。而要具备这四种能力也需要相应的基础理论作为思考分析判断的依据。现代社会的人不是生活在真空中的，而是受国家乃至全球的政治经济文化等方面的影响和制约的。随着社会经济的发展，金融服务作为现代经济的重要行业发挥着越来越重要的功能。邓小平同志曾经指出金融是现代经济的核心。进入21世纪，经济和金融全球化的迅猛发展给我们提出了众多的挑战。在经济全球化条件下的中国金融安全问题，人民币国际化或者区域化的条件、途径和时机，合理的风险管理和金融工具的创新，混业经营条件下的有效的金融体系，社保基金的运行和投资模式，等等，这都是现代社会亟须考虑和解决的问题。大学作为培养现代社会人才的基地，理所应当担任培养适应现代社会发展需要人才的重任，而我国大学现有的大学教育课程体系中，缺少相应的金融基本思想的课程，这样势必会使得我们培养出来的学生成为某一学科、某一专业上的行家，但是却很可能对金融保险知识极为匮乏，一些重要的金融问题缺

少思考。如果这些人成为相应行业或者单位的领导者或决策者，其决策时可能就会忽略所面临的宏微观金融环境，就难以保证其重要决策特别是涉及到企业和行业发展的关键决策是英明的。现将中国大陆的教育理念和学生培养与其他经济发达国家和我国港台地区区进行对比。美国的大学教育是面向所有人的教育，而不管他是否继续深造。台湾的大学教育的目的也是培养有能力的工作和生产者，培养懂得生活、了解生活的知识分子。香港的大学教育也是致力于"全人"和完整教育，培养的学生要求有独立思考的能力与对自身和社会深刻的认识，相对比之下，中国大陆的交易则过分重视专业教育，对学生的生活能力和分析思考能力的关注有所欠缺。没有国际化的认同，就会在相当程度上失去话语权，失去国际共识，从而也就失去国际交流的一些前提。对此，最好的办法就是将金融的通识教育融入中国高等教育的基础概念中，从而丰富和发展我们的教育思想和教育方法，培养全面发展的人才。

从公民个人的层面来讲，每个人都切实地面临个人和家庭的财务规划的问题，宏观经济形势的变化对个人和家庭收入的影响以及风险防范的问题，养老保障问题，等等。现代社会与古代社会的一个非常大的区别在于，现代社会中如何合理地进行理财规划、如何合理地进行风险防范变得比以往任何一个年代都显得重要。因为现代社会科学技术的进步，一方面使得生产效率的提高和人们生活品质的改善，另一方面又使得我们面临的风险比以往任何一个社会都要大，例如，意外事故的风险、重大疾病的风险、投资决策的失误。这些风险如果不能很好地防范或者不能最大程度地减少风险损失，则对我们个人和家庭就会造成不可估计的打击。这就需要人们对风险有合理的认识并采取合理措施，而这又有赖于金融知识的积累。只有拥有了相关的知识才可能有效地思考并做出合适明确的判断，比如讲，现实生活中几乎人人都要进行投资决策，有的人是对市场的宏微观形式以及行业和公司的发展状况进行合理科学的评价后进行投资决策的，而有的人则是盲目跟风，对于它们投资的后果也就不言而喻了。大学时期是个人人生发展的必要知识储备时期，只有拥有了相应的知识储备，才能认识到相应的问题。遇到问题也才会有独立的思维判断，从而最终得到解决问题的方法。

综上所述，无论是从国家政府企业层面，还是从个人层面而言，进行金融学的通识教育都势在必行。只有这样，我们的高等教育培养的人才才有基本的金融知识和金融思维，才能比较合理地做出相应的金融规划和金融决策，才能成为全面发展的完全的人。因此在金融国际化的背景下金融知识普及已迫在眉睫。

三、金融学通识教育课程的开设

借鉴王锁明（2011），李莉英、王其林（2011），以及付以琼（2011）等关于通识教育与思想政治教育、高等数学教育以及国学教育的设想，本文认为金融学通识课程群在高校通识教育课程体系中设置首先必须树立科学合理的通识教育理念，确立完整而全面的课程目标，然后以目标为导向，遵循基本的原则精选课程内容，运用多维立体的组织形式，采取多元化的途径营造国学教育环境，有目的、有计划、有组织地引导学生获得相关金融基本知识，努力提高学生人文素养，促使学生成为现代意义上全面发展的人。

（一）金融通识课程的开设原则

1. 按照"贯穿整个大学时代"的思路，遵循递进性原则

通识教育作为一种"全人教育"，旨在培养完整的全面的人，关注的是人的生活的、道德的、情感的和理智的和谐发展。这一教育过程是一个长期的过程，不可能一蹴而就，因而通识教育具有延续性和长期性（或者说是终身性），它必须贯穿于高校教育全过程，其教育理念要深入到大学教育的全部课程中。同时，金融学是个实务性很强的学科，跟现实社会紧密结合。金融学课程群的设置应按照"贯穿整个大学时代"的思路，遵循递进性原则，有组织、有计划、有系统地开设系列课程，每一课程设置都应分阶段、分层次、持续连贯、不断深化地开展，从教学内容与教学形式、教学环节、时间分布等方面做精心的设计与规划，从而使金融学通识课程面向全校各年级学生开放，伴随学生整个在校学习阶段，从纵向上构成金融学课程群体系，并将其融入通识教育的体系之中，成为高等教育的有机组成部分。只有这样，金融的通识教育课程才能够被广大的学生接受，从而培养全面发展的人的目标才可能实现。

2. 基础性与现实性相统一的原则

基础性是指金融学课程内容中最基本的知识和方法，是金融的核心观念和理论。只有这样的课程才有利于学生了解金融学的精华，感受金融学的基本思想，而这又是金融理论与现实生活结合分析的基础。没有基本的金融理论根本不可能对日常生活中面临的经济金融问题有很好的把握和理解。当然，金融的通识课程的设置也要兼顾金融学的现实性。我们生活在现代社会中无时无刻不在与金融打交道。金融学通识课程的开设应涉及现实社会金融状况的内容，使学生多方面地学习了解金融理论，努力培养学生触类旁通或融会贯通的能力，致力于培养学生独立分析金融问题的能力，促进其全面和谐地发展。

3. 独立性与渗透性相统一的原则

独立性指金融学课程开设应有其相对独立的价值系统，自身有非常明确的教育目标，遵循金融学课程自身的逻辑，为学生提供知识和能力基础，让学生充分了解金融思想，引导学生树立起正确的价值观，培养学生的金融学基本素质和现代精神。每门金融学课程既是独立的，但课程与课程之间又必须相互渗透。相互渗透一方面指通识教育的理念、金融学教育的目标融化于金融学通识课程中，另一方面金融学课程之间应由浅入深地加以整合渗透。

（二）金融通识课程的开设方法

金融学通识教育的课程设置上要首先明确金融学通识教育的目的就是要培养学生全面

发展，这不仅仅是一种课程的讲授，还包括适应社会需要、应对社会挑战、更好地为社会服务的能力。所以应该积极组织专家、学者、教师等在通识教育理念的指导下从整体性出发来开设金融通识教育课程，从培养学生成为一个完全的人的这个角度来为学生设计一个完整的金融学通识教育课程体系，注重把金融学的思维方式和理念教给学生。

在教学手段的运用上，金融学通识教育应该多样化。在学校范围内开设金融学通识教育的核心课程，该类课程向所有学生提供金融的各个领域的共同背景知识，它综合了金融学多学科的基本内容，是学生了解金融思想的最为核心和基础的部分。以一门课程作为核心课程，是学生的必修课程。在此基础上还可以开设部分的选修课，学生依据自己的兴趣参加选修课的学习。核心课程可以采用课堂讲授法教学。传统的课堂讲授法仍然是高校学校教育的最基本形式，采用此种方法教师将其对课程的理解和把握传授给学生，避免学生理解上的偏颇，保证学生在金融的基本思想的学习上少走弯路。该模式结合了核心课程模式和必修课模式的优点，既可以拓宽学生的知识面，又能够适应社会发展的需要。但是课堂教学较多地重视理论教学、忽视实践环节，所以难以有效调动学生学习的兴趣和积极性，难以产生良好的教学效果，也不利于金融通识教育教育目标的实现。从通识教育理念来看，结合金融学的时代性和实践性都比较强的特点，教师针对不同的教学对象、不同的教学内容，应该采用不同的教学手段，以鲜活、有趣、多样的形式呈现金融通识教育的内容，改变现有的教育死板的现状。所以金融学的通识教育不能够仅仅采用课程讲授教学方法，需要发展更多的形象性和生动性的教学方法，例如问题导向型教学法、案例分析教学法等。打破传统的以单向灌输为主的传统的"填鸭式""注入式"教学，增强教学过程中教师与学生的互动性。大量开设体验课程，体验课程采用系列讲座、组织学生参与现实金融问题的决策分析等实践形式。将抽象的金融理论与现实生活中的问题有机结合起来，将课堂的理论教学与课外的实践教学有机结合起来，注重金融学的思想的渗透，开阔学生的视野，促进学生的理论结合实际的能力。

我们知道，知识是文化的载体，学习是传承和创新文化的基础，思考是掌握和创新文化的关键。金融学的通识教育课程的开设既要使学生获得相应的文化知识，更要使学生能够在已有的知识基础上更好地感悟和思考，学以致用，在实践中提升自己的能力，最终实现全面发展。

四、金融学通识教育的意义

当今世界的竞争是国家综合实力的竞争，更多的是经济实力的竞争。国家许多重大的问题都需要从多学科的角度运用社会、经济、政治多种知识理论和方法才能解决。这对高等教育的人才培养提出了更高的要求。1990年，美国学者亨利·罗索夫斯基围绕着哈佛通识教育和核心课程出版了《大学——所有者的手册》（亨利，1996)，他认为通识教育要使学生达到5项标准：要有起码的沟通和说服能力；独立思考判断能力；有较宽的视野；有足够的明辨力；未来可在较深基础上触类旁通，以确切证鉴，下结论，甚至说服他人。这也就表明了通识教育对现代大学教育的重要性。那么金融学的通识教育的意义主要体现在以下几个方面：

（一）金融学的通识教育作为教育理念具有价值性和现实性

大学自诞生以来就不是一般的职业训练场所，大学是"大学问"的象征，大学以广博的胸怀包容整个宇宙。金融学的通识教育是肩负着要给高等教育以现代金融的营养供给。社会的发展变化使得大学教育也需要与时俱进，作为一个现代人，如果不懂得金融和金融的基本思想，那么他是非常可怜，甚至是非常可悲的。但是我们过去的专业教育背景下的毕业的学生就存在很大一部分人，他们一提到金融，就认为是股票交易，从现在的教育意义上讲，这种人的发展是极度不全面的。

（二）金融学的通识教育作为教育实践具有综合性和应用性的特征

金融学的通识教育是高等教育的有机组成部分，它是任何专业的学生都要进行学习的内容，这将使得学生对金融知识的总体状况有一个综合的、全面的了解。金融学和其他的很多学科不同，它已经融入到了人们的日常生活和生产活动的方方面面，你只有正确认识它才有妥善解决问题的可能性。人们日常生活中遇到的很多问题都是和金融的思想紧密相连的，这也就使得金融学的通识教育具有了更为广大的对现实问题进行分析解决的发展空间。

（三）通识教育作为思维训练方式注重培养学生的创造性思维

由于通识教育内容非常广泛，涵盖自然科学、人文科学、社会科学三大领域，而三大领域的知识、技能与思维方法相互碰撞，容易产生创造性思维的火花。这样，强烈的问题意识使得金融通识教育给学生成长、思维的锻炼搭建了平台，金融的通识教育为创造型人才的培养奠定了基础。

（四）作为人才培养平台，通识教育注重学生的全面发展

关心人的解放、人的完善、人的发展是大学的本质。通识教育是对高等教育专门化、功利化导致的人的片面发展的一种矫正和超越。在金融通识教育课程设置模式下，学生通过融会贯通的学习方式，综合、全面地了解金融知识的总体状况，拓展知识视野，认识金融的理念和价值，提升对人类共同关心问题的触觉，建立判断力及价值观，以发掘学生的内在潜力，培育和谐、全面发展的人，从而实现高等教育的最终目的。

参考文献

[1] Committee H. General education in a free society：Report of the Harvard Committee[M]. Cambridge: Harvard University Press，1946.

[2] Zook G F. Higher Education for American Democracy：A Report[M]. Washington: US Government Printing Office，1947.

[3] 杨洲 . 浅论通识教育的起源、内涵与特征 [J]. 文学教育，2011(21)：120–121.

[4] 杨叔子，余东升 . 文化素质教育与通识教育之比较 [J]. 高等教育研究，2007，28(6)：1–7.

[5] 沈文婷 . 试论通识教育与文化素质教育的异同 [J]. 才智，2011，34：251.

[6] 高润，汪霞 . 通识教育课程与文化素质教育课程的比较 [J]. 高等理科教育，2011(3)：4.

[7] 顾明远 . 教育大辞典：增订合篇本（上）[M]. 上海：上海教育出版社，1998.

[8] 王锁明 . 基于通识理念的高校思想政治教育愿景及其实现 [J]. 科学经济社会，2011(4)：48–52.

[9] 李莉英，王其林 . 浅谈通识教育背景下的高等数学教学 [J]. 重庆文理学院学报（自然科学版），2011，30(6)：97–99.

[10] 付以琼 . 国学课程群在高校通识教育课程体系中设置的若干设想 [J]. 江西广播电视大学学报，2011(4)：96–100.

[11] 罗索夫斯基 . 美国校园文化——学生 · 教授 · 管理 [M]. 谢宗仙，周灵芝，马宝兰，译 . 济南：山东人民出版社，1996.

转型背景下旅游管理本科生培养的
TRAVEL 模式 ①

彭雪蓉② 易开刚③

（浙江工商大学旅游与城乡规划学院）

摘　要： 对接旅游产业未来发展趋势，本文提出了旅游管理本科人才培养的 TRAVEL（Technology exploit and explore, Resources activate and integrate, Alliance, Values and value, Erudition and experience, Localization and globalization）模式，即在人才培养时要注重技术应用和探索、内外资源的激活和整合、协同育人、培养理念和培养价值的统一、博学和经验的统一、本地化和全球化的统一。

关键词： 旅游管理；培养模式；TRAVEL

旅游"指人们由于休闲、商务和其他目的而到惯常环境之外的地方旅行，其连续停留时间不超过一年的活动"[1]。而旅游业是"凭借旅游资源和设施，专门或者主要从事招徕、接待游客，为其提供交通、游览、住宿、餐饮、购物、文娱等六个环节的综合性行业"。旅游业被认为是朝阳产业，越来越受到各国政府的重视。近年来，随着我国旅游产业的地位不断提升，国家把旅游产业定位为战略性支柱产业和现代服务业的重要组织部分。

未来，旅游业作为战略性支柱产业的定位将进一步强化，大众旅游时代的到来将助力旅游业成为国民经济发展的新增长点。但我国旅游业发展也存在诸多问题，未来旅游业供给侧改革需要在结构和品质两个方面进行提升。旅游产业未来发展方向将朝着产业链优化和升级、技术和知识密集型、国际化叠加集团化、众创众包众扶众筹、跨区域跨产业联动等几个方向转变，以提升整个旅游产业的价值创造力。

根据旅游产业转型升级方向，我们提出了旅游管理本科生培养的 TRAVEL 模式，T（Technology exploit and explore）是技术利用和探索的协同，R（Resources activate and integrate）是资源激活和整合的协同，A（Alliance）是协同育人，V（Values and value）是培养理念和培养价值的统一，E（Erudition and experience）是博学与经验的

---

① "大学生战略性社会创业教育培养方案研究"，2016 年浙江工商大学教学质量与教学改革项目。

② 彭雪蓉，讲师，博士，研究方向为企业可持续发展战略（如生态创新、战略性 CSR）。

③ 易开刚，教授，博士，研究方向为旅游管理、企业社会责任、商贸流通。

统一，L（Localization and globalization）是本地化和全球化的统一。下面我们具体来谈谈 TRAVEL 培养模式的主要内容。

一、技术利用和探索的协同（Technology exploit and explore）

未来的社会发展趋势是数字时代，旅游产业必须与科技融合，从劳动密集型服务业向知识密集型服务业（KIBS）转变。这就需要我们的旅游管理本科教育也能够紧跟时代发展步伐，在培养过程中加强大数据、云计算、物联网、服务制造化等理念和知识的导入，通过对现有技术的运用，逐步探索适合旅游业发展的独特技术，加大学生的技术和知识储备，从而提高未来在就业市场的讨价还价能力。

二、资源激活和整合（Resources activate and integrate）

首先，要挖掘学校在旅游管理本科人才培养过程中可利用的资源，这些资源不仅包括学校的学生、教师和平台资源，还包括行业和政府可以提供的资源。以往在旅游管理本科生培养过程中，学校主要关注学生作为产业劳动力补给的资源基础，而对行业和政府的资源利用不充分。这就导致我们的旅游管理本科生培养格局太小，培养的学生难以和行业需求对接，影响旅游管理本科生教育的公信力。

其次，学校旅游管理本科人才培养要激活学校资源。学生和教师是学校最宝贵的资源，而学校本身作为平台也是重要的资源。传统的旅游管理本科人才培养过程中学校资源没有充分激活，导致学校在产业的影响力没有得到充分的释放。未来的旅游管理本科人才培养，在学校资源激活这方面，我们认为大有作为。一方面，要充分开发学生的智慧，发挥学生的创造力，为产业发展输送创新型人才而不是廉价劳动力，提高学生价值和对产业的吸引力；另一方面，要激活教师的资源，加强高校教师和产业的互动合作，比如可以通过师资交换、教学酒店等，提高教师对旅游产业的洞察力，而不是教师的思想落后于实践，难以赢得产业的尊重。此外，学校应充分挖掘作为一个平台获取资源的能力和潜力，通过学校与平台合作的方式，为学生和教师的发展提供更多的机会。

最后，以共赢为基础实现产学研资源的整合。当前，学校的资源与校外的资源未充分整合，合作流于形式，根本原因在于没有找到一个共赢的基础。所以，未来校内外资源的整合应该以共赢为基础，学校对企业不光是廉价劳动力的输入方，更应该成为企业发展的智库，学校应让企业看到学校在人才培养和输送、教师资源供给上的优势，当然前提是学校的教师和学生资源被充分激活。

三、产学研协同育人（Alliance）

在云课堂、慕课、翻转课堂等新兴教育模式的冲击下，关门办学已经难以为继。教师、学校的功能必须发生转变。未来旅游产业对人才的需求更为综合和实际，因此在旅游管理本科人才培养上必须整合产学研的各种力量，协同育人和联合育人。具体而言，产学研协同育人我们认为可以有以下三个方面的改进：

第一，从订单式培养转变为动态订单式培养，提高学生的适应能力和复合能力。当今是一个快速变化的时代，旅游产业更是如此。如果采用传统的订单式培养模式，很有可能导致学生毕业时环境已经发生变化，难以真正兑现订单。因此，我们认为应采用动态订单培养模式，加强培养过程中的动态管理和方案调正，降低学生参与订单式培养的风险。

第二，从"送出去"到"引进来"进行管理培训生的培养，缩短管理培训生的培养周期。旅游管理本科人才培养目标是培养旅游企业管理人才。因此，旅游企业管理培训生项目应作为学校培养重点任务，而现有管理培训生主要以旅游企业为主导，学生零星参与，学校教师资源在其中发挥的作用不大。我们认为管理培训生未来的培养模式应该强化学校教师和平台的作用，企业更早介入，整合多种资源，加大管理培训生培养力度和成效。

第三，发挥学生的智库作用，通过实质性的校企联合培养项目（如以旅游企业为主导开展一些创新创业大赛等），使得学生的智慧能够为旅游企业所用，让学生较早地做好学校理论知识和旅游企业需求知识的无缝对接。

四、培养理念与培养价值的统一（Values and value）

旅游产业未来发展呈现动态性、复杂性和社会性。因此，旅游管理本科人才培养的理念（Values）应注重未来视野和社会责任。一方面，未来视野要求学生有战略意识、创新意识和应变意识，能够快速地识别用户需求，进行精准定位和资源配置，能不断创新以适应快速变化的社会需求；另一方面，未来视野要求我们的学生具有更强烈的社会责任感，在今后的工作中坚守职业操守和道德底线，能在工作中平衡多个利益相关者的需求，尤其是自然环境恶化带来的环保挑战等。现有的旅游管理本科教育更多注重"术"的培养，而对学生"道"的方面引导存在严重的缺失，这就导致我们很难培养出对社会和人类的长远发展做出杰出贡献的旅游企业家。所以，旅游管理本科教育应注重道术相济的理念，加大对学生价值观的引导。

光有理念还不行，还必须有切实的措施确保学生有真才实学，能学以致用。对此，我们认为可以从两个方面入手来提升学生的价值（Value）：

第一，提高学生能力的不可替代性及向其他产业转移的可能性，进而提高我们学生在就业市场的竞争优势。根据Barney的资源基础理论[2]，有价值（Valuable）、稀缺（Rare）

的资源是企业竞争优势的来源，而当这种资源不可模仿（Inimitable）和不可替代（Non-substitutable）时，就能为企业构建持续竞争优势。我们认为这个理论同样适用于旅游管理人才培养的竞争优势来源探讨，只有当我们赋予学生的能力具有价值性、稀缺性、不可替代和不可模仿，这些能力才能让学生在就业市场上获得持续竞争优势。

第二，旅游管理本科生人才培养的目标应该从产业链下游（如景区管理、酒店管理等）向整个产业链扩散（如旅游项目风险投资），从低价值环节向高价值环节扩散（如集团战略管理与运营人才的培养、网络营销人才培养等），以扩大学生就业范围和就业竞争力，真正培养引领整个旅游业未来发展的中坚力量。换句话说，旅游管理本科生就业选择除了去传统的旅游服务企业外，还可以去跟旅游业相关的新兴旅游企业及相关企业。

五、博学与经验的统一（Erudition and experience）

旅游产业是一个综合性产业，所以对人才的综合素质要求更高。我们认为未来旅游管理人才培养要求学生博学又具有一定的实战经验。博学要求学生要处理好两大知识关系：一是通用知识（如外语、IT技术、HR、财务等）和专业知识（如旅游学、旅游规划、酒店管理等）的关系，前者让学生具有更广泛的就业空间，后者让学生具有一定的独特性；二是有用知识与"无用"知识（如艺术鉴赏、哲学等）的关系，前者让学生获得岗位要求的基本知识，后者让学生能有更多想象空间，把工作完成得更具有创新性。

六、本地化和全球化的统一（Localization and globalization）

旅游资源具有不可移动的特性，而游客和投资人具有高度移动性和全球化，因此我们认为未来旅游管理人才培养应注重本地化和全球化有机统一。本地化（Localization）要求旅游管理人才培养根植本地，对本地旅游资源深度挖掘，与本地旅游企业进行良好互动，服务于地方旅游产业的发展，进而拓展全国，走向世界。全球化（Globalization）是旅游管理人才培养的重要趋势，因为旅游行业国际竞争国内化以及国内竞争国际化，越来越多国际企业走进来，越来越多的民族旅游企业走出去。旅游管理人才培养全球化可以从两个方面突破：一方面，通过联合办学，强化国际化师资队伍的建设，提高学生课堂知识导入的国际化；另一方面，通过联合培养、海外实习等，提高学生见识的国际化和语言的国际化。

总之，旅游管理本科生培养的TRAVEL（Technology exploit and explore, Resources activate and integrate, Alliance, Values and value, Erudition and experience, Localization and globalization）模式是基于旅游产业未来发展趋势，旨在培养引领旅游产业未来发展的中坚力量，具有很强的现实意义和实操价值。

参考文献

[1] 徐菊凤. 论旅游的边界与层次 [J]. 旅游学刊, 2016, 31(8): 16-28.

[2] Barney J. Firm Resources and Sustained Competitive Advantage[J]. Journal of Management, 1991, 17(1): 99-120.

构建"小而美"的编辑出版人才培养模式

——从供给侧看高校编辑出版教育创新

商月怀 [①]

（浙江工商大学人文与传播学院）

摘　要： 编辑专业起步于计划经济时期的专才教育模式。近年随着出版产业发展和数字出版的崛起，培养适应市场需要的高素质编辑人才成了当前高校编辑学教育的难点。"小而美"的人才培养模式适应编辑专业高等教育改革的方向，符合产业界对编辑教育从"通用型"人才回归"学科型"人才的市场需求。

关键词： 小而美；人才培养模式；编辑专业

从 200 年来的中国近代报刊媒介文化的传播历史来看，编辑学滥觞于近代新闻媒体传播活动。1949 年出版的李次民撰《编辑学》被认作是我国现代编辑教材的肇始，该书从新闻角度介绍了报纸、期刊编辑的经验和方法。20 世纪 50 年代，中国人民大学率先开设了书刊编辑课程。但这些都不是系统的编辑学高等教育，职业编辑还主要来自于其他专门学科，编辑知识也主要来源于实践学习和积累。直到 1985 年按照专才模式创办的编辑学专业，才正式开启了我国编辑人才的高等教育培养模式。编辑专业办学模式对应了当时我国的新闻出版体制，所以创办之始就与国外出版专业不同，更侧重于编辑而非出版教育。

一、目前编辑出版专业面临的问题与困境

30 多年来，编辑出版学专业从无到有，在课程设置、专业发展、学科建设、学历层次和人才培养等方面，都取得有目共睹的成绩。但是随着我国高等教育的发展和新闻出版行业的变革，近几年来，编辑出版学专业在生源招生、课程改革、人才培养和学生就业等各方面，都遇到了新的发展问题和困境。

首先，长期以来"编辑无学"的问题仍未得到有效解决。编辑专业作为职业化本科教育，人才培养和学生就业对标的应该是出版产业市场，然而编辑毕业生却很难在出版实务

---

① 商月怀，讲师，硕士，研究方向为智慧教育。

界找到合适的工作。早在 2004 年的时候，北京大学肖东发教授就做了"关于出版专业就业情况的取向性状况调查"，结果表明：出版行业需求编辑学专业毕业生的单位仅占调查对象的 15%。2016 年，我们对我校编辑出版专业 2005 届至 2015 届毕业生就业情况进行追踪调查，数据显示在出版行业工作的毕业生仅占总毕业生数的 16.39%。上述情况说明在编辑教育的供给侧，高校编辑人才培养未能很好地与出版行业相衔接。一方面专业类出版物需要特定的学科背景，而大文科模式下编辑学培养模式往往导致"学科空心化"；另一方面，新媒体和信息技术、大数据等在数字出版中的应用又使得传统编辑职业技能"老化"。

其次，随着新媒体和数字出版业的发展，出版产业链已经开始发生重大变革。从国家新闻出版广电总局公布的统计数据来看，从 2010 年至 2016 年我国数字出版产业收入规模增长都在 30% 以上。为出版市场提供人才资源的高校编辑出版学专业，面对数字出版时代的到来，不仅仅面临着专业方向和课程设置的重新调整，更大的挑战是从事数字出版教学和研究的师资严重不足。特别是数字出版和新媒体技术的应用，改变了整个传统出版的产业链。从这种新的出版产业链出发安排课程内容、规划人才培养，是编辑学专业办学当前急需解决的问题。

最后，高等教育的发展也给编辑出版专业提出了转型办学的要求。随着高等教育普及化程度的提高，高校为学生提供的专业选择和教育机会越来越多样。在高等学校提供的专业选择上，教育消费不再是以前的供不应求，学生放弃冷门专业可选择的教育机会越来越多样。从国内开设编辑学专业的高校来看，在传播类二次选择专业的时候，普遍存在着选择编辑专业的学生越来越少的现象，甚至出现了一些学校停办编辑专业的情况。因此，办好编辑出版专业，迫切需要在教育供给侧方面进行改革创新。

二、教育供给侧改革来突破编辑人才培养困境

普通本科教育和高等职业教育，为经济产业发展提供高素质的劳动力，本身就是"供给侧"改革的要素之一。过去在高等教育大发展阶段，通过教育"需求端"的扩张扩招和开设新专业的模式，一方面快速提高了高等教育的普及率，另一方面也造成了教育质量下滑、大学生就业困难、社会人力资源浪费和职业技能人才缺乏的现象。近年随着新生入学人数的减少和经济转型升级的压力，原来扩大教育消费的发展模式，既不能满足经济转型升级的需要，也不能满足高等教育本身的改革发展。

传统的编辑专业培养模式培养了大量的通用型编辑人才。一方面相对于整体出版产业来说出现了人才过剩，在教育层面表现为编辑毕业生就业难的问题；另一方面在新兴的数字出版和快速增长的版权贸易领域，我国数字出版人才以及内容生产方面的高级编辑人才又出现了紧缺的状况。这种人才过剩与紧缺的"滞胀"状态，全面反映了我国当前出版产业界与教育界之间的供需矛盾。传统的解决思路是在教育的需求端创新，通过增加实务课

程投入、师资的引进和扩大教学产品等等。比如在教学质量上，深化教学课程体系建设；在学生能力培养方面突出宽口径和实践动手能力；在教学资源上，提升师资力量和资源配置，加强业界与课堂教学间的互动；在专业方向上，从编辑校对向营销管理、数字出版领域拓展；在人才培养层次上，形成了本硕博的学历层次，建立专业型硕士学位。多年来，我们的编辑教育努力迎合出版市场需要，但仍然不能培养产业界需要的高素质编辑人才。其根本原因就在于，优秀编辑必须要依托在一定学科背景上，只有具备深厚学科涵养的编辑，才能发现优秀的作品，而学校教育"重视编辑技能、轻视学科基础"。然而编辑出版专业并非不想重视学生基础学科的培养，关键还是在传统的专业培养模式下，学科专业壁垒深，课程配置不合理。要解决"编辑无学"问题的关键就是增加基础学科教育，只有重新对专业供给侧的教学资源重新配置，开展制度创新，才能解决专业"无学"的短板。

相对于教育需求侧的改革，教育供给侧改革则更加困难，涉及的要素更多，需要的制度创新更加复杂。但编辑专业目前面临的专业发展困境也只能通过教育供给侧的改革，才能求得根本的出路。无论是产业市场的变化对专业创新的需求，还是高等教育发展的本身的压力，核心就是要从供给侧上解决"编辑无学"的问题。因为作为一项职业技能，编辑不仅仅是作者与出版物之间的"中介"，编辑需要参与到优秀作者发现、优秀作品创造的过程。这也是优秀编辑往往是某个领域学者的原因。

从学校整体角度来说，供给侧改革就是重新调整专业设置、优化学科资源配置。因此和其他"冷门专业"面临的困境一样，编辑出版专业首先感受到教育消费市场的变化和高等教育变革的压力。近年很多高校要么缩减编辑专业招生人数甚至取消专业设置，要么改变专门培养方向，将编辑出版改作数字出版专业或者传播学。减少专业设置或者改变专业名称，仍然还是在教育需求端做调整。在教育消费转型升级的情况下，只有通过提高编辑专业教育本身的供给质量，才能更好、有效地提高本专业的教育消费，才能吸引社会、学校对本专业的资源投入。

三、从供给侧发力构建"小而美"的高校编辑人才培养模式

伴随高等教育向普及化发展，互联网和数字技术冲击着传统出版模式的时候，编辑人才培养必须适应市场发展和教育的变革。从编辑职业的特点来看要解决专业学科"空心化"，必须坚持"小而美"的人才培养思路。

"小而美"的观念最早是英国经济学家舒马赫提出的，他通过对工业文明的批判来反思对"大规模的迷信"，倡导小规模的优越性，认为"小的是美好的"（Small is Beautiful）。编辑学专业作为一个高等教育产品，其特质就是"小而美"。编辑专业"小"的体现是招生规模小、学科点小、人才需求市场小；编辑职业"美"的体现在从业人员知识专业化、产品原创化、技能数字化。编辑专业走通用型人才培养之路是不符合编辑职业"小而美"的特质的。唯有通过教育供给侧的改革，破解"编辑无学"的核心问

题，才是数字化时代编辑专业办学的可行思路。

（一）"小而美"首先要解决编辑专业教学内容从泛化回归窄化

"编辑无学"的原因就是编辑专业的学生基础学科知识不够。"小而美"的编辑办学思路就是要从学校、院系师资力量出发，以学校师资为中心来解决编辑专业基础学科"空心化"的问题。编辑学专业其实是个交叉学科，特别是互联网和数字出版时代，对信息技术的依赖已经远远超出了学科之间的界限。目前编辑出版专业囿于专业课程教学体系的束缚，导致了出版单位宁可招聘非编辑专业学生来做编辑。因此，"小而美"思路要求人才培养从宽口径向特色化转变，教学内容从泛化回归到窄化，专业培养方向立足学校整体办学特色、师资力量和教育资源分配。比如财经类院校办编辑专业，就要体现出财经学科背景的特色，政法类院校要体现法学背景的特色，理工科类要体现理工学科背景的特色，学校特色学科要成为编辑学生的学科基础知识背景。因此要从整体教育资源出发，以学校师资为中心筹划编辑专业教学，在编辑技能课程基础上增加其他专业基础知识教学，解决编辑学专业"学科空心化"问题。增加基础学科知识教学，不是教学内容安排上的泛化，而是学科基础知识内容的窄化，突出编辑的技能化和基础知识的学科化，从而解决"编辑无学"的问题。"小而美"的办学思路就是要在大同中追求差异化，从而实现精英化。

（二）"小而美"要更加突出编辑专业办学的空间布局

从社会空间理论来看，编辑专业也是社会关系生产出来的一个社会空间。当我们在探讨编辑专业实现"小而美"的专业化、特色化和精英化的时候，我们不只是在时间维度上谈论专业建设，更要在空间维度上建构其专业布局。建设"小而美"的编辑专业，在宏观层面上，不仅要考虑专业在地理上与其他高校的空间布局，也要考虑专业在出版产业中的空间分布。在中观层面上，我们也要分析编辑专业在一所学校内的专业空间位置。比如财经类院校，媒介管理、营销发行方向都是编辑专业发展的空间，而在理工类高校中，科技编辑、数字出版技术则是其专业空间的位置。在微观层面上，编辑专业建设的空间意识还包括了师资队伍、课程教学以及实践活动的空间安排。

"小而美"的编辑专业办学空间意识，需要高校利用现有的整体师资，通过校内资源的自我整合，实现编辑专业在校内外教育空间上的差异化和特色化，从而获得专业成长发展的有利空间。目前从编辑专业出发谋划编辑学专业办学，追求时间维度的积累，不能很好地体现编辑学专业办学的空间发展要求。特别是当前在编辑学专业向数字出版转型的时候，仅仅依靠编辑系内部的师资力量而不考虑专业的社会空间，主动整合校内外资源，几乎是很难发展起来的。

（三）"小而美"要围绕编辑人才供给的开展创新

适应市场需要是高等教育人才培养的目标之一，高等教育在人才服务上还要引领市场发展。近 5 年来，我国版权贸易中输出版权数量在增加，但贸易赤字却在扩大，这也侧面反映了我国高级编辑人才的缺乏。"小而美"的编辑办学思路就是要围绕培养高级编辑人才开展创新。首先，"小而美"就是要利用高校教育资源集中的优势，围绕学校的优势学科办出特色。在人才培养和社会服务上发挥人才高地的优势。其次，"小而美"要创新人才资源培养的途径。拓宽优秀生源的招生途径，要打破专业壁垒，鼓励学科交叉，鼓励跨学科攻读编辑专业学位。最后，"小而美"要对标市场的需求。在编辑实务 + 学科知识的综合型人才培养基础上，对标特定的专业市场，改变传统的"通用型"编辑人才培养模式，培养有学科基础、有编辑技能、懂数字技术的专业化人才。

参考文献

[1] 肖东发，许欢 . 关于我国编辑出版专业教育的论证与调查分析 [J]. 河北大学学报，2004(5)：29.

[2] 王振铎 . 编辑学的学科建设与专业发展 [J]. 出版发行研究 .2002(3)：35.

[3] 姬建敏 . 论我国编辑学研究 60 年之特征 [J]. 中国编辑 .2013(5)：37.

[4] 国家新闻出版广电总局 .2015 年新闻出版产业分析报告 .（2016-08-25）[2016-07-14].http：//www.ce.cn/culture/gd/201608/26/t20160826_15285562.shtml

[5] 舒马赫 . 小的是美好的 [M]. 李华夏，译 . 南京：译林出版社，2007.

基于校企合作的现代商贸人才培养模式的实践与思考

——以浙江工商大学义乌中国小商品城实践教育基地为例[①]

陈振龙[②]　　王庆生[③]　　浦国华[④]　　李慧琼[⑤]

（浙江工商大学统计与数学学院）

摘　要：本文以浙江工商大学义乌中国小商品城实践教育基地为例，立足"大商科"办学特色，开展全方位、深层次、多形式的校企合作，以服务社会、提升技能、促进就业为目的，提升学生的创新精神、实践能力、社会责任感和综合素质，形成了校企合作、协同发展、互利双赢的现代商贸人才培养模式。

关键词：校企合作；现代商贸人才；统计学；实践教育

社会经济的发展离不开高等教育提供的专门人才和智力支持。培养现代商贸人才是新时期的必然趋势和发展方向，也是财经类高校办学责任和使命之所在。近年来，作为一所国内知名的财经类高校，浙江工商大学紧跟国家经济结构调整和产业转型升级战略步伐，结合浙江现代服务业和新兴产业建设需要，聚焦于"大商科"特色人才的教育和培养，浙江工商大学义乌中国小商品城实践教育基地（以下简称"义乌基地"）抓住重要发展机遇，不断探索符合经济全球化要求、校企合作的现代商贸人才培养模式。

一、义乌基地探索校企合作人才培养模式的概况

高等教育是科技进步和人才培养的结合点，应当着眼于人的全面发展。现代经济社会发展需要高素质人才，而培养高素质人才离不开优质教育和相应条件保障。义乌基地是

①　本文获教育部大学生校外实践教育基地建设项目（浙江工商大学义乌中国小商品城实践教育基地）、浙江工商大学大学生实践教育示范基地建设项目（柯桥中国轻纺城实践实训教育基地）、浙江省高等教育课堂教学改革研究项目（kg2015146）、浙江工商大学课堂教学创新项目（201632112）资助。

②　陈振龙，副院长，教授，博士，研究方向为随机过程与风险管理。

③　王庆生，辅导员，讲师，硕士，研究方向为大学生思想政治教育。

④　浦国华，副教授，研究方向为经济统计。

⑤　李慧琼，副教授，研究方向为线性代数。

浙江工商大学与义乌中国小商品城深化合作的结晶。2006年3月，在国家商务部领导下，浙江工商大学与浙江义乌中国小商品城集团股份有限公司合作，成功研发"义乌·中国小商品指数"。2006年11月，在中国小商品城集团股份有限公司，双方签订协议挂牌设立"浙江工商大学校外实习研究基地"。2009年，双方签订协议共建"浙江省研究生教育创新示范基地"。2012年，义乌基地成功申报浙江省"大学生校外实践教育基地建设项目"。2013年，该基地获批为教育部"大学生校外实践教育基地建设项目"。

创建校外实践教育基地，既有利于企业的发展，也有利于高等教育的发展，这种人才培养教育过程中的校企合作，逐渐成为培养懂经营、会管理的现代商贸人才的重要途径。义乌基地利用义乌作为国家级国际贸易综合改革试点城市的有利契机，特别是2013年获批国家级基地建设项目以来，融合高校"科学研究、人才培养、社会服务、文化传承"四大职能，把义乌中国小商品城建成了涵盖统计学、工商管理、国际贸易、旅游管理、电子商务、法学、物流、英语等专业学生的综合性校外实践教育基地。同时，基地还重点建设了商贸流通业数据采集与分析系统、国际贸易实务、电子商务交流平台等现代商贸人才的实习环境，鼓励学生将实习与课题调研、学科竞赛、就业创业等结合起来，逐渐形成"校企合作、协同发展、互利双赢"的现代商贸人才培养模式，成为国内颇具影响力和知名度的现代商贸人才校外实践教育基地。

二、现代商贸人才培养模式的主要措施

在义乌基地建设过程中，以校内校外、校企合作为培养途径，通过理论与实践、实验与实践、动手与动脑、校内与校外相结合的实践体验式教学方法，切实增强实习的针对性、实效性，做到行有所思、做有所得、学以致用，不仅为学生搭建好实践育人的载体，而且发挥了学校和企业在人才培养方面的优势，逐渐形成具有鲜明"大商科"特色的现代商贸人才培养模式。

（一）共同制订教学目标、培养方案和考核标准

校内理论学习与校外实习实践相结合，这是现代商贸人才培养的必经之路。校企双方结合专业建设和人才需求，共同制订教学目标、培养方案和考核标准。每年定期组织召开两次"实践教育基地建设研讨会"，针对具体的问题展开深入讨论，研究并制订本专业实习环节总的目标和任务。根据现代商贸人才的培养目标和综合素质的要求，共同指导学生参与创新创业训练项目和实习实训，使每一阶段实习都有章可循、有的放矢，共同完成培养计划，实现最终培养目标。

（二）共同开发、设计、管理课程体系和实践项目

学校与义乌中国小商品城集团共同开发实践项目"统计指数实验与实习"，是一门适

合所有商贸管理类专业、理论研究与实训实践相结合、应用性极强的实验课程。每年安排大约 120 名学生在实验室、实习基地或社区采集数据，由专业教师承担实习指导任务，利用实验室已有的指数信息系统进行指数的编制与分析，设计指数的分析系统和发布系统，写作指数分析论文等，根据实习大纲的要求，出好调研思考题，严格考勤和考核，防止实习走过场。

（三）加强产学研结合，校企联合培养实务导师

在义乌基地建设过程中，校企双方通过"1+1"联合加强对实习学生的合作指导，着力提升实务导师的技术能力和管理水平，一是以教师到企业挂职锻炼的形式，增强专业教师指导学生的能力和水平；二是以企业员工到学校进修培训的形式，提升相关技术管理人员指导学生的能力和水平，达到真正的互利双赢。信息化、数字化、数据化时代到来，为使学生充分了解实际工作情况，学校利用已经建设好的实验室，在专业教师指导下提前开展专业技能训练和模拟练习。

（四）形成共建、共管、共评的实践育人工作长效机制

双方以共建义乌基地为平台，拓宽了校企双方合作的范畴，从最初的单纯人才培养到现在共建技术中心，合作开发项目，合作承担国家、省市级科研项目。双方通过制订和完善教学工作方案、教学文件和资料管理办法、学生实习管理办法、实习成绩考核办法和建设经费管理使用办法等规章制度，包括实习计划、实习总结、实习单位的反馈意见、实习学生成长报告等等，都有专人负责，专柜保管，登记造册，分类存放，建立科学规范的基地建设评估体系。

三、现代商贸人才培养模式的成效分析

加快培养面向市场、适应岗位需要的现代商贸人才，培育其扎实的专业知识，使其具有较强的实践能力。培养学生具有勤勉、务实、诚信、合作的优良品质，传承优秀的浙商文化精神，才能更好地服务浙江乃至全国经济社会发展。经过几年的努力，义乌基地对于现代商贸人才培养模式的探索成效显著，可概括为"课程体系的标准化、教学内容的实践化、人才培养的多元化、受益群体的广泛化"，为培养服务于企业、服务于社会的应用型高素质人才做出了应有的贡献。

（一）校企合作构建实践教学课程体系日趋完善

义乌基地运行效果显著，校企深度融合，积极探索课堂教学、实验教学、实践教学相结合的本科专业教学改革之路，构建了一套完整的校外实践教学课程体系，共同开发实训项目库。目前，校企每年共同开发实训项目和研究课题近 50 项；每年安排大约 15 名"双师型"教师，到义乌中国小商品城等单位与企业、行业从业人员交流沟通；每年安排 200 名学生参加校内实训和校外实践课程的学习；每年组织 10 支学生科研团队开展"暑期带课题下乡"专题调研。

（二）学生参与学科竞赛和创新创业训练项目更为踊跃

通过实践教育，有效地组织大学生开展实践探索创新活动，培养了学生发现问题、分析问题、解决问题的独立思考能力和创新能力，充分挖掘学生的收集数据、分析数据、处理数据的综合专业潜能和创新智慧。近年来，在义乌基地，学生积极踊跃参与学科竞赛和创新创业项目，在"挑战杯"全国大学生课外学术科技作品竞赛、浙江省统计调查方案设计竞赛、全国大学生市场调查分析大赛、全国高校互联网金融应用创新大赛等竞赛中取得了喜人的成绩。

（三）校企联合培养、共享人才资源机制更加成熟

义乌基地根据发展需要不断调整建设方案，适应社会形势的新情况、新变化，学校与企业协同发展，定期选派教师到企业提供专业培训，增强企业骨干的技术能力和管理水平，全力支持地方经济社会建设，推进人才培养不断创新。通过在义乌基地实训实习，也帮助学生开阔视野和思路，了解自己的能力、素质和水平，明确自己的差距和不足，激发他们努力向上的动力。以统计与数学学院 2016 届毕业生为例，截至 8 月底，参加义乌基地实习的毕业本科生、研究生就业率为 100%，特别是本科生继续深造率为 25%，超过学校平均水平 5 个点，创历史新高。

（四）满足校内商贸专业学生需求，惠及其他高校

义乌基地是在浙江工商大学教务处指导下，由统计与数学学院牵头，联合学校经管类相关学院与义乌中国小商品城共同建立，着力打造的商贸流通信息化实验平台。基地面向统计学、工商管理、国际贸易、电子商务、法学、物流等专业开放，为培养学生商贸实践、调查方案设计、数据采集、数据分析、指数编制、指数解读、商贸流通运营、物流规划与设计、物流业运作等现代商贸能力服务。基于义乌中国小商品城在国内外的影响力和知名度，北京工商大学、首都经贸大学、浙江财经大学、义乌工商职业技术学院等 10 余所高校的师生在义乌基地接受实践和培训，普遍反映实践效果良好。在此运行模式的基础上，统计与数学学院又进一步开拓创建了绍兴柯桥中国轻纺城、金华永康中国科技五金城、杭州下沙新加坡科技园等多个大学生校外实践教育基地。

四、现代商贸人才培养模式的反思与发展方向

经过义乌基地的多年实践，校企合作培养现代商贸人才模式，为我们提供了一些经验

和启示，既为落实实践育人理念带来了生机与活力，也成为提升财经类高校办学水平的重要因素。但从总体看来，校企合作在现代商贸人才培养方面的探索仍处于起步阶段，任重而道远，其不足之处同样值得反思和总结，迫切需要高校、企业和社会一起攻坚克难，着眼于未来，不断加以改进和完善。

（一）存在的主要问题

1. 学校与企业存在教育观念的差异，落实实习计划相对困难

企业的目标是获得经济效益，学校目标是培养优秀人才，双方存在一些认同差异。另外，学生到企业进行实习，虽然有利于促进基地建设的正常进行，但也会加大企业管理、人员配备、资金人力等方面投入，无形中增加企业的管理压力和负担。因此，企业会控制接纳实习学生的数量，或者压缩学生实习的时间。

2. 难以对实习效果进行科学的考核评价

由于指导教师配备、实习岗位设置等条件限制，难以做到全过程、全方位地针对实习学生进行全面考察，只能通过实习出勤、实习工作总结、实习报告等评定学生的实习成绩，但是对于学生的实习期间创造出的价值、实习期间实践能力的反映、实践教学目标是否达到等方面较难做出准确的评估判断。

（二）未来发展方向

1. 继续开展协同育人的实践教育

学校基于"产学对接、产学共划、产学互动、产学构建、产学互利"的理念，将全面开展"协同育人"，充分发挥实践基地的效应，实现培养规格协同、教学团队协同、课程建设协同、教材编写协同、课堂教学协同、课程考核评价协同、实践实习协同、导师指导协同，建立紧密的产学合作机制，促进学生适应社会、适应企业，有利于学生增加实务经验，激发学生的发展潜力。

2. 努力拓展实习实践形式

把学生的多种实习方式与基地建设相结合，让学生在基地开展集中实习、岗前培训等，丰富实践教学体系，构建高校和企业的双实践平台。具体的实践形式包括：认识性社会实践、工作性顶岗实习、课题性专题调研、合作式协同创新。

3. 结合项目，夯实实习实践

学校将努力以实践教育基地为基础，将学生创新创业项目、学科竞赛、毕业论文选题等相结合，结合生产实践、社会调研等培养学生发现问题、解决问题的能力，培养学生创新创业精神，发挥实践教育基地的育人功能。

4. 提升实习效果评价

学校将结合实践教学任务、人才培养目标等与企业共同制定实习评价体系，加强质量监控管理，提升实习指导教师的工作热情和责任心，实习工作与其职称、晋级、绩效等相

结合，完善实习效果评价。

参考文献

[1] 申作青，李靖华，张绪忠.财经类高校的"大商科"办学特色分析 [J].浙江工商大学学报，2015(6)：5-13.

[2] 戴素江，马广，戴欣平，等.基于校企双赢的"互换式"人才培养模式创新与实践 [J].现代教育科学，2009(4)：54-56.

[3] 邵作仁.再创校企合作模式下现代商贸人才培养的途径 [J].浙江工商职业技术学院学报，2010(3)：50-52.

[4] 李茜燕.应用型本科院校校企合作人才培养模式的实践与思考 [J].吉林省教育学院学报，2015(7)：17-19.

大学生研究性学习意愿的调查与分析 [①]

史小坤 [②]

（浙江工商大学金融学院）

摘　要： 创新和创业成为未来大学生面对的生活和工作必然选择，而在大学阶段通过研究性学习培养学生创新的基本思路和能力，是现阶段大学教育中需要思考和面对的问题。目前大学生开展研究性学习的状况如何，是否具有强烈的意愿参与目前的研究性学习，或者说是什么因素影响了大学生参与研究性学习呢。针对这些问题，本文进行了调查和分析，调查和分析结果显示，由于创新性学习激励不足，大学生研究性学习意愿不强烈。针对这个问题，需要从教师和学校评价制度等方面进行改进。

关键词： 认知学习理论；研究性学习的态度；研究性学习的方式

一、引　言

研究性学习起源于 20 世纪二三十年代的美国，是在杜威和克伯屈等的倡导下开展的以学生学习兴趣和创新能力为主的"做中学"教学模式。虽然目前对研究性学习有不同的表达方式，如"探究性学习、问题学习和自主学习"等；在具体的教学实践中也以不同的模式展开，如"基于问题的学习（Problem-based Learning）和基于项目的学习（Project-based Learning）"等，但是无论怎样，研究性学习核心的概念内涵是统一的，也就是以学生积极深度参与为基本要素、通过问题解决和实践体验方式，提升学生学习学科知识的主动性与能动性，并最终实现综合分析能力和创新能力的切实提升。不同于传统的知识传授传承和被动接受式学习，研究性学习教学活动过程中，教师为辅助学生为主体，学生的主动探索和积极参与是决定研究性学习教学效果的基本要素。

因此研究性学习既是一种新的教学观念，同时也是一种全新的学习观念。研究性学习不仅需要教师对教学方式，包括教学目标、内容、方法和评价等全方位的改革；同时也要求教师不断观察学生参与研究性教学的状态和问题，寻找针对性的方法引导学生调整学习

① 浙江省高等教育课堂教学改革项目"基于探究性学习的商业银行业务管理课堂教学改革研究"（1060XJ2915019），浙江工商大学高等教育研究项目（1060 KU214073）。

② 史小坤，副教授，博士，研究方向为网络借贷和金融机构管理。

观念和学习方法，摆脱对被动知识接受的依赖，积极参与和体验研究性学习。

但是通过对实验班同学"商业银行业务管理"课程研究性学习进行的调查显示，虽然57%的同学愿意在课内外学习和探究一些现实问题，但是90%的同学没有认真阅读课外要求自主研读的学习资料，对研读材料中不理解的内容，99%的同学没有进一步查阅资料，习惯性地等着教师为其解读。实验班尚且如此（实验班集中了学校相对比较愿意学习的同学），更不消说其他班级的同学。为什么会呈现这样的状态，是大学生主动探究问题的意识薄弱，是教师教学理念和方法的问题，还是大学生不具备或者说缺乏自主探究性学习的基本能力呢？

为了回答现实的问题和疑惑，首先从一般性入手，对影响大学生研究性学习可能的因素进行理论分析；然后在一般性理论分析的基础上，设计调查问卷，通过对问卷的回收和分析，探究影响大学生研究性学习的影响因素，并提出针对性的建议。

二、研究性学习影响因素的理论分析

虽然随着高校课堂教学改革的推进，高校教师也努力希望摆脱"注入式"教学方式，比如在课堂教学中引入情景教学、实践教学等方式，试图通过多元化教学方式，引导学生探究性地学习。但是由于学生从小学学习开始，就一直沉浸在注入式教学的模式中，对这些多元化教学方式很茫然，参与的积极性和主动性不高。法国教育家尼克德索热尔就指出"仅仅把获取知识作为压倒一切的重要事情，形成了教育方面危险的陷阱之一，我们被诱使去选择迅速的方法，而去回避困难，孩子似乎有了进步……但是在不同的方向上要求他创新地使用自己的才能，他便不知所措，甚至到成人阶段之后仍然是这个状况"。Sudjana（2000）研究发现，学生学习效果由两个主要因素组成：学生内在因素和来自外在的环境因素，其中70%是受学生自己内在因素的影响，30%是受环境影响。研究性学习建立在这样一个假设上，即人类天生就有寻找自己知识的冲动（Sanjaya，2006）。因此，推进研究性学习首先需要回答一个问题就是，是什么因素影响了大学生内在自我寻求知识的冲动和能力。

认知学习理论认为，人的认识不是由外界刺激直接给予的，而是外界刺激和认知主体内部心理过程相互作用的结果；作为学习的主体，学生会主动地对外界刺激提供的信息进行选择性加工。因此，研究性学习要成为学生主动的行为选择，首先需要激发学生的学习兴趣和学习动机，然后通过学生内在心理过程，将当前的教学内容与学生原有的认知结构有机地联系起来，才能形成内在和外部刺激相结合的主动的行为反馈和循环过程。

按照认知学习理论，如图1所示，研究性学习的核心和基础是学生主体，学生研究性学习的意识、过程和效果的激励，成为研究性学习的决定因素和前提条件。研究性教师在这个过程能够发挥的作用是通过研究性课程设置、研究性课题的介绍和研究性实践的推进，引领和教育学生参与和分享研究性学习的过程；而学校作为制度设置和管理部门，对研究性学习的作用在于评价和规范这个过程中学生和教师的教学活动。

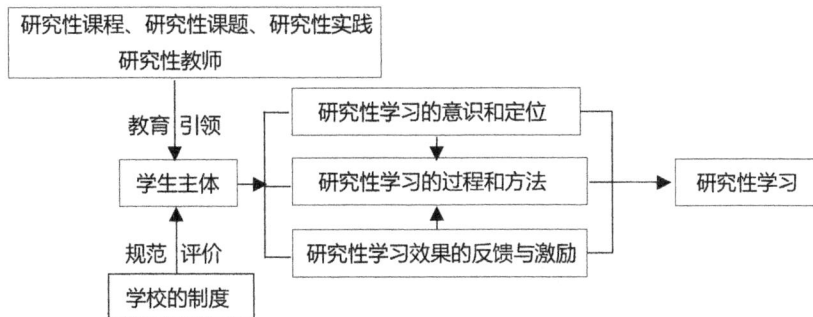

图1　研究性学习的内涵

三、调查与分析

根据前面理论分析可知，研究性学习中的核心和基础是学生，学生的研究性学习的意愿、研究性学习过程和研究性学习效果决定了研究性学习的整体状况，因此，为了探究影响研究性学习的因素，针对学生主体设计调查问卷并分析。

（一）问卷和调查对象

根据理论分析，从三个主要的层面设计调查问卷：学生研究性学习的定位和意愿、学生研究性学习的过程和方法、学生研究性学习的效果。借助于"问卷星"这个网站进行问卷的发放和回收。

共有264名大学生填写了调查问卷，其中浙江省同学占72.56%，来自其他10个省份的同学占27.44%。填写问卷的同学中女同学占62.8%，男同学占37.2%；大一和大二同学占63.42%，大三和大四同学占36.58%。这些参与调查的同学中，参与或申报过研究性课题的同学占53.66%；认为自己参与过研究性课程学习的同学占98.75%。

（二）研究性学习的动力和意愿

如图2所示，在回答你认为研究性学习的作用时，只有31.1%的同学认为研究性学习有助于提升观察和分析现实问题的能力；25.61%的同学认为研究性学习只是期末学习成绩构成的一部分，39.02%的同学认为研究性学习也只是对课堂所学知识的拓展，并不能起到提升能力的作用；还有4.27%的同学认为研究性学习没有任何意义。这些数据说明，接近70%的学生不清楚对于研究性学习的意义和价值，需要教师在开展研究性学习之前，结合课程或课题的内容，引导学生理解和认识研究性学习的意义和作用。

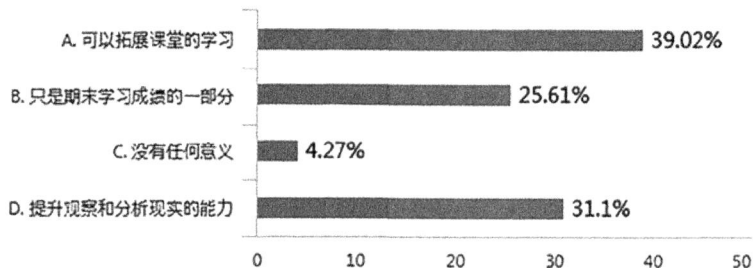

A. 可以拓展课堂的学习 39.02%
B. 只是期末学习成绩的一部分 25.61%
C. 没有任何意义 4.27%
D. 提升观察和分析现实的能力 31.1%

图 2　对研究性学习作用的评价

关于研究性学习的态度，如图 3 所示，56.1% 的同学认为自己能够认真思考积极寻找资料，而仅仅为了分数不得已去完成的同学占 29.27%，简单 copy 和依赖同组其他同学的比例分别为 7.93% 和 6.71%。如果对同一个学习小组其他同学的学习态度进行评价的话，62.2% 的同学认为同组其他同学研究性学习的态度一般，只有 28.66% 的同学认为其他同学研究性学习态度认真，9.15% 的同学对于研究性学习是不认真或者是敷衍的态度。

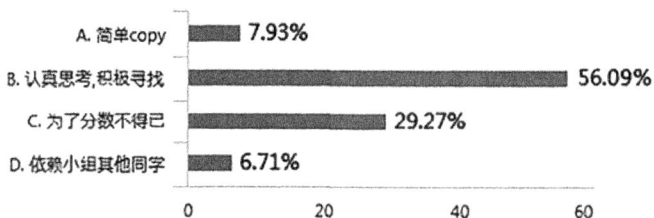

A. 简单copy 7.93%
B. 认真思考,积极寻找 56.09%
C. 为了分数不得已 29.27%
D. 依赖小组其他同学 6.71%

图 3　研究性学习的态度

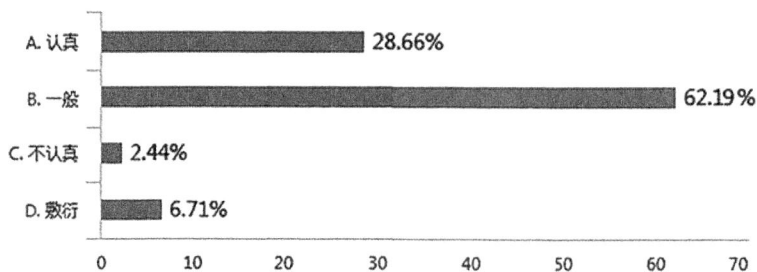

A. 认真 28.66%
B. 一般 62.19%
C. 不认真 2.44%
D. 敷衍 6.71%

图 4　同小组同学研究性学习的态度

（三）研究性学习的过程和方法

从课后研究性学习花费的时间来看，调查显示，85.37% 的同学花费半小时到 1 小时时间，9.76% 的同学只花费 15 分钟时间，还有 4.88% 的同学不花时间或 3 分钟时间临时应付一下。如图 5 所示，完成研究性学习时，87.2% 的同学是通过网络和手机搜索来进行的，25.61% 的同学会运用到课堂所学的知识，23.78% 的同学会查阅相关书籍和杂志，21.34% 的同学会通过同学之间的交流来完成。

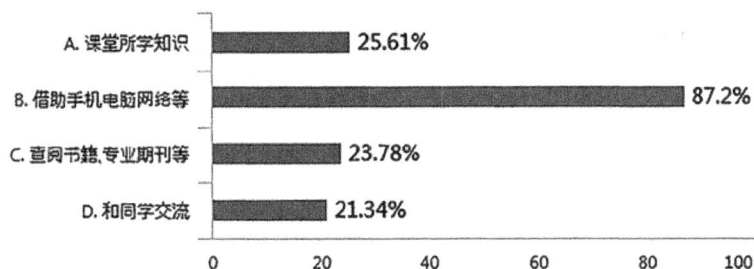

A. 课堂所学知识   25.61%
B. 借助手机电脑网络等   87.2%
C. 查阅书籍,专业期刊等   23.78%
D. 和同学交流   21.34%

图 5   完成研究性学习的方式

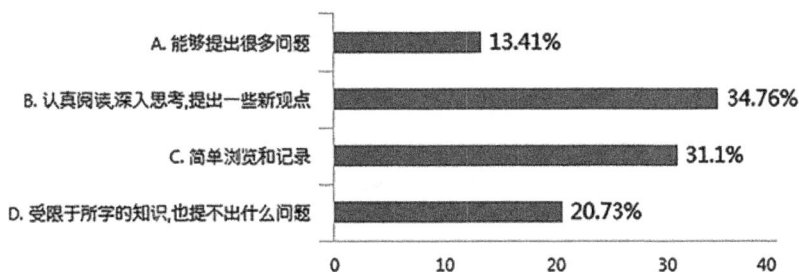

A. 能够提出很多问题   13.41%
B. 认真阅读深入思考,提出一些新观点   34.76%
C. 简单浏览和记录   31.1%
D. 受限于所学的知识,也提不出什么问题   20.73%

图 6   研究性学习的过程

教师在学生进行研究性学习中的指导性作用，在研究性学习过程中，如图 6 显示，仅仅有 13.41% 的同学能够提出很多相关的问题，34.76% 的同学经过深入思考可以提出一些新的想法，有 31.1% 的同学仅仅是简单地浏览和记录研究性学习的内容，没有进行深入的思考；20.73% 的同学因为所有知识的限制提不出什么问题。

对于有些同学有时候为什么没有能够完成研究性学习任务的问题（见图 7），10.37% 的同学是因为不理解作业或研究性题目的要求，有 47.56% 的同学是因为找不到相关的资料，还有 42.08% 的同学是因为忘记或者根本就不想完成这样的任务。如果让同学对已经做过的研究性学习进行评价，如图 8 所示，37.8% 的同学认为比较占用时间，尤其是大学阶段生活内容比较丰富，更是感觉研究性学习挤占了的业余生活；18.29% 的同学认为研究性学习对将来就业的帮助不大，没有多少动力参与研究性学习；30.49% 的同学认为研究性学习在总成绩中分值评价中的占比不高，没有什么积极性参与研究性学习。

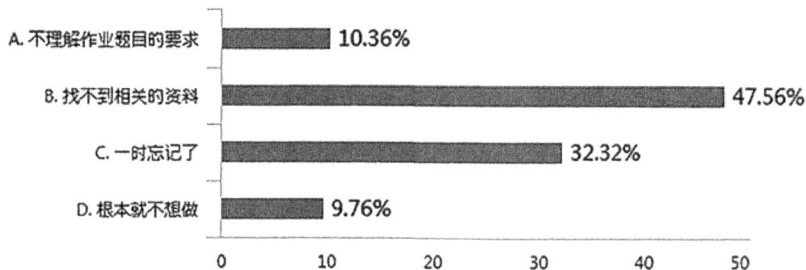

图 7　不能完成研究性学习任务的原因

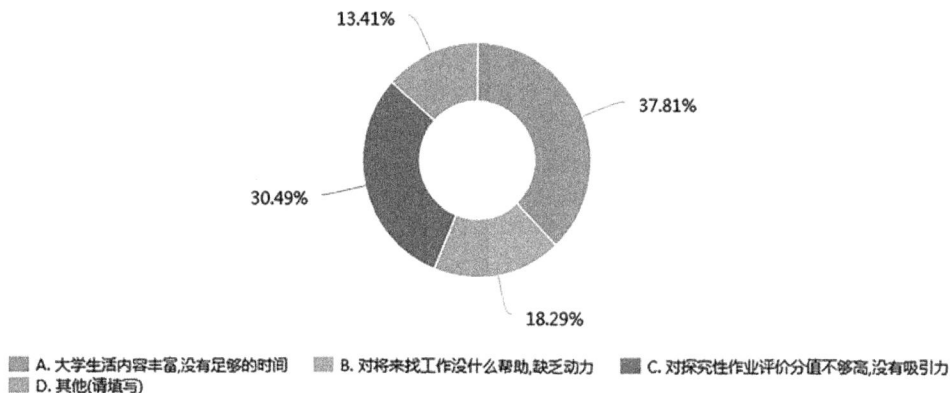

图 8　对研究性学习的评价

（四）研究性学习的效果

从已经开展的研究性学习中你收获了什么？对于这个问题，19.51% 的同学只是学会了一些简单的资料收集的方法；10.37% 的同学感觉自己从研究性学习中没有获得任何东西，42.07% 的同学认为自己学到了课本和课堂上没有获取的知识，有 28.05% 的同学通过研究性学习加深了对课堂知识的理解和认识。

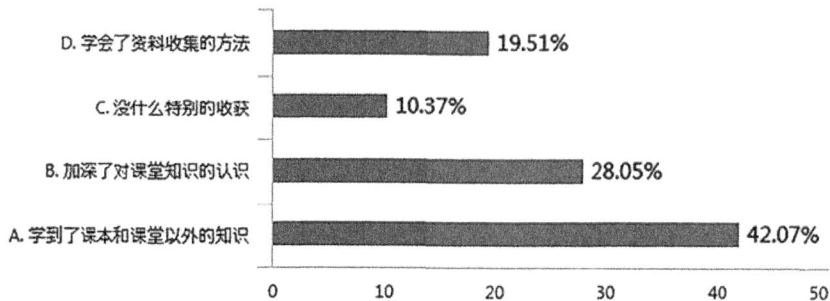

图 9　研究性学习的收获

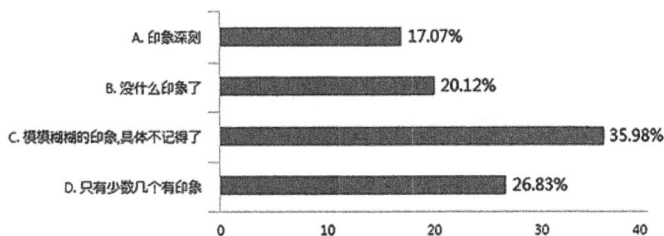

图 10　研究性学习的效果

从研究性学习的效果来看，仅仅有 17.07% 的同学对曾经从事过的研究性学习有深刻的印象，20.12% 和 35.98% 的同学选没有什么印象和模模糊糊的印象，有 26.83% 的同学对研究性学习只有少数几个有印象。

四、调查分析的结论与启示

通过问卷调查和分析，可以看出目前大学生参与研究性学习的意愿和动力并不强烈，即使在教师的引领下参与到研究性学习中，也只有一半的同学会积极投入开展研究性学习，有三分之一的同学也只是出于分数的考虑参与学习，有多半的同学参与的态度不积极，研究性学习的效果不好。研究性学习过程中投入时间和精力不足，没有能够积极查找资料、没有深入思考提出相关的问题。这其中的原因，除了学生的学习意愿不强烈之外，也有教师引导不够、学校对研究性评价制度设计等原因。

因此，从提升大学生创新和创业能力的角度出发，开展研究性学习需要教师和学校从几个方面共来努力。首先就是通过学校评价制度的设计，灵活设计研究性学习的评价分值，增加大学生对研究性学习的积极性；其次，从教师的角度来看，需要结合大学生的心理和对就业的需求，进行研究性学习课程、课题和具体学习活动进行有针对性的设计。最后，有必要开展一些如何进行研究性学习的选修课程，帮助学习理解研究性学习，并提供学生开展研究性学习的基本方法，提升学生参与研究性学习的动力和积极性。

参考文献

[1] 胡庆芳，程可拉.当今美国中小学研究性学习的模式研究 [J].教育科学，2003(5).

[2] 王爱芬.国外及我国开展研究性学习的综述 [J].教育理论与实践，2005(4).

[3] 方展画.研究性学习：姓"学"不姓"研" [J].教育发展研究，2004(3).

[4] 杨颖秀.研究性学习能否成为学生新的课业负担 [J].外国教育研究，2004(5).

[5] Andrini V S. The Effectiveness of Inquiry Learning Method to Enhance Students'Learning Outcome：A Theoretical and Empirical [J]. Journal of Education and Practice，2016，7(03)：38–42.

[6] 易凌峰.研究性学习的心理学基础 [J].上海教育科研，2000(1)：23–25.

提高阅读能力是时代对大学生素质的新要求 [①]

曾利飞 [②] 鲁其辉 [③]

（浙江工商大学金融学院　浙江工商大学工商管理学院）

摘　要：全球化下中国经济转型升级的本质是要求中国劳动者素质从"体力型"升级转型为"脑力型"，而劳动者素质转型升级需要中国教育的转型升级。本文从对阅读能力的定义理解出发，探讨了"灌输式"和"引导式"教育模式的差异，提出广义的阅读能力是信息化时代对劳动者素质的时代要求，因此提高阅读能力是时代对大学生素质的新要求，推广阅读教育是大学教育的重中之重。

关键词：阅读教育；阅读能力；全球化

一、引　言

当前是一个由信息技术和智能技术革命推动的经济全球化时代，信息与知识呈爆炸式增长，仅停留在课堂书本知识的教育越来越满足不了学生进行创造性工作的需要。因此，如何改革教育体制、教学内容以及教育方式方法，使学生具备终身自我学习成长的能力，从而更自如地在学校和劳动市场中转换，已经成为世界各国政府关注的焦点问题之一。为此，发达国家为提高国民素质与竞争力，纷纷将阅读教育作为国家发展战略进行部署（吴新莉，2011；周仕德，2015）。然而，由于中国社会对教育非常"苛刻的功利性需求"，视学生进入（重点）大学作为教育成功的唯一标志（张志勇，2011），导致全社会对阅读教育关注过少，产生阅读退化现象，具体表现为阅读量和阅读品质下降，严重影响我国创新型人才培养。作为教育工作者，笔者认为，在当前时代背景下，有必要重新审视阅读能力的定义，思考其在全球化时代的特殊价值，从而认清阅读教育在整个教育中的地位，为我国教育体制改革提供新思路。

---

① 浙江工商大学校级课堂教学改革项目"以问题导向的计量经济学课堂翻转教学设计与实践"。

② 曾利飞，金融学院副教授，博士，研究方向为国际金融和供应链金融。

③ 鲁其辉，工商管理学院副教授，博士，研究方向为供应链管理。

二、阅读能力的定义与教育模式比较

"阅读"，是一个众所周知的词汇，《汉语大词典》狭义地解释它为看（书、报、文件等），并领会其内容。张怀涛（2013）将阅读的概念进行延伸，认为阅读是人们利用一定环境认知记录信息的过程与活动。根据阅读的定义，国内学者往往将阅读能力界定为影响阅读效率、理解信息的能力（郭琪，2009），进一步细分为多种能力，典型的是四种逐步递进能力：认读能力、理解能力、评价欣赏能力、迁移应用能力（武永明，1990）。这种定义我们暂且称之为狭义的阅读能力，其最大的不足是忽视阅读的主体：人。阅读本身是人们自我提升的内在需求。OECD 在 2000 年将阅读能力定义扩展为：为了达到自己的目标、扩展知识、发展自己的潜能，理解和应用日常生活（包括家、工作和社区）中记录信息的能力（The ability to understand and employ printed information in daily activities, at home, at work and in the community - to achieve one's goals, and to develop one's knowledge and potential）。

阅读能力概念理解的不同，产生了截然不同的两种教育模式。狭义定义强调的是人对于物化知识（阅读的材料）的掌握效率，而广义定义强调的是人对物化知识的运用效率。当追求快速地掌握知识时，最省时省力的捷径就是直接把知识灌输给学生，通过反复的习题来巩固所学到的知识，从而形成结果导向的灌输式教育模式。当追求运用知识为人所用时，最有效率的方法就是让人知道自己的目标是什么，学会去查找相应的知识来为自己的目标服务，形成过程导向的引导式教育模式。

不同的教育模式下开展阅读教育呈现巨大的差异。表 1 给出了两种教育模式的对比。灌输式教育模式，让学生被动接受阅读材料，阅读教育仅仅局限在语文课上，强调对字词的认读能力、对文章段落的理解能力、对文章风格等鉴赏评价能力，以及对"好词好句"的迁移应用能力。最终评价阅读能力可以通过语文考试得以体现。而引导式教育模式，让学生主动选择阅读材料，阅读教育可以贯穿人文、历史、地理、科学、生物等课程，反复让学生体验提出问题—理论解释—实证检验—讨论反思—再提出问题的过程，强调学生自身的体验感受，重点在培养学生兴趣，启发其思考，从而启动学生自我学习的学习之轮（见图 1），培养学生辩证思维、科学思维和创新思维。阅读能力会综合认读能力、理解能力、沟通能力、从给定材料中获取信息的能力等做综合评估。

两种教育模式在现实中都存在，而且各有优势。灌输型教育模式擅长于培养专业技术扎实的专业人才，在大工业化时代，劳动者就像生产流水线上的一个工具，它不需要人有自我的思维，而需要人能够按照程序工作，因此对劳动者的要求就是专业技能扎实，少而精的阅读材料就像充满高能量的压缩饼干，为劳动者节省大量学习时间，灌输式的教育模式就成为工业化时代的最有效选择。引导式教育模式擅长于培养具有多种智能的通才，在知识经济时代，自动化技术的发展导致程序式工作可以由机器来完成，而劳动者的工作是非程序化过程，因此需要劳动者本身既具有专业技能，又具有沟通、自我管理和自我学习等多种智能。多而广的阅读材料，培养了学生学会选择、学会判断，引导式教育模式培养的人才通常具有较强的资源整合能力与自我学习能力。

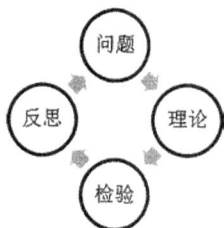

图1　学习之轮（查尔斯·汉迪：《非理性时代》）

表1　不同阅读模式引导的教育模式比较

阅读能力定义	影响阅读效率、使阅读活动顺利进行的能力	为了达到自己的目标、扩展知识、发展自己的潜能，理解和应用日常生活中记录信息的能力
强调内容	人对于物化知识的掌握效率	人对物化知识的运用效率
教育模式	学生被动接受的灌输式	学生主动选择的体验式
涉及课程	语文	多学科
阅读材料	少而精	多而广
管理方式	结果导向	过程导向
评价方法	考试	多方面能力评估
人才特征	专业知识扎实专业化人才	具有多种智能的通才
适应时代	工业化时代	知识经济时代
竞争优势	专业技能	资源整合能力、自我学习能力

值得说明的是，现实中其实不存在完全的灌输式教育和完全的引导式教育。绝大部分情况下是两者的结合，只是比率轻重大小不同而已。就目前来说，中国教育依然以灌输式教育模式为主，而发达国家以引导式教育模式为主。这也是与一国经济发展阶段相适应的。教育从来都是服务于社会的。发达国家在工业化时期也曾以灌输式教育模式为主，经过了四五十年的发展才越来越强调劳动者辩证思维、科学思维等"脑力"的重要性，逐步推进阅读教育，才形成今天非常庞大的阅读教育体系，使阅读成为了教育的核心（袁晓峰，2008）。尽管中国的应试教育备受诟病，笔者依然要指出的是这种教育为中国经济的发展提供了人才储备。过去30余年里中国制造业的发展需要的是低端技术型人才，经济需要的是"体力型"劳动者。然而随着中国经济的发展，中国在全球生产价值链中要往中

高端发展，那么我们教育目标就要转型为培养"脑力型"劳动者。

三、广义的阅读能力是经济全球化时代对劳动者素质的要求

"地球村"特别生动地形容了当前世界的距离感在急剧缩小，全球化时代带给劳动者的影响是深远的，本文从三个方面说明。

（一）全球化商品供应竞争的本质是各国劳动力的供应竞争

伴随着信息技术和运输技术革命，全球范围内商品和资本的流通成本下降，企业拥有在全世界范围进行资源最优配置的能力。由于劳动者很难在全世界范围自由流动，经济全球化演变为流动性的生产要素（资本）在全球范围寻找性价比最高的非流动性生产要素（劳动者），通过商品全球流动而实现劳动力的流动。因此，全球化下商品的供应竞争本质就是各国劳动力的供应竞争。根据 IMF（2007）报告数据（见图 2），全球劳动力从 1980 年到 2014 年，增长了 81%，但经过出口加权的劳动力人口增长了 364%，全球劳动力的供应竞争使劳动力的需求价格弹性扩大，即劳动工资上涨会导致劳动力需求大幅度下降。

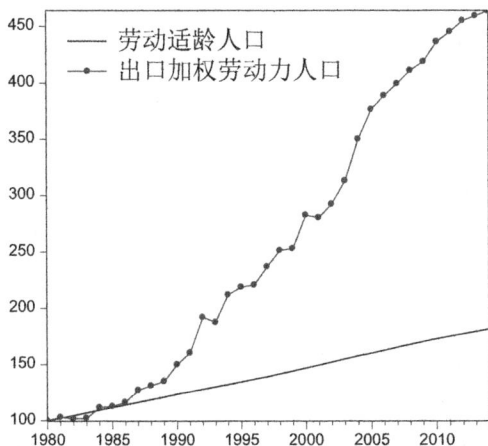

图 2　全球劳动力供应趋势

过去 30 余年中，中国依赖于改革开放的政策与廉价而丰富的低端劳动力，成功地参与了中低端制造业的国际分工，中国成为世界最大的工厂，然而长期依赖于资源消耗型的增长是不可持续的，随着人民币升值、名义劳动工资的上涨，中国劳动力成本相对其他发展中国家在急剧上升，中低端制造业正持续不断向更不发达的国家、地区转移，因此，如果中国劳动者素质不能升级，以适应中高端制造业的素质要求，中国劳动力必然在全球供应竞争中失去竞争优势，导致大量失业，危及中国经济成功转型，那么中国极可能陷入中等收入陷阱。为此，改革教育模式，为中国经济转型升级培养高竞争力的劳动力成为当前

中国教育必须承担的重任。

（二）全球化下劳动力需求的结构性变化

经济全球化通过改变生产组织方式影响全球的劳动力需求结构。在商品和资本流通成本下降以后，生产组织模式从"垂直一体化"演化为"扁平化组织"，即企业从原来控制多个甚至全部生产链环节，转化为控制其中一个或少量的生产环节，而将其他的生产环节外包给其他企业。外包本质是一种更细致的专业化分工，它的产生导致企业变得小而精。这里，小是相对纵向一体化企业而言，雇用的人变得少；精指的是企业只专注某个具有核心竞争力的生产环节。新的生产组织方式导致劳动力需求行业结构发生改变，同时对劳动者的素质提出了新的要求。

首先，劳动力需求行业结构改变。当前，中国制造业吸纳劳动力能力在下降，而服务业劳动力需求增长强劲。一方面，信息自动化技术的发展，使人们从简单重复的机械劳动中解脱，制造业中低技术劳动需求在持续下降，资本和技术替代劳动力效应很明显；另一方面，生产分割使低端的劳动力需求可以外包给劳动力价格更便宜的国家和地区。反过来，由于组织扁平化，导致企业与企业之间、企业与个人之间以及个人与个人之间的商务信息服务需求增长迅猛，需要的劳动力不断上升。根据国家统计局数据，以中国市场化程度最高的私人企业和个体户的就业数据来看，从 2004 年到 2014 年，私人企业和个体户总体就业人数增长 1.60 倍，但制造业增长仅 92%，增长最快的是租赁与商业服务业，增长了 4.60 倍。

其次，劳动力素质要求发生改变。制造业对劳动者最主要的要求是掌握相关的技术，熟悉操作流程，而对劳动者的其他能力要求不高，但是生产性服务业与之不同，它要求劳动者具有信息收集、加工和处理的能力，而且还要求劳动者具有良好的沟通能力。著名的管理大师查尔斯·汉迪在《非理性时代》中指出，外包产生大量的"自雇工作者"，意味着每个人不仅仅需要专业知识，更需要有多种智能的组合，因为每个人都必须具有信息收集加工处理、自我管理、与人沟通以及持续学习等方面的能力。

最后，新技术、新产品以及新的生活方式不断涌现，劳动力的专业技能被淘汰的速度加快，因而要求劳动者具有强大的自我学习能力。在 20 世纪 80 年代之前，我们的父辈祖辈很多人是一生从事一项职业。然而在技术日新月异的时代，技术在全世界传播速度快，导致产品的生命周期变短，比如 90 年代末的 BB 机，本世纪初的功能手机等都从新兴的奢侈品迅速转化为淘汰品，产品生命周期越短，其生产商劳动力需求变化越快，从而产生结构性失业。此外，互联网导致生活方式发生急剧变化，使得很多传统行业受到冲击，比如网上购物的出现导致传统零售业瘦身，不得不转向电子商务行业，这导致售货员的工作岗位急剧下降，但催生了快递行业（比如快递员）的工作岗位。劳动力市场需求的结构性变化本质要求劳动力供给结构调整，而这种调整需要劳动力本身具有相应的转换能力，即劳动力具有自我学习能力和调整能力。

四、推广阅读教育、提高大学生的阅读能力是教育之本

全球化时代也是知识、信息爆炸时代。当前要提高大学生的竞争力，必须在高校大力推广阅读教育，提高大学生的阅读能力，因为高阅读能力的人在这样的时代里具有三种相关的强大竞争优势。

（一）信息收集加工处理能力

互联网的好处是信息共享，但大数据时代信息冗余杂乱，人们需要懂得如何选择。这需要两个前提条件：一是你必须知道自己要什么，你要有自己的目标；二是你需要知道怎么样可以达到你的目标。而这两者正是 OECD 对阅读能力的定义。只有懂得在信息蓝海中找到自己需要的信息的人，才能够充分利用信息为自己服务，从而在工作、生活中获得更好的成长。OECD 的调研报告中发现高阅读能力的人具有信息处理能力。在劳动力市场中具有比较强的显性竞争优势：如高收入、工作时间更短、低失业率。同时，他们还具有更健康的身体素质和更健康的生活方式。

（二）提高自我学习能力

高阅读能力的人更能适应时代的变化。在技术快速更新的时代，经济结构的变化很快，结构性失业在所难免。高阅读能力的人在失业之后，可以利用其比较强的信息收集和处理能力，找到相应的学习资源，自我学习，从而比较容易转换到新的工作岗位中，因此，相比之下，高阅读能力的人的失业往往是短暂的，而低阅读能力的人失业是长期的，长期失业的人慢慢就退出了劳动力市场，转化为自愿失业。OECD 在 2000 年的调查中就发现，高阅读能力的人劳动参与率比较高。

（三）非智力、非技术心理支持

我们知道，人们成就一项事业往往不能仅仅依靠技术，更需要一个人的胆识、魄力、毅力和责任担当等非智力、非技术的心理支持。高阅读能力的人往往具有良好的阅读习惯，能从阅读中获取到这些心理支持。人区别于动物的地方就是人需要有精神生活，精神生活的富足使人能够克服当下的困难，迎接挑战。新东方创始人俞敏洪在公开演讲中就多次提到阅读对他的影响，他强调"什么书都拿来读，这样多种思想冲击碰撞以后，你才会通过自己的独立思考形成自己的世界观、人生观、价值观，你就能成为世界上优秀思想的集大成者。只有书中的思想才能够引导你走向未来"[①]。

大学是一个人思维模式、学习模式快速养成、并初步成型的时期。大学时期的阅读量

---

① 俞敏洪：《书本引领我走出自卑》，http://news.xinhuanet.com/newmedia/2015-04-05/c_134125576.htm。

通常决定了一个人未来职业发展的高度和深度。然而遗憾的是，当前中国的高校普遍延续着以物化知识为本的教育体系，大部分的学生也依然以"60分万岁"为目标，而忽视海量阅读以提升自身素质，因而产生大学毕业仍然茫然无主见无目标的状态。因此大学积极推广阅读教育，从教学改革、翻转课堂等教学体制改革中去保证学生的阅读量，提高学生阅读能力是提高大学生素质以应对未来工作学习挑战的必经之路。

参考文献

[1] 查尔斯·汉迪. 非理性的时代：工作与生活的未来 [M]. 杭州：浙江人民出版社，2012.

[2] 郭琪. 当代大学生阅读能力的调查分析 [J]. 图书馆工作与研究，2009(5).

[3] 袁晓峰. 阅读是教育的核心——香港阅读教学改革的启示 [J]. 人民教育，2008(20).

[4] 武永明. 阅读能力结构初探 [J]. 语文教学通讯，1990(9)

[5] 吴康宁. 教育改革成功的基础 [J]. 教育研究，2012(1).

[6] 吴新莉. 阅读是一项国家战略——国外政府推动全民阅读措施简述 [J]. 科教导刊，2011(4).

[7] 张怀涛. "阅读"概念的词源含义、学术定义及其阐释 [J]. 图书情报研究，2013(4).

[8] 张志勇. 转变非理性教育思维 推进教育改革新突破 [J]. 教育研究，2011(2).

[9] 周仕德. 美国的阅读教育：政策、趋向及启示 [J]. 外国中小学教育，2015(1).

[10] IMF.The Globalization of labor，https：//www.imf.org/external/pubs/ft/weo/2007/01/pdf/c5.pdf.

[11] OECD，OECD Skills Outlook：First Results from the Survey of Adult Skills.OECD Publishing，http：//dx.doi.org/10.1787/9789264204256-en. 2013.

加拿大 Co-op 带薪实习的内涵、起源及教育模式探究 ①

伍 蓓② 汪佳蕾③ 廖 波④ 白丽君⑤

（浙江工商大学教务处 浙江工商大学外国语学院）

摘 要： Co-op 带薪实习是继暑假大学生教学见习、顶岗实习、教学实习之后又一全新的实习方式。本文以加拿大 Co-op 项目为例，系统地介绍 Co-op 的内涵、起源及教育模式，对我国高校开展产学合作教育很有借鉴意义，期望探索出符合中国国情的产学合作教育之路，提升人才培养质量。

关键词： Co-op；带薪实习；实习

一、引 言

Cooperative Education（以下简称为 Co-op）教育起源于 1906 年美国辛辛那提大学提出的带薪实习项目。带薪实习是继暑假大学生教学见习、顶岗实习、教学实习之后又一全新的实习方式。带薪实习既增长了大学生的业界见识、开阔视野，又获得一定报酬，为大学生未来职业规划和发展奠定了基础。本文系统地介绍 Co-op 的内涵、起源，探究 Co-op 教育模式，为大学生带薪实习提供建议和借鉴。

二、Co-op 的内涵

产学合作教育（Cooperative education），简称 Co-op。"产"是指产业界，包括企业、公司；"学"是指学术界，包括大学与科研机构等。Co-op 教育模式的内涵，实质上

① 本文受浙江省高等教育教学改革项目（jg20160065）和浙江省高等教育学会高等教育研究课题（KT2015002）、浙江工商大学高等教育研究课题（xgy14057）资助。

② 伍蓓，教务处副处长，教授，博士，研究方向为高等教育管理、创新管理。

③ 汪佳蕾，外国语学院本科生，研究方向为 CO-OP。

④ 廖波，教务处副处长讲师，博士，研究方向为高等教育管理、工程管理。

⑤ 白丽君，教务处质量评估中心讲师，硕士，研究方向为高等教育管理、数据挖掘。

是高校与企业的一种"联姻"，将教育投入行业。双方在自愿基础上联合建立产学培养模式，构建了一个包括学生、高校、企业机构乃至政府在内的多方主体的共赢机制。

从概念角度看，Co-op 项目指的是一种针对高校在校学生开展的学术研究期与工作经验累积期交替进行的项目，涉及领域遍及工业、商业、政府、社会服务等。

从实施角度看，Co-op 由学校、公司和学员三方共同参与。高校学生首先要完成学校的学习任务，具备一定资格并通过公司面试，才得以正式进入雇主公司工作。工作期间，学生定期向学校汇报工作情况，撰写工作报告，受雇主监督和考评。Co-op 项目完成后由学校和公司联合发放结业证书。简单来说，Co-op 意味着这是高校学生安排部分在校学习时间到用人单位去带薪实习，将校内的理论知识与校外的实践工作相结合，不断积累工作经验的学习过程。

从合作程度看，Co-op 可谓一行百利。首先，高校通过技术转让获得了额外经费，弥补了政府削减科研经费的缺口；其次，高校科研人员也在与企业的合作关系中积累了丰富的实际操作经验，强化了教学和科研的应用性和目标性；再次，这也为适应社会经济发展需要、培养符合雇主要求且拥有竞争优势的创新人才奠定了基础。可以说，Co-op 教育模式提供了发展教育的一种新思路和新方向，是实践教育乃至世界教育的历史性飞跃。

三、Co-op 的起源

Co-op 教育模式的先驱是加拿大滑铁卢大学。上世纪 50 年代，科技迅猛发展，宇宙探索向人类抛出了诱人的橄榄枝。1957 年，苏联发射了世界上第一颗人造卫星，这促使各国重新检讨其科技成果，反思其教育问题，加快推进本国技术革命。加拿大政府一方面对高等教育实施改革，另一方面新建了一批高校着重发展科技和工程，大批高等教育学术机构如雨后春笋般兴起，其中包括滑铁卢大学。

滑铁卢大学的创始人是一批富有远见卓识的商人和企业家，大多是自美国总公司派到加拿大子公司的业界领头人物，他们在当时的时代大背景下思索着强国之策，认为应该要建立一所专门的高等工科院校来服务于科技发展。受 1906 年自美国兴起的结合教育与实践的合作教育的启发，他们成立了一个利用科技知识培训工程技术人员的教育机构，把产学合作视为其办学方针和办学特色，通过校企合作来为社会输送大量科技人才，这就是滑铁卢大学的前身，也是 Co-op 培养模式的雏形。

第一批实施合作教育的是滑铁卢大学工程系的 75 名学生，在工作期间体验了实用且具有挑战性的学习情境，且来自雇主的极高反馈和评价亦证明了 Co-op 培养模式的成功。近百所高校跟踪效仿滑铁卢大学的产学合作教育模式，将其辐射面推广到全加拿大（李桂山、郭洋，2010）。目前，加拿大实施合作教育的高校已达到 115 个，接受合作教育的学生达到 66000 名。

四、Co-op 的教育机构 CAFCE

加拿大合作教育协会（Canadian Association For Co-operative Education，简称 CAFCE）始创于 1973 年 9 月 26 日，是加拿大高校产学合作教育的代表机构。该协会内设会长和指导委员会，其成员由全国各省 79 个高等教育机构推选而出，通力合作，培养、管理和推进加拿大高等教育的产学合作。

CAFCE 的使命是：① 开发资源，不断提高加拿大高等教育产学合作的水平和质量。② 通过合作促进产学合作实践体系的建设。③ 通过开办全国性产学合作专家论坛，提供大量学习和分享高质量产学合作实践的机会。④ 制定 Co-op 国家认证标准，保证产学合作的价值。

CAFCE 制定的产学合作国家标准为：① 产学合作项目需与雇主合作开发，并要具备 CAFCE 认证合格的实习环境。② Co-op 学生与正式员工一样从事生产性工作并获得合理报酬。③ 产学合作课程应与学生的学习目标和个人评估达成一致。④ Co-op 学生的实习工作表现由其雇主负责监督和评估。⑤ Co-op 学生在工作期间的进度要接受相关合作教育项目组的监督。⑥ 在产学合作项目中，Co-op 学生要交替进入全职的工作期和学术期。⑦ Co-op 学生参与产学合作实践的时间应不少于理论学习时间的 30%。对于两年或两年以下的项目来说，产学合作时间应不少于理论学习时间的 25%。每个工作学期内应包括至少 12 周或 420 小时的全职工作体验。

加拿大任何产学合作教育项目都需要通过 CAFCE 的资格认证，由该机构评估其工作学期、工作环境、工作待遇、工作产出、工作评估和学生学习目标的实现程度等。根据以上国家认证标准，CAFCE 无疑为合格的 Co-op 项目树立了刚性指标和硬性门槛，使产学合作教育区别于普通教育，彰显产学合作教育模式的优势和特点。

五、Co-op 教育模式

Co-op 教育依靠学生、学校和企业雇主三方的合作，成功取决于三方的合作努力。Co-op 的教育模式主要体现如下几个方面：

（一）学生选拔

除了申请 Co-op 的学生应该具有优秀品质、为适应全职实习做好充分准备以外，相关教育机构（如 CAFCE）会为雇主的招聘提供高质量的服务，对受招学生进行全面的职前培训，并在该工作学期对学生提供针对性指导，以提高雇主对学生和教育机构的认可度，从而争取保留和增加雇主为该校持续提供的工作岗位。

（二）参与方式

作为产学合作教育的参与方之一，来自各合作企业的雇主参与 Co-op 的方式因需求不同而呈现多样化的局面。

一是雇主参与校园研讨班、座谈会、校园论坛等活动，展示该公司或行业的概况，吸引学生的申请兴趣。雇主参与校园的虚拟招聘、简历评论或提供面试信息，让学生了解该公司的实力与优势。雇主提供信息以帮助相关教育机构建立和更新雇主数据库，便于项目中后期的管理和存档。

二是雇主会不定期开展一系列商业和行业实践，由行业协会为学生发放一定比例的入场券来邀请学生参加其例会和行业活动。对于 Co-op 学生来说，他们可以作为志愿者参与商业会议和行业活动，通过提供有效而高质量的服务获得重点关注，更可以获得高价值情报，进入高端的社交网络。同时，这也是很好的展示、推广 Co-op 项目的机会。

三是资金支持。雇用 Co-op 学生是雇主和行业协会着重发展的招聘战略，为了鼓励 Co-op 项目的开展和实行，雇主们乐于通过捐资或者集资设立 Co-op 专项奖学金，或通过 Co-op 项目顾问委员会或捐赠人建立捐赠基金以支持特殊的 Co-op 项目和 Co-op 行政机构的建设发展。

（三）提供服务

企业会提供与公司内部正式雇员同等的工资和福利。对于 Co-op 学生来说，一般带薪实习的薪水为每小时 10 加元至 16 加元，每周工作 40 小时左右。如果夏季有 4 个月工作学期的话，一名 Co-op 学生每工作学期可收入 7000 加元到 10000 加元。

企业为 Co-op 学生介绍其工作场所（包括公司概况、实体布局、运行流程、产品简介、公司机密等）和分配到该生的职责及任务，签署相关有效协议，为其提供相应的职前培训。

企业监督并评价 Co-op 学生的整个工作。在实习期间企业和学生保持沟通，定期反馈其表现（亮点和优势、有待提高之处、未来期望等），协助学生设立适合的学习目标，提供针对性的学习机会，并就其工作学期报告的完成情况进行交流。同时，雇主也要配合教育机构和高校对学生实习场地的实地考察和监督评估，以完成对该学生的最终评价。

六、结　束　语

人才培养的质量直接关系着国家综合实力。校企合作教育是一个非常复杂的系统工程，牵涉到方方面面，必须要有求真务实的精神去具体落实每一个细节，才能使这个项目高效的运转（杨刚、杨虹，2014）。滑铁卢大学 Co-op 教育模式值得借鉴和学习，我国高校应结合自身教育体系，加强实践育人特别是实践教学的体制建设和实践教学方法的改革，着力建立校内专业素质拓展训练和校外实习相结合的实践能力培养体系，不断提高人才培养的综合素质（丁廷祯、姜不居，1998）。

参考文献

[1] 杨刚，杨虹 . 加拿大滑铁卢大学 Co-op 项目对我国高校实践教学的启示 [J]. 当代教育理论与实践，2014，6(9): 149–151.

[2] 丁廷祯，姜不居 . 美国高等教育的一面旗帜——东北大学 Co-op 简介 [J]. 清华大学教育研究，1998(1).50–53.

[3] 李桂山，郭洋 . 加拿大高校产学合作教育及其借鉴意义 [J]. 社会科学 II 辑·高等教育，2010(5): 32–35.

"双一流"背景下高校内部教学质量监控与保障体系的研究 [1]

白丽君 [2]　　厉小军 [3]　　伍　蓓 [4]　　张兴琳 [5]

（浙江工商大学教务处）

摘　要： 教学质量是学校发展的根基，是学校教学管理工作的重要内容。结合"双一流"背景下对高校教学质量的重视，需要重视教学质量监控与保障体系的构建，需要进行教学质量的动态监测和闭环反馈，以此来发现教学中的问题，解决问题，不断提高教学质量，提高人才培养水平。本文介绍了一个具有闭环效应的教学质量监控与保障体系，该体系围绕关键核心要素构建，有内部反馈和外部反馈两条机制，能实现教学质量监控与保障的常态监测，对教学质量提高起到积极作用。

关键词： 教学质量；质量监控；质量保障

一、引　言

拥有一批"中国特色、世界一流"大学，推动建设高等教育强国，是"中国梦"不可或缺的重要组成部分。统筹推进世界一流大学和一流学科建设，是我国做出的重大战略决策，必将推动我国高等教育的历史性跨越。

早在 2001 年教育部下发《关于加强高等学校本科教学工作，提高教学质量的若干意见》，在 2003 年教育部启动"高等学校教学质量与教学改革工程"。在 2010 年教育部发布《国家中长期教育改革和发展规划纲要（2010—2020 年）》对高等教育质量提出了明确要求，将"提高质量"作为工作方针确定下来，把"提高质量"作为教育改革发展的核心任务，此规划纲要中提到：高等教育承担着培养高级专门人才、发展科学技术文化、促进社

---

① 本文受浙江工商大学高等教育研究课题（xgy14057）、浙江省高等教育教学改革项目（jg2015067）和浙江省高等教育教学改革项目（jg20160068）资助。

② 白丽君，讲师，硕士，研究方向为高等教育管理、数据挖掘。

③ 厉小军，处长，教授，博士，研究方向为高等教育管理、软件工程。

④ 伍蓓，副处长，教授，博士，研究方向为高等教育管理、创新管理。

⑤ 张兴琳，助理研究员，硕士，研究方向为高等教育管理。

会主义现代化建设的重大任务。提高质量是高等教育发展的核心任务，是建设高等教育强国的基本要求。到2020年，高等教育结构更加合理，特色更加鲜明，人才培养、科学研究和社会服务整体水平全面提升，建成一批国际知名、有特色、高水平的高等学校，若干所大学达到或接近世界一流大学水平，高等教育国际竞争力显著增强。在2016年教育部首次发布"中国高等教育质量系列报告"。教学质量管理正在由注重宏观向注重微观转变，由注重结果质量向注重过程质量转变。

综上所述，可见教育部始终将高等教育的教学质量视为高等教育发展的重点。在高等学校，如何构建能够实现常态检测、闭环管理、符合学校自身特点的校内教学质量监控与保障体系，使高校能够对教学质量实施全方位、常态化、全过程的监控，并持续改进，对保证和提高学校教学质量、提高人才培养水平具有非常重要的意义。

二、高校教学质量监控与保障体系的现状

高等学校的教学质量监控与保障体系是指，高校为了实现教学目标和人才培养目标，通过系统的理论和具体的方法将人才培养质量管理的每一个阶段和每一个环节进行有机的结合，进而对其形成一个结构完整、体制完善且能持续不断的监控体系。

目前，高校内部教学质量监控与保障体系建设存在的主要问题是：

（一）缺乏科学的构建理念

长期以来，很多高校把教学质量监控看作是对教师的监控与管理，存在惩罚多、激励少，只注重"督"、不注重"导"的情况，过分强调自上而下的管理约束，而不是自下而上的自我进步、自我监督。

（二）体系构建不健全

一是教学质量监控与保障体系系统性不强，很多高校出台了相关制度，也实施了一些监控举措，但往往缺乏整体的宏观架构，顶层设计不足，仅是简单的堆积，缺乏系统性。二是存在内容不健全，很多高校停留在督导听课、学生评教的简单层面，特别是缺乏内容全面、明确的质量标准。

（三）保障机制不完善

很多高校没有专门的质量保障机构，以致质量监控工作难以得到有效保障。而质量队伍建设是普遍的薄弱环节，工作人员的素质和数量还有待改善和提高。在有效反馈和持续改进机制方面，更是存在薄弱环节，不能形成质量的闭环管理和持续改进，教学质量难以得到有效保障。

（四）执行不坚决

一些高校监控的形式很多，但缺乏明确的核心和主线，监控工作散而乱，缺乏持续性和有效性，无法形成质量监控体系"常态检测"的效果，也难以有效发挥质量监控与保障体系中的信息预警、运行监控和质量决策等功能。另外，一些高校在教学质量监控方面缺乏热情和主动性，个别高校不重视、不投入，甚至认为是劳民伤财、自己添乱，尤其是在自我监控、自我评估等工作中，监控工作不深入，浮于表面，且缺乏持续性；评价方式不科学、评价过程不规范；评价结果不分析、不反馈、不整改，评估往往流于形式，无法起到应有的质量监测和持续改进作用。

针对这些问题，结合自己学校目前的现状，有必要重视教学质量管理，有必要进行教学质量监控与保障体系的研究和改进。

三、高校教学质量监控与保障体系的研究思路

教育质量是高校的生命线，是高校发展的根基，高校应当不断优化适合本校发展的教学质量保障体系，全面提高教学质量，为此，我们需要研究高校内部教学质量监控与保障体系的构建，如何构建才能使监控体系起到好的监控和保障效果，可以进行常态监控，可以进行有效分析和动态反馈，通过全校上下共同努力，协同合作，最终实现教学质量提高，实现学校的人才培养目标。

第一步：先构建教学质量监控体系、教学质量保障体系。在构建教学质量监控体系时，考虑到影响教学质量的因素众多，有必要抓核心关键因素进行构建，并分析该核心关键因素由谁来主要负责，这样可以实现权责分明。

在构建教学质量保障体系时，主要考虑高校内部各学院、教务处、相关职能部门可以进行哪些方面的质量保障，哪些措施可以实施，把质量保障做到实处。

第二步：对教学质量监控体系、教学质量保障体系进行合并融合，并加入反馈机制，实现整个教学质量监控与保障体系的闭环效应。

通过以上两步，构建的整个教学质量监控与保障体如图1、图2、图3所示：

（1）教学质量监控体系是教学质量体系的重中之重，既是质量保障的主要手段，也是质量保障体系的重要职能之一。质量监控体系主要包括日常监督子系统、专项评估子系统、信息反馈子系统。

（2）教学质量保障体系由教学质量目标、教学质量组织保障和教学质量资源保障组成。教学质量目标根据学校的发展规划和社会需求，明确学校定位、办学思路和人才培养的总目标，负责对教学工作进行宏观指导与管理，审定各教学环节的质量标准，制定教学管理文件，组织协调各学院（部）、职能部门按照学校的发展定位、办学理念和人才培养目标，制订本科教学改革与发展规划和条件建设计划。教学质量组织保障是校级、院级、

学生的"三位一体"机构，涉及校级组织、院级组织和学生组织。教学质量资源保障从教师队伍、教学经费、教学设施、课程资源、社会资源、教学制度等方面进行质量保障。

（3）教学质量监控体系与保障体系二者进行结合，对监控体系各要素进行内部评价和反馈，监控各要素进行改进；对保障体系各要素进行外部评价和反馈，监控各要素也进行改进。这样通过内部和外部的闭环反馈，对教学质量全程进行监控、反馈和改进，及时发现问题、解决问题，最终提高教学质量水平。

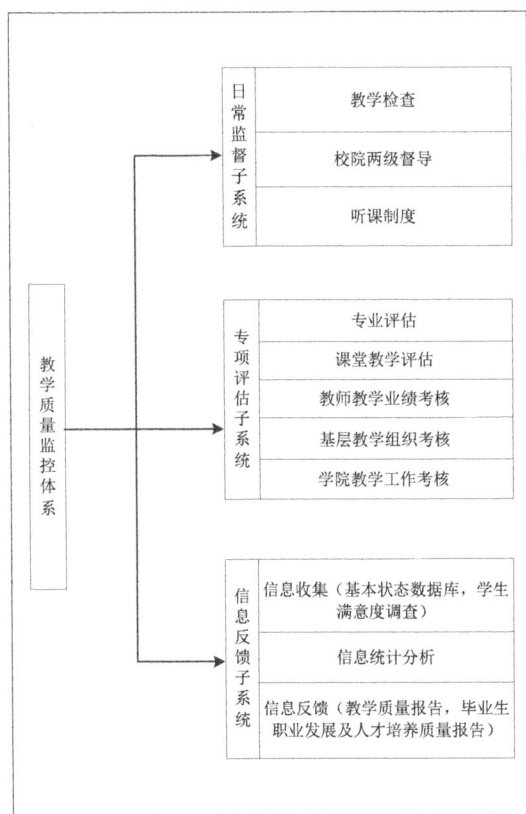

图1　教学质量监控体系

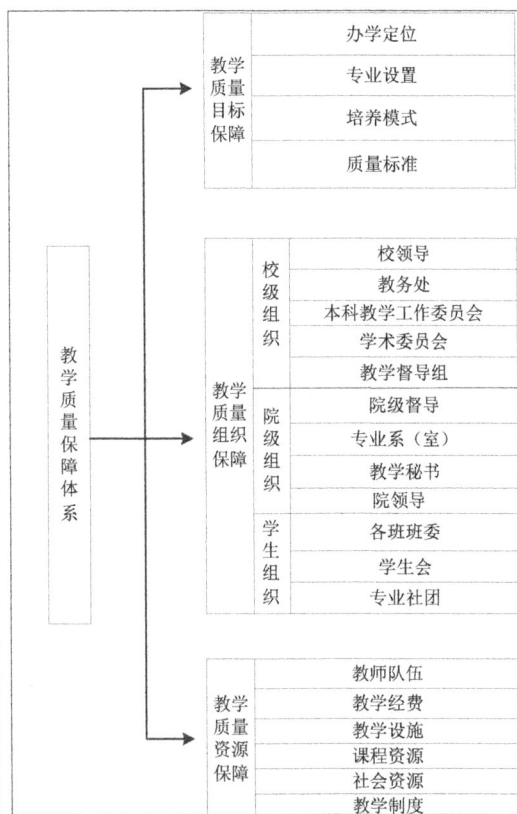

图2　教学质量保障体系

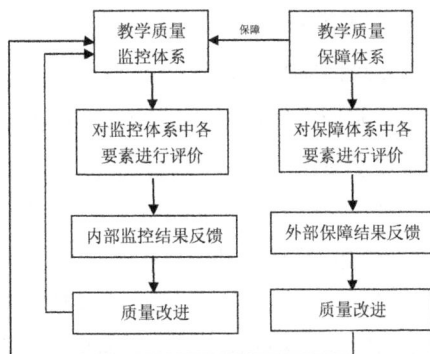

图3　监控体系内部反馈和保障体系外部反馈机制

四、高校教学质量监控与保障体系的研究目标

由于高校教学质量监控与保障涉及范围较大，我们在建好的教学质量监控与保障体系的基础上，需要完成以下目标：

（1）对各个教学质量监控要素进行教学质量标准分析，形成对应的各种质量标准，以质量目标管理为导向，根据质量标准，对教学质量监控要素的各环节进行内部监控和反馈，保证教学质量的提高。

（2）需要完善质量保障体系，对各个保障要素进行构建、分析，使质量保障实际起作用，对教学质量监控体系能进行外部反馈，促进和保证教学质量的提高。

（3）最终目标是通过质量监控体系来检测教学质量各环节，通过内部反馈机制进行及时纠错和改进；通过质量监控保障体系来保障教学质量，同时进行外部教学质量反馈。最终通过内部反馈和外部反馈两种机制实现闭环效应，及时发现教学前期阶段、教学过程阶段、教学后期阶段存在的问题、进行及时纠正和改进，最终实现以质量为目标导向的教学质量提高，实现教学质量的动态监控，实现新形势下提高教学质量的总目标，培养适应社会需求的高素质人才。

（4）教学质量提高是学院、教务处和相关部门协作的一个过程，需要学校高层领导的顶层设计、顶层支持，需要各相关机构进行协作，一起发现问题、解决问题，共同提高和保证教学质量。

五、高校教学质量监控与保障体系的研究展望

学校、教务处和学院已实施了一些教学质量监控和保障的措施，但是教学质量监控存在重视教学过程监控偏多；存在教学质量前期阶段监控偏少的问题；存在教学质量后期阶段数据分析偏少的问题；存在教学质量监控各环节的内部反馈机制不全的问题；存在教学质量保障要素的外部反馈机制没有完整的闭环监控和反馈机制的问题。

本文提出的教学质量监控与保障体系的闭环结构的主要优势是：

（1）对教学质量监控的前期阶段和后期阶段进行规范管理，进行质量标准管理，只有加强前期教学质量环节监控，才能使后续的教学活动在良好的基础上进行，才能一环扣一环地保证教学质量。只有加强教学质量后期环节监控，才能看到教学质量环节的成效，才能分析其原因，分析哪些环节薄弱，哪些环节需要加强，以此来提高教学质量。

（2）通过教学质量监控体系的内部反馈和教学质量保障体系的外部反馈来共同发现教学全过程中存在的问题，分析问题、解决问题，最终实现教学质量提高。

总之，希望通过环环相扣的质量监控和保障，最终提高我校的教学质量，争取实现我校培养的学生得到社会的认可，得到社会的满意，在其他院校起到模范作用。

参考文献

[1] 欧阳俊.构建高校教学质量保障监控体系的研究与实践[J].河北农业大学学报，2015，17(3)：1-5.

[2] 张国琛.构建以自我评估为核心的高校内部教学质量监控与保障体系的实践探索——以大连海洋大学为例[J].实践探索，2016(3)：43-47.

[3] 徐精明.教学质量保障视域下的教学过程监控体系探索[J].安徽科技学院学报，2016，30(1)：99-102.

[4] 邹晓慧.高校教学质量监控与保障体系研究现状评述[J].赤峰学院学报（自然科学版），2014，30(6)：178-180.

[5] 肖章柯.基于教学过程管理提高人才培养质量的探索与实践[J].高教发展研究，2016(12)：30-32.

[6] 陈慧.借鉴ISO质量管理体系 构建高校教学质量监控体系[J].中国大学教学，2006(3)：38-39.

[7] 袁丹."六位一体"教学质量监控和保障体系的研究与实践[J].亚太教育，2016(5)：246-246.

[8] 于保春，黄耀元.新形势下地方高校基层教学组织及教学管理队伍建设的研究与实践[J].高等教育研究，2013(1)：51-52.

[9] 刘晖，孟卫青.欧洲高等教育质量保证25年（1990—2015）：政策、研究与实践[J].教育研究，2016(7)：135-146.

课程建设篇

KECHENG JIANSHE PIAN

营销学课堂教学中若干基础概念辨析

王任达 ①

（浙江工商大学杭州商学院）

摘　要：培养学生的营销思维，有必要对学生头脑中常见的营销认识误区进行辨析。通过对"营销即销售""市场即交易的场所""Promotion 即促销"三个常见错误观点进行剖析，帮助学生树立正确的营销观。

关键词：营销；营销课程教学；基础概念

一、问题的提出：中国社会背景下的市场营销教学

人类有着漫长的商业史，这是市场营销学科孕育、萌芽、发展、壮大的社会土壤。随着现代市场经济的蓬勃发展和商业竞争的日益激烈，营销在当代人的工作和生活中的地位日益重要，很多市场营销的知识和理念已经融入到人的思维中，如市场营销（marketing）、定位（positioning）这类营销术语，已经走出学科的理论范围，成为大众耳熟能详的生活语言，极大地增强了人类解释和改造世界的能力。特别是对经济管理类专业学生来说，学习营销知识、培养营销思维是一项必不可少的思维训练，这已成为管理类专业教育的共识。

营销，是一种现代人的思维方式。营销思维方式的培养并不是一蹴而就的，市场营销是一门实践性强的商业类课程，它深深扎根于市场经济中，并与经济发展阶段、社会文化水平息息相关。我国在 20 世纪 70 年代末开始实行改革开放，通过引入、建立和完善市场经济体制，我国的经济实力获得迅速增长，目前 GDP 稳居全球第二，人均 GDP 接近 8000美元。市场对国家和个人生活带来的多种益处，已成为全社会的共识。但从历史上看，我们国家一直以来就是个农业国家，基本理念就是"农为本"，长期实施"重农抑商"的政策，对商业和商人持贬抑态度，商品交易极为贫乏，商品经济发育孱弱。"士农工商"的社会等级排位中，商人排在最后。商品交易也常常在熟人世界中进行，交易的规模小，频率低，这是小农经济所主导产业结构所决定的。因此，传统中国社会的商业理念、商业知

---

①　王任达，管理分院讲师，研究方向为服务营销、体验营销等。

识、商业文化发育得并不充分，这都导致了对商业规律的陌生和对商人群体的情感隔膜，并且这些负面观念仍广泛存在于社会心理深层结构之中，其影响仍是长期性和普遍性的。课堂教学中，教师经常能发现传统社会观念对学生的学习态度的影响仍时有体现，比如有学生认为商业是实践性的，因此掌握商业经验才有意义，而学习商业理论知识、弄清商业原理、辨析概念本义等是无意义的，这种观念是农业社会重视经验的实用主义思维的一种折射。

从现实层面上看，中国社会经济正在快速发展，新产品、新服务、新观念、新知识、新技术、新的商业模式不断涌现，人工智能、大数据、移动互联网等新技术工具对营销理论发展带来新的机遇和挑战。总之，传统和现实的双重作用，导致学生在学习营销过程中，往往易误解市场营销。

二、学习营销中常见的观念谬误

为提升营销课堂教学效果，有必要对学生学习中普遍存在、有代表性的营销认知误区加以讨论，以达到厘清重要的营销学概念，帮助学生建立正确的营销思维之目的。现试举三例：

（一）误解一："营销即销售"

我国引进和建立社会主义市场经济的时间尚短，没有经历过西方市场经济发展的完整过程。从市场营销学的渊源上，西方国家经历了从生产观念（Production）—产品观念（Product）—销售观念（Selling）—营销观念（Marketing）—社会营销观念（Societal Marketing）—整合营销观念（Integrated Marketing）的嬗变全过程，营销思想观念的发展脉络较为清晰。营销观念的发展历史，就是社会从短缺经济向过剩经济过渡的历史，这也是重新发现顾客、重视顾客并把满足顾客需求提高至企业经营的首要目标的历史。相比之下，我国社会对市场营销观念的认识往往是断裂的和跳跃的，比如"营销即销售"等容易混淆甚至是背离营销原则的错误认识在学生头脑中还普遍存在。

按照德鲁克（Peter Drucker）、科特勒（Kotler）等学者的看法，营销不是销售，销售只是营销中的一小部分内容。营销的内容不仅是具体的东西，事实上，商品、服务、体验、财产、人物、地方、事件、组织、信息乃至观念，皆可营销。营销的目的，也并不在卖东西，而在于满足顾客需求，因为企业的唯一的利润来源是顾客。德鲁克认为，企业存在的目的不是搞销售创造利润，而是创造顾客（The purpose of a company is to create a customer），因此，营销不是以产品或销售为中心。恰恰相反，营销是以发现、识别和满足消费者的需求为中心，正如德鲁克所言，"营销的目的，是让销售成为多余"（the aim of marketing is to make selling superfluous）。

我国正处在经济结构的剧烈转型和产业升级时期，在从卖方市场向买方市场转换期间，商品供过于求的现实、旧有的企业运营模式等因素的共同影响，新旧营销理念的相互冲撞、纠缠和渗透将是不可避免的。所以，在营销课程初期，教学重点应是引导学生的关注点，从关注销售（关注商品的流通环节），转移到以现代营销要求的以消费者需求为中心（从研发环节、设计环节、生产环节、传播环节、流通环节、消费环节、售后环节的全过程）上来。通过对营销概念的介绍，引导学生加强对顾客需求的洞察、识别和满足，逐渐引导让注意力在"满足顾客需求"中心上聚焦，以创造和传递顾客价值（如便利的价值、审美的价值、实用的价值、服务的价值、品牌的价值、形象的价值……），从而让顾客满意。

（二）误解二："市场是交易的场所"

学生基于自身的生活经验，常常将市场营销中的市场理解成交易的场所，比如农贸市场、机电市场等。其实，在市场营销中所讲的"市场"，指的是具有特定需求的顾客群体，包括现实的和潜在的顾客群体。这就是说，市场就是购买者组成的群体，而非具体的物理场所。之所以这样说，因为市场营销学是从顾客的角度来构建市场的含义的，主要研究的就是如何采取有效措施满足顾客的需求。因此在营销学中，市场 = 购买者 + 购买力 + 购买动机。简而言之，没有购买者，就没有市场。

（三）误解三："Promotion 即促销"

众所周知，市场营销学是个舶来品。这一学科是西方学者特别是美国学者创立的学科体系，营销的学科范式是"移植"到中国来，而非在我国的文化环境"生长"出来的。因此，学生在学习营销碰到的最常见问题就是学科术语从英语翻译成汉语的过程中，英语单词原来具备的丰富含义被过滤掉，产生固有含义被简化的问题。比如 marketing 这个单词，最开始我国将其翻译为"市场学"。这种翻译就很容易让人误以为这门学科是研究宏观经济的学科，而实际上这门学科是研究微观企业进行经营管理的学科。经过多年的发展，学术共同体才在"市场营销"这个译名上取得了共识。由此可见，因语言翻译问题导致学生学习理解上的困难，这在学习过程中是很常见的现象。

在历史上，"4P"营销组合理论对营销学科发展具有重大深远的影响，这一理论是麦卡锡（McCarthy）在 20 世纪 60 年代提出的，高度概括地提炼了企业营销组合的四个关键元素 product、price、place、promotion，这四个单词通常翻译成产品、定价、渠道、促销。前三个词的含义比较明确，这里重点讨论的是 Promotion 的含义是否仅仅是"促销"。

Promotion 指的是企业利用各种信息媒介和载体，与目标市场进行沟通和游说，并可能为其接受的一切的传播活动。通常包括广告、公关、销售促进、人员推销。这主要涉及两个方面的营销内容。第一，推广：传播品牌和产品的优点，提升长期品牌形象。第二，促销：刺激和促进消费者购买，提升短期销售额。

通过两个方面内容比较，推广着眼点是长期目标，而促销着眼点是短期的销售额。因此，不能简单地将 promotion 翻译成促销，这至少是不够全面的，特别是推广提升和促销的目标有可能是矛盾的。

综上所述，学习营销思维，需要对错误的和正确的营销观点进行比较，只有这样，才能加深知识理解，起到破旧立新、正本清源的教学目的。

参考文献

[1] 菲利普·科特勒. 营销管理 [M]. 14 版。北京：中国人民大学出版社.

[2] 艾·里斯，杰克·特劳特. 定位 [M]. 北京：中国财政经济出版社.

[3] 西奥多·莱维特. 营销想象力 [M]. 北京：机械工业出版社.

[4] 顾春梅. 新编市场营销学 [M]. 杭州：浙江工商大学出版社.

"平时分"App 在课堂教学改革中的应用探索 [1]

黄桢泖 [2]　周　姝　傅佳杰　李俊君　诸葛斌 [3]　马　涛 [4]

（浙江工商大学信息与电子工程学院）

摘　要：随着"互联网+"时代的到来，学生通过手机移动端获取教学信息和教学资源并进行学习的教学模式正处于蓬勃发展的状态，在线教育在中国已经进入一个新的发展阶段。本文以课堂教学改革与教辅工具间的关系为切入点，基于教辅工具"平时分"App 的使用效果对课堂教学改革以及形成性过程考核进行探索。课堂教学中的形成性评价主要指对课堂教学过程中学生学习行为的评价，分析学生是否理解，能否应用，是否在积极参与，影响学生参与和学习效果的原因是什么，然后根据分析结果调整教学方式。形成性评价为学生提供了一个不断自我完善和提高的机会。它强调学生的自我评价与相互评价，让学生在自我评价中不断地反思，并取得学习上的进步。"平时分"是一款为教师对学生平时分的形成性评价提供可靠依据的教辅工具 App。基于平时分对课堂教学改革进行探索，不仅有助于了解当下课堂教学改革中的教学情况，对今后教育事业在新型教学模式中的探索也有一定的指导意义。

关键词：平时分；课堂教学改革；翻转课堂；形成性评价

一、"平时分"App 的开发背景

随着互联网思维的演变与拓展，"互联网+"时代环境为教育的构建与重组提供新的思考方式，同时也为教学信息化的改革提供了有利的大环境。近几年来，我国教育信息化程度越来越高，这一变化得益于国家"十二五"规划的要求和"互联网+"行业的蓬勃发展，互联网教育逐渐发展，但其先决条件为提供集资源共享于一体的教育平台，而教育平台的建设必须依靠教育技术的发展及学习工具的革新。随着时代的发展，人们学习与生活

———————

①　本文受浙江工商大学高等教育研究课题（xgy14057）、浙江省高等教育教学改革项目（jg2015067）和浙江省高等教育教学改革项目（jg20160068）资助。

②　黄桢泖、周姝、傅佳杰、李俊君，本科生，研究方向为计算机网络。

③　诸葛斌，副院长，教授，博士，研究方向为计算机网络。

④　马涛，教授，研究方向为大学物理。

的重心也逐渐转移到互联网上，"无纸化"概念也被广为接受。在当今种类繁多的在线教育和课堂教学改革模式当中，翻转课堂是最广为接受的一种新型教学模式。翻转课堂教学模式打破现有的谁是教师，就由谁来评价学生的学习状况的传统做法，以学生为课堂主体，建立一种新型的评价机制，这种评价机制称为形成性评价。形成性评价指教师在教学过程中对学生的学习情况进行的动态评价和及时反馈，这种评价形式能引导学生调整自己的学习方式、促进教师不断改进教学。形成性评价如果使用得当，能有效地提高学生的自主意识，帮助学生成为自主高效的学习者。有实际调查表明：绝大多数学生期望能够体验或深入体验基于翻转课堂的教学，可见大多数学生对翻转课堂的应用在整体上持积极态度。至此，为了顺应教育部课堂教学改革需求，迎合时代发展趋势，"平时分"App 的研发得以顺应而出。

2015 年，由浙江工商大学信电学院网络专业首届毕业生的创业公司联合信电学院在校生共同开发出了集点名签到、课堂课后作业、社区交流、课堂互动、公告、形成性评价于一体的简洁式教学辅助工具——"平时分"App。"平时分"旨在为高校教师提供一套移动教学和形成性评价的解决方案，该方案解决了传统的课堂教学模式的弊端和教师的痛点：缺乏形成性评价和灵活性，学生与学生、学生与教师间互动性不足，教师难以掌握学生学习情况等，主打在线签到、课堂作业和形成性评价反馈功能，以"便捷、科学、优质"为打造目标。"平时分"App 从教学形成性评价和课堂教学层面切入，主要以辅助当下新型的翻转课堂模式为表现形式，导入了形成性评价机制，辅助教师教学，提升学生学习效率，最终推动了高校教学改革。

2016 年 8 月，平时分的研发团队携平时分项目参加了第二届浙江省"互联网 +"大学生创新创业大赛，并在此次大赛中获得银奖。此次获奖说明"平时分"App 已逐渐获得专家的认可和支持。

二、"平时分"App 功能介绍

"平时分"App 旨在为高校教师提供一套移动教学和形成性评价的解决方案。平台解决了教师在授课过程中快捷点名、随堂练习、课后作业、课堂互动、社区交流和公告等需求，在实际应用上得到广大教师的认同。除此之外，"平时分"还为教师提供教学大数据分析服务，包括题库中每道题的详细答题统计信息、班级中每位学生的多维度形成性评价统计报表、每位学生的学习行为分析报表等，以这些大数据为依托自动生成每位学生的形成性评价报表。此 App 针对使用者身份的不同分为教师客户端和学生客户端，两个客户端主要功能都大同小异，而且为了还原真实的课堂，教师端与学生端的功能大体上一一对应。App 的主要功能模块有创建班级、进入课程、点名签到、发布题目、习题练习、作业互评、公告发布、微社区管理、大数据分析等。平台在课程中的应用流程如图 1 所示。

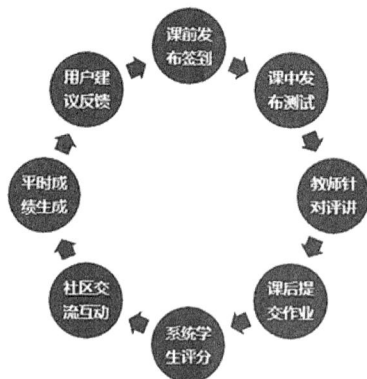

图1 平时分课堂使用流程

（一）"平时分"App 教师端功能

1. 创建班级：多门课程同时管理，各个班级之间独立管理

"平时分"App 为教师用户精细匹配到每个班级，实现了单独辅助授课，提供精准到位的服务。教师用户可登录 App 创建班级，设置属于本门课程的课程群号，采用共享课程群号的方式邀请需要学习该门课程的班级学生进入课程群组中共同学习，教师即可通过平时分平台的此子功能进行辅助授课。除此之外，一名教师不仅可以同时管理多门课程多个班级的群组，还可以同时管理一门课程多个班级的群组，而且不同的群组间相互独立，互不影响，不会对教师用户产生管理困难等教学烦恼。功能模块内容如图 2 所示。

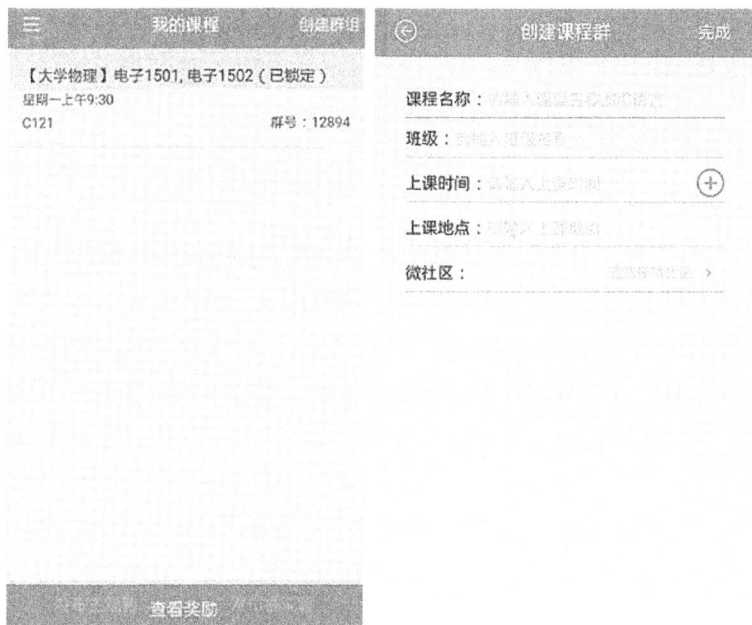

图2 创建班级

2. 点名签到：一键点名，简洁明了

为提高班级教学的出勤率及解决教师点名繁杂的事项，平时分点名签到功能为课堂教学及管理量身定制，签到系统信息还融入了定位系统，保障签到的真实性，同时瞬间到位，也节省时间，基于该功能，教师端可进行统计及了解出勤信息。

正式上课前，教师用户可在教师端发布签名，并设置学生签到的时间范围，一般3—5分钟即可。教师只需每次创建签到而无须花时间点名，学生用户按规定时间在学生端界面一键签到，教师端即可获取地理位置以及学生姓名等信息，对于出勤率情况等信息一目了然。不仅提高了教师的教学效率，对于课堂教学改革的理念而言，也大大增加了课堂的能动性。功能模块如图3所示。

图 3　点名签到

3. 发布作业：一键发布作业，作业情况由"平时分"反馈

发布作业功能解决了作业管理事项。教师在后台大量优质的题库中筛选并发布题目，设置时间截止日期，学生端即可接收到相应任务，并及时提交完成任务。此功能板块如图4所示。

图 4 发布题目

4. 大数据管理：学生学习情况一目了然

大数据管理功能即针对学生学习行为、学习正误、学习成果等进行多维度数据分析，根据题库中详细答题统计信息、班级中每位学生的多维度形成性评价统计报表、每位学生的学习行为分析报表，极致发挥数据分析功能，挖掘主客观评价体系，提供科学有效的反馈信息。此功能板块如图 5 所示。

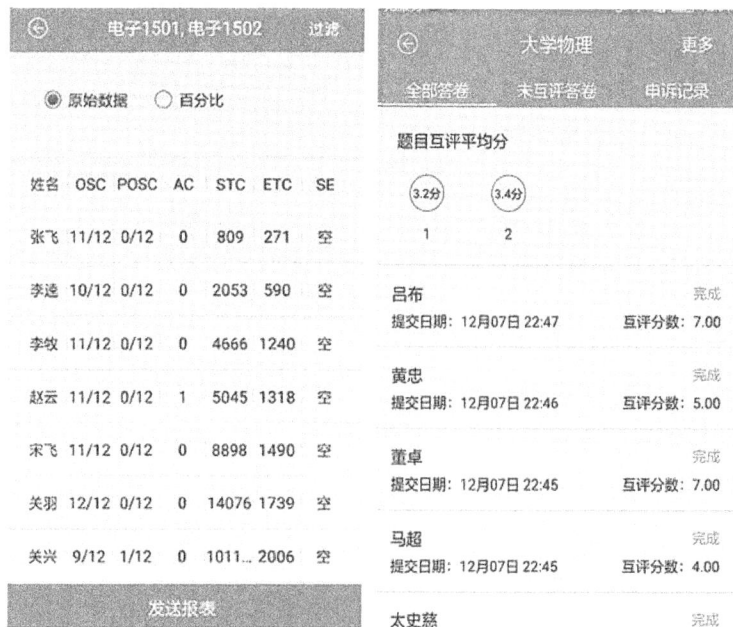

图 5 大数据管理

5. 发布公告：课程信息及时传达至同学手中

发布公告功能解决了信息不对称、信息传达不及时、信息匹配度不高的传统信息发布问题，将公告发布应用于教学，避免了信息类传达问题，保障班级信息的独立性和个性化要求。此功能板块如图6所示。

图6　发布公告

6. 微社区管理：增加教学互动，增强师生交流

微社区管理针对班级或学业问题，教师和学生共同在微社区交流切磋，利用碎片化时间管理社区内容，解决课堂课后等一系列班级问题，群策群力，扩大了交流范围，拉近师生间的教学距离，信息也能到位及时。此功能板块如图7所示。

图7　微社区管理

（二）"平时分"App 学生端功能

1. 加入群组：一个平台，多门课程共同学习

"平时分"App 后台基于云储存和云计算技术，可以在短时间内克隆出大量班级平台，而这些班级平台之间相互独立，满足学生在一个平台上同时进行多门课程管理的需求。此功能板块如图 8 所示。

图 8　加入课程群组

2. 作业互评：客观题系统批改，主观题同学互评

客观题由系统配置批改，主观题由学生互评完成，从传统的教师批改转变为学生批改，不仅保障了成绩的可靠性，另一个更重要的收益是学生在评判他人测验的过程中掌握了相关题目的知识点，实质上是一个再学习并应用的过程，极大地提高了学生学习的积极性。此功能板块如图 9 所示。

图 9　作业互评

除了本文介绍的两个功能，平时分学生端还有在线签到、提交作业、浏览作业、微社区交流、查看公告等多个功能，功能模块与平时分教师端的功能模块对应相似。

平时分学生端与教师端的功能相辅相成，共同作用形成一个完整的客户端体系，即"平时分"App。此 App 的功能涵盖了课前、课中到课后一套完整的形成性评价及考核依据，在提高教师教学效率和学生学习积极性的同时，也阐明了课堂教学改革的实践意义。也就是说，"平时分"App 的功能设计，正符合了新课程改革的三大基本理念：关注学生发展、强调教师成长、重视以学定教。

三、"平时分"App 的推广与使用反馈

"平时分"App 的开发与推广解决了高等学校学生与学生、学生与教师之间的沟通交流层面不足的现状，基于手机的课堂作业，就其操作的便捷性，人际交流的高效性，内容推送的丰富性，消息推送的精准性等特点，符合大学生的学习需求、生活方式、交流习惯，有利于增加其学习兴趣。同时也加强了和教师、同学的学习交流。消除师生交往接触机会少，师生关系冷漠化、陌生化的现象。

在高等教育的众多学科中，物理教学不仅是自然科学的核心基础知识，是培养高级科技人员的必备基础知识，更重要的是物理教学的系统论和实验知识对培养学生掌握科学的思维方法和实验方法、对培养从事科技工作和创造性工作的能力、对培养学生的科学素养和人生观都是其他课程所替代不了的。因此，物理教学不仅是一门重要的公共基础课，更是一门综合素质课程，基于物理课程的教学改革探索也因此而具有实践性与普遍性。

2015 年平时分平台成功搭建之初，浙江工商大学信电学院的大学物理教师马涛便对平时分欣然尝试。大学物理上下两册所有课程的学习，他都坚持使用"平时分"App 作为他的教学辅助工具，2017 年，已经是他使用平时分的第三个学期。平时分可为教师用户自动生成形成性评价的平时分报表，该平时分表格严格遵循同一个计算标准，并由后台计算得出，保证了平时分的公平公开，如图 10 所示。马涛老师表示，使用"平时分"App进行平时成绩的网络评定，对加强学生学业管理，改善平时成绩评定的不合理性起到了非常显著的作用，而且一定程度上让学生更多地参与到教学环节，师生之间也增加了互动，这对培养学生对本课程的学习兴趣以及做人做事的责任心都起到一定的作用。除此之外，平时分为他节省了大量时间，以往消耗时间的课上点名和繁复的作业批改工作，都被平时分简捷的功能代替，节省下来的时间及其价值难以估量，教师也能有更多的时间专注于其他科研工作。平时分为教师用户节省的时间及价值如图 11 所示。

$$综合评定=\left\{\left(\frac{随堂练习正确题数}{随堂练习总体数}\times0.2+\frac{签到次数}{总点名次数}\times0.4+\frac{主观题得分率}{120}\right)\times0.7\right\}\times100$$

图 10　平时分自动生成形成性评价报表

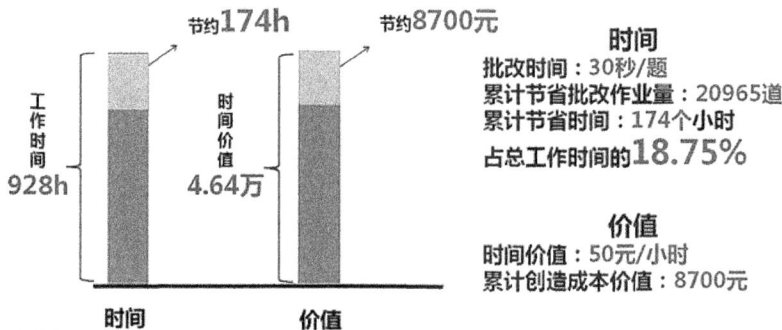

图 11　平时分为教师用户节省大量时间

马涛老师在"大学物理（上）"的课程首次尝试平时分之后，浙江工商大学信电学院大学物理课程组的其他教师也纷纷采用"平时分"App 对"大学物理"课程的平时成绩评定进行改革尝试，并在许多方面都取得了不错的效果。

信电学院大学物理教师蒋丽珍在连续两个学期使用了"平时分"App 进行课堂点名签到后，她认为，传统的点名方式存在着既浪费时间又容易张冠李戴等许多弊端。而从2015 年平时分推广之后，蒋丽珍老师让每个学生的手机都下载了"平时分"软件的学生端，每次上课就可以进行实名签到。教师只需每次在课堂上创建签到而无须花时间点名。而且每个学生手机下载的软件只允许一个账号登录签到，有效地杜绝了同学代签的情形；如果发现有学生中途逃课教师还可以再次创建签到，一分钟就可完成签到而不用担心浪费时间影响上课。

信电学院的另一位大学物理教授马海珠在教学过程中坚持奉行"借助'平时分'App信息技术手段，引导学生自主学习"的理念，她说道：

"为了满足学科评估的要求，能反映师生互动形成性评价的量化要求，更严谨地评定平时成绩，因此经一个学期的实践后，本学期在'大学物理下'作业采用书面作业与"平时分"App上传作业结合的方法，"平时分"App作为老师和学生、学生和学生互动学习交流的平台，作为课堂教学的延伸，弥补大班教学缺乏互动的弊端是十分有效的，软件记录的数据作为一定比例平时成绩，使平时成绩充分体现形成性评价的作用。"

经过大学物理教学课程组不断地探索与改革尝试，2016年，浙江工商大学信电学院大学物理课已经被评定为校级在线精品课程，目前正准备冲击升级省级在线精品课程，进一步说明采取正确的教学改革方式能对高校教育事业起到促进作用。

随着"平时分"App的不断完善与推广，截至2016年12月，"平时分"已经覆盖了浙江工商大学信电学院"大学物理（上）""大学物理（下）""计算机网络""网络管理""网络协议分析""信号与系统""无线网络技术""光电子与光通信""高级网络通信原理"等多门课程，很多教师都愿意使用"平时分"作为课堂教学改革的工具和方法，如表1所示。其中，"信号与系统"的授课教师林丽莉谈道，在使用平时分辅助授课之余，她还对学生做了调查统计，统计结果表明：82%的学生都赞同采用测验的方式加强学习过程的管理。这也表明，学生正在逐渐接受形成性考核的课程考核方法，说明在课堂教学改革中使用平时分作为课堂教辅工具在学生用户群体中可行性是非常大的。

表1 "平时分"App在信电学院的使用情况

序号	课程名称	授课教师	教学改革方法	使用时间
1	无线网络技术	应必娣	点名签到、课后作业、作业批改	1学期
2	网络管理	金蓉	点名签到、课堂测试、课后作业、作业批改	1学期
3	信号与系统	林丽莉	点名签到、课堂测试	1学期
4	计算机网络	高明	教学过程中全程使用	1学期
5	网络协议分析	高明	教学过程中全程使用	1学期
6	大学物理（上）（下）	蒋丽珍	点名签到、课堂测验、课后作业	2学期
7	大学物理（上）（下）	朱晓亮	教学过程中全程使用	2学期
8	大学物理（上）（下）	马涛	教学过程中全程使用	3学期
9	大学物理（上）（下）	马海珠	教学过程中全程使用	2学期
10	计算机网络	陈超	教学过程中全程使用	1学期
11	光电子与光通信	朱晓亮	教学过程中全程使用	1学期
12	高级网络通信原理	诸葛斌	教学过程中全程使用	2学期

利用网络工具实施教育不仅是信息社会教育现代化的产物，同时还是一种新的教学思想、教学方法和教学手段，在线教育不仅成为学校教育教学改革的催化剂，也是世界教育发展的潮流和方向。而依托教学辅助平台辅助课堂教学的方式正迎着这个潮流逐渐发展起来。

综观我国高校教育事业发展状况，不仅仅是浙江工商大学的信电学院，而是全国各大高校都参与到教学改革大潮中来。截止到 2016 年 12 月，平时分现有用户分布于全国 99 所高校，应用下载次数超过 10 万次，注册并使用用户超过 7000 人。其中，平台使用数据结果显示，使用教师已超过 100 人，创建群组 171 个，发送作业 744 份，提交超过 15000 份作业，答题数量 12 万道。

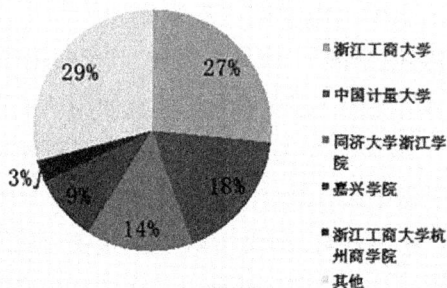

图 12　平时分在全国高校的使用情况

四、总　　结

在当今互联网飞速发展的大环境下，"平时分"作为一种新型的课堂辅助工具，集课前签到、课堂测试、课后作业批改及课程交流等功能于一个 App，涵盖了课前、课中到课后一套完整的形成性评价及考核依据。经过一年多实践检验的"平时分"，在教师用户群体中树立良好口碑的同时，也彰显了其在课堂教学改革中良好的应用效果。应该说，利用"平时分"App 实施上述教学改革措施确实会增加教师的工作量，教师和学生对现代信息技术手段的应用也会有一个适应过程，但实践表明，它对学生的学习促进是十分明显的，使教师的教学管理效率提高，学生的学习主动性大大增强，是大学公共课教学改革可以探索的途径之一。

参考文献

[1] 张其亮，王爱春. 基于"翻转课堂"的新型混合式教学模式研究 [J]. 现代教育技术，2014，24(4): 27-32.

[2] 张润. 形成性评价对学生自主性的促进机制研究 [J]. 河北师范大学学报（教育科学版），2009，11(9)：99-101.

[3] 庞洁，郑燕林，阮士桂. 大学生对"翻转课堂"的认识与需求调查 [J]. 中国教育信息化，2016(16)：52-56。

[4] 马会梅. 新课程改革的基本理念解读 [J]. 当代教育论坛（学科教育研究），2007(4)：85-86.

[5] 余化文. 大学物理教学改革初探 [J]. 科技创业月刊，2005(6)：93-94.

[6] 常咏梅. 信息技术支持下高校学生自主学习的教学设计研究 [D]. 兰州：西北师范大学，2007.

[7] 温惠琴. 网络教育与高校教育教学改革 [J]. 华南师范大学学报（社会科学版），2001(2)：132-133.

法理学课堂社区建设的实践与思考

季长龙① 李雨航②

（浙江工商大学法学院）

摘　要： 法理学课程面临的主要难题是内容过于抽象，许多概念容易混淆，缺乏相关案例，学生没有学习兴趣。针对这种情况，本文提出了课堂社区建设的设想，这一设想针对法学专业的毕业能力，以及法理学课程所能培养的课程能力来展开，引入案例分析、课堂研讨、旁听审判、课下交流等环节，增强课程的实践环节，提高学生的学习兴趣，更好地服务于卓越法律人才的培养。

关键词： 法理学；课程社区；旁听审判

一、进行法理学课堂社区建设的基本背景

从2012年底开始，中共中央政法委员会、中华人民共和国教育部联合实施了卓越法律人才教育培养计划，项目旨在全面落实"依法治国"基本方略，深化中国法学高等教育教学改革，以提高中国司法人才培养质量。该计划针对的主要问题：当今我国法学教育中，社会主义法治理念教育还不够深入，培养模式相对单一，培养体系还不够完善，学生实践能力总体不强，应用型、复合型法律职业人才培养不足。

在卓越法律人才教育培养基地建设的过程中，除了加强师资建设、完善课程设置以外，改革授课方法也是非常重要的方面。要培养学生法治思维，教师必须信仰法治；要培养学生的应用能力，教师必须具有应用能力。一门课程如果不在创新中掌握学生，就容易在守旧中失去学生。法理学课程作为法学基础课程，既承担培养学生社会主义法治理念的重任，也要担负起培养学生应用能力的责任，而且，知识如果不在应用中学习，就无法深得该门知识的要领。一些学校的法理学课程近几年推出了一系列改革措施，例如"大班授课小班讨论""案例教学常态化""实务精英进课堂""学生旁听法院审判""体验式法理学""学生反馈，教师解惑"及"法理学课程社区"建设等。这些探索都体现以学生为中

① 季长龙，副教授，博士，研究方向为法理学、立法学。
② 李雨航，理论法学系研究生，研究方向为立法学。

心，翻转教学等现代教育教学思想，让法理学这门抽象的基础理论课程取得了良好的课堂教学效果，焕发了新的生机。本研究主要针对其中的法理学课程社区建设展开讨论，作为一种新近探索的综合性授课方法，它的提出不是偶然的，而是在一系列社会背景下孕育产生出来的。

（一）《全面推进依法治国若干重大问题的决定》是深化法学教育改革的重要契机

2014 年 10 月，党的十八届四中全会《全面推进依法治国若干重大问题的决定》提出建设有力的法治保障体系，并在"加强法治工作队伍建设"一节中专门提出：创新法治人才培养机制，坚持立德树人、德育为先导向，推动中国特色社会主义法治理论进教材进课堂进头脑，培养造就熟悉和坚持中国特色社会主义法治体系的法治人才及后备力量。这为今后较长时期尤其是"十三五"期间的法学教育改革指明了方向，法学教育应当坚持"精神成人，专业成才"，把法学院打造成法治人才的输出基地。法学教师应当坚持"立德树人""以学生为中心"的教育教学理念，根据学生的需求，立足提高学生的学习兴趣，积极推进课堂教学方法改革。

（二）当今高等教育发展趋势是加强师生互动

与中小学不同，大学的基本特点是没有升学压力，因此教师缺乏全方面了解学生学习效果的动力。没有升学的指挥棒，对教学投入再多也难以得到直接的回报，导致高等学校包括法学院出现科研一边倒的趋势。法学院管理对教学工作说起来重视，行动中缺乏激励措施。教师在课堂上缺乏与学生互动的积极性，并不是大学教育不需要互动性，互动性的缺乏恰恰是大学教育必须重点解决的问题。为了促成师生互动的局面，依赖传统手段（例如开会强调）难以解决，迫切需要建立有效的激励制度与考核制度。最近几年流行起来的书院制就是一种尝试，英国等外国高校普遍采取书院制，香港、长沙、武汉等地多所大学也尝试书院制改革，安排教师住在书院，为学生提供全方位的学习指导、就业咨询，扭转口头上以学生为中心的局面，真正从制度上体现以学生为中心，以实现最大多数学生的学业增值，全面提高人才培养质量，增强就业竞争力。如何为学生提供更多的学业指导，成为法学教育也是每位教师面临的重要课题。

（三）日益更新的互联网技术，推动教育思想和教学方式不断创新

教育创新包括思想观念的创新以及教学方法与手段的创新，无论哪种创新都受到科学技术尤其是互联网技术的巨大影响，例如互联网拉近了人们之间的距离，让教育者和受教育者可以跨越遥远的空间，开放教育和在线教育逐渐受到教育管理者的认可和重视。在教育观念转变的同时，为了改变单调的课堂教学，以便提高教学效果，利用互联网进行教育手段创新必将日趋活跃。一方面，利用互联网进行教学创新可以获得各类教学改革项目的支持；另一方面，利用互联网进行教学创新可以实实在在获得教学效果的改变，从而激励教师们逐渐投入相关的探索当中。互联网在线课程、微信作业、手机 App 研讨等新教学方法已经开始使用，并有不断推广的趋势，慕课和"翻转课堂"等创新教学模式日益冲击着传统的教学组织方式。是坚持原有的讲授式教学模式，还是吸收新的教育思想，采用创新的教学手段，已经成为摆在所有教师面前的重要课题。

（四）传统的教学方法不适应创新法治人才培养的需求

法学教育的趋势正从传授知识为主向以培育理念和培养能力为主转变，重点培育学生的法治思维、法治信仰，提高学生创造性运用法律、发展法律来化解法律难题的能力。爱屋及乌，要让学生爱上法学课程，帮助学生树立法治思维和法治理想，就必须让学生喜欢授课教师。授课教师只有言传身教，多与学生互动交流，充分展现出以学生为中心，以法治事业为使命的人格魅力，才能真正实现法学教育的培育目标。如果一位教师教学方法与内容长久不变，教学过程机械填鸭，就难以体现他对学生的责任感，对法治事业的使命感，从而让学生疏远教师，疏远法学，不相信法治。

市场经济和科学技术的发展，使新一代大学生的思想观念与过去大学生产生较大差别，他们更加注重实践和创新，更加喜欢实用，厌恶说教，不甘于接受机械被动的学习方式。填鸭式的教学方法已经无法调动他们的积极性，与培养学生法治思维的教育目标日益偏离，与此同时，启发互动式的教学法尚未形成完善的模式，案例教学法受制于课时的限制难以做到常态化。如何在既有教学方法改革的基础上继续探索，总结经验，概括模型，形成范式，成为当下法学教育的紧迫任务。

二、法理学课堂社区的培养目标

（一）培养目标与课程设置存在怎样的关系

法学专业设置什么样的法学课程体系？将哪些课程纳入培养方案？这是由法学专业的培养目标决定的，即法学专业到底要培养学生的哪些毕业能力，使得毕业生可以胜任法官、检察官、政府法务人员、企业法务人员、律师、公证员等各种法律职业的要求。不同专业均开设的课程暂且不论，法学类课程可以分为两类，一类是理论法学课程，一类是部门法学课程，两类课程是否培养不同的能力？如果回答是肯定的，那么就意味着《民法》《物权法》《侵权行为法》等课程培养预防处理民事纠纷等能力，《刑法》课程培养处理刑事案件的能力，甚至可以细分，《物权法》课程培养预防和处理物权纠纷的能力，《侵权行为法》课程培养预防和处理侵权纠纷的能力，如此等等。尽管说培养目标（毕业能力）与课程设置存在一定的对应关系，但是也并非特定法学课程对应特定毕业能力，有多少门课程或者多少个法学部门（民法学、刑法学、行政法学等）就培养多少毕业能力，这样划分毕业能力是不科学的。

（二）法学知识与毕业能力具有怎样的关系

因此，不同的课程对应的法律文件和法律条文不同，意味着学生学到的具体法律规则不同，但问题是，这属于能力方面的不同，还是知识方面的不同？其实它应当属于知识问题，而不是能力问题，因此，应当过滤掉不同课程具体法律知识的差别，归纳出不同课程所能培养的共同毕业能力。

知识和能力是两个不同的问题，知识是法律条文、制度的记忆与再现的问题，能力是法律知识运用的问题，当然二者也有一定交叉点，例如，掌握了合同法的知识，就会有一定的拟定合同与判断合同是否合法有效的能力；掌握了刑法知识，如果一个学生自学所有的法学课程，并阅读所有法律条文，在学习的范围内，他可以精准地解答所有的考试题目，是否意味着该同学具有了足够的毕业能力呢？我们只能说他具备了一定的合法性判断能力，他可以根据所学知识对别人的法律咨询给出一定的判断。但是，作为一名合格或者优秀的法学专业毕业生，仅具有一定的合法性判断能力是远远不够的，他还需要具有许多其他相关能力，构建一套从事法律职业所必备的能力体系。

（三）五大法律职业需要何种毕业能力

以五大法律职业（法官、检察官、律师、政府法务人员、公司法务人员）为例，这些职业需要毕业生拥有哪些法律运用能力呢？

第一，行为合法性的判断力，针对所有法律职业，即对某种社会现象或行为是否属于法律调整的范围，如果属于法律调整的范围，属于合法现象还是违法现象等做出判断，如果属于违法现象，违反哪个方面法律，对应的法律责任有哪些等三大问题做出判断，这是比较基础的能力，为了具备这种能力，需要学习包括宪法、行政法、民商法、经济法、社会法、刑法、诉讼法等七大部门法的课程，研习所有的法律法规、部门规章和地方性法规等，最理想的状态是把现行有效的数万件规范性文件全部掌握。

第二，法律发现的能力，针对所有法律职业，即如何搜索案件可能涉及的所有相关的法律法规、部门规章、地方法规、地方政府规章等法律渊源，这些法律渊源，尤其是低位阶的法律渊源，一般是法学院的课本里学不到的，因此，法律发现的能力是法学院只能在一定程度上加以培养，例如通过案例分析，让学生查找该案件涉及的所有法律渊源，并找出具体相关的法律条款。

第三，法律解释的能力，针对所有法律职业，无论哪一门部门法课程，只要涉及法律条款，就需要法律解释能力，不进行解释就无法进行学习。无论立法、执法还是司法活动，法律职业人不解释法律条款，就无法适用法律。而要解释法律，就需要一套科学的法律解释方法，从现有法律课程来看，法理学课程有专门的法律解释章节，部门法课程一般没有专门的法律解释章节，法律解释能力的培养需要在案例分析过程中，由主讲教师决定是否把法律解释作为教学活动的内容。

第四，法律推理与论证能力，针对所有的法律职业，这方面知识在《法理学》课程中与法律解释合并作为一章，在部门法课程中没有专门章节，也是由主讲教师在案例分析过程中不同程度地加以体现，作为一种能力来说，需要通过大量的案例演练才能习得。

第五，拟定法律条款的能力，主要针对各级政府法制办、人大法制委员会等立法部门，这方面的知识在法理学课程中有对应的"法的制定"一章内容，但是是否给予学生演练的机会，例如通过模拟立法的方式来演练，取决于教师的授课安排。

第六，法律业务谈判与沟通能力，主要针对律师职业，需要通过一定的谈判策略和技巧获得潜在客户的认可，把握签约的机会。

第七，法言法语表达能力，针对所有法律职业，需要把合法与否及其理由用法律术语规范严谨且简练地表达出来，如果不是受过长期的训练，单纯凭借看书、背法条和听课，这种表达能力是无法培养出来的。它包括法律实践的语言表达和法学研究的语言表达，无论哪种表达方式，都需要在实际训练中才能获得，在某一门课程中，学生能否获得这种能力，主要取决于教师是否安排学生发言环节，而不是取决于教材的内容。

其他还有人际交往能力等，它不是法学专业独有的培养目标，所有专业都需要培养人际交往能力，但实际上，除了人际关系学或类似课程，核心课程与必修课程都不直接培养这种能力。

（四）法理学课堂社区的培养目标

法理学课堂社区重点培养学生的法律解释能力、法律推理与论证能力，法言法语表达能力，兼顾培养学生的合法性判断、法律发现、法律拟定能力，而对于法律业务的谈判能力，由于缺乏真实的当事人，一般不宜列入法理学课堂社区的培养目标。

三、法理学课堂社区建设的基本模式

传统法理学课程基本是单纯的课堂讲授，学生缺乏学习的主动性，课外时间基本没有学习任务，教师对学生的课外时间缺乏关注。我校法理学课程根据学校教育教学改革的要求，5 年前就开始了"大班授课小班讨论""互动反馈式教学"等探索，为了打通课堂内外，贯通理论与实践，形成生生互动、师生交融的学习氛围，经过反复实践，总结积累经验，逐步形成了新的教学模式，即以学生为中心，以第一课堂为主阵地，以第二课堂为催化剂，课内与课外有机互补，集体学习与小组研讨相结合，平时考核与期末考试全过程考查等一系列措施，形成了立体式的法理学课堂社区教学模式。此外，通过布置课后作业，引导学生充分利用课余时间，关注法治新闻，分析法律条文，在课堂环节发表自己观点，其他同学提问和评价，教师点评，形成面向法治实践，紧密联系社会法治热点，关心国家法治进程，通过点滴行动培养法治信仰的学习目标。

（一）建立"理论 +X"的课堂组织形式

改变整堂课讲授理论，学生被动听课的模式。如果说过去的课堂结构形式是"理论 +理论"，现在的课堂结构就是"理论 +X"，根据章节内容的实际情况，这个选择性环节可以是分组讨论，可以是辩论，也可以是演讲。在高度浓缩地讲完理论之后，布置下一周互动教学的内容，可以是案例，可以是某个观点，也可以是收集与课堂内容契合的法治实践热点，根据学习过的理论进行评析。将学生分成 4—5 个小组，每个小组派一个代表发言，其他小组的同学进行评论，然后教师进行点评。本次发言的同学，下一次互动环节，原则上不重复发言，保证每个同学都有发言的机会。

1. 改变整堂课讲授理论，学生被动听课的模式，把理论讲授的内容压缩

不改变教育观念就不会压缩理论讲授的内容，要认识到单纯的理论讲授无法培养学生的分析法律问题的能力，才会有改变课堂内容安排和组织形式的行动。

2. 将学生分成若干学习社区，以学习社区为单位进行互动学习

学习社区是整个课程社区的一部分，学习社区内部可以分工合作，完成教师布置的课后任务，并在课堂上协作研讨。选出小组组长，组长负责安排互动课堂谁来发言。组长也可以组织课外研讨，分工协作，完成教师布置的任务。同时，在课堂上，小组之间分区排座，在互动环节，小组成员之间形成类似社区的近邻关系，方便在互动环节进行交流。

3. 配合理论讲授，安排特定互动研讨环节即"X"

互动环节在不同章节可以采取不同的形式，可以是辩论，也可以是角色扮演，或者是知识众筹、主题演讲，或者是主题讨论等。互动研讨环节首先要与理论讲授环节相并列，虽然安排的时间不同，但其地位与理论讲授同等重要，不可以随便取消，必须在特定时间稳定持续地开展活动。互动环节不论采取何种形式，辩论、角色扮演或是演讲，都体现了知识众筹的特点，大家提出的观点和信息汇聚起来，形成知识集合，综合体现了实训和头脑风暴的特点，要安排提问、评议和点评的环节，形成模拟实践学习的教育教学模式。

（二）设置第二课堂作为第一课堂的配套环节

1. 把"旁听法庭审判"纳入授课提纲

每学期的课程至少安排一次旁听法院审判，让学生对法律的运作有直接的了解，化解理论课程的抽象性，提高学生的学习兴趣和课堂效果。通过旁听审判，既可以学习实体法律制度，也可以熟悉诉讼程序。在法理学课程中也可以运用旁听审判提高学习兴趣，丰富课堂内容。在"法理学（一）"的授课提纲中安排好旁听审判的大致时间。根据与法院联系的结果，提前与教务部门确定下来具体的时间。旁听审判以后，布置学生写学习体会，作为下次课互动环节的交流主题。

2. 把"实务精英进课堂"纳入课程体系

实务精英进课堂是学校谋划的教学环节，法学院每学期只有 2—3 门课程可以申报这

个项目。法理学课程连续 2 年都申请并开展了这项活动。实务精英进课堂与旁听法庭审判形成互补，全方位提高协同育人实效。一个是走出去，另一个是请进来，一个是体验真实法律实践，另一个是聆听来自法治实践的真实声音。学生可以听到来自实践部门的观点，尤其是聆听到课堂上听不到的法治现象，极大地开阔了学生的法治视野。

3. 设置"学业成长社区"，保证教师与学生进行课后交流

改变教师与学生近在咫尺却远在天边的疏离困境，一些教师上课一言堂，下课一溜烟，类似于授课机器，而不是活生生的人格体。学生苦于无法与教师面对面交流，无法得到课程和整个学业的指点。充分有效地互动交流是法理学课程社区的主旋律，"生生互动社区"实现了学生之间的互动学习，"师生互动成长社区"则解决了学生更为重要的学习需求，不但向教师学习知识，更要向教师了解学习方法和职业选择。这个社区的设立，能实现教师"传道、授业、解惑"的全部职业要素。具体做法是，下课以后，安排 15 分钟时间，组织一个学习小组的同学到办公室，面对面进行学业交流，讨论教学方法、法律知识、法律职业发展、大学生学习生活规划等系列问题。让一门课程的教师不但解决本课程的知识传授，同时也成为学生的学习、生活、事业的规划导师。

（三）从终结性考试转为全过程考查

1. 改变期末考试一考定终局的考核方式

全部考核集中于期末，就无法激发学生课堂学习的积极性，难以提高课堂教学的学业效果。把考核环节分解为多个部分，提高过程性考核的比重，就会提高学生全过程学习的积极性。期末闭卷考试仍是当前占主导的考核方式，这种考核方式，学生往往依赖期末冲刺复习取得好成绩，降低课堂学习的积极性。根据形成性考核理念，结合互动交流的课堂组织形式，需要对平时学生互动的表现进行评价，给出考核分数。

2. 增加课程实践性环节的考查比重

课程实践性环节作为课堂教学的一部分，理应配置相应的考核权重，并且适当向这个环节做一些倾斜。在考核权重方面，平时成绩占到 50%，具体分配方式是，课堂出勤占10%，旁听审判及学习体会占 10%，经典著作知识众筹占 10%，互动交流表现占 20%。期末成绩占 50%。期末可以采取闭卷考试形式，逐步探索向口试过渡。

3. 提高课堂互动环节的考查分量

课堂互动环节即理论讲授之外的"X"部分，包括生生互动和师生互动，这种互动作为培养学生法律职业能力的组成部分，应当占有更大的考查分量。课堂互动环节占平时成绩的 20%。具体做法是，每个学生每学期至少有 2 次以上的参与互动发言的机会，每次发言最高分 10 分。根据表现，适当给出分数。

四、法理学课堂社区建设面临的几个问题

（一）如何理解并体现"以学生为中心"的育人理念，创造新的课堂组织形式

以学生为中心，说起来容易，做起来很难，许多教师认为只要用心去教，把自己知道的全部奉献给学生就行了。其实这样做还远远不够，学生学得怎么样，学到的东西到底是什么，仅仅是抽象的知识还是全面的法律思维能力，如果不改变课堂组织形式，缺少有效的互动和沟通，就无法解答这些基本问题。

（二）如何落实第二课堂的教学组织活动，有效延伸第一课堂的空间视野

第一课堂与社会脱节，学生无法接触真实的法律实践。现代教育理念认为，在实践中学习是更好的学习方式，它能够最大限度激发学生的学习兴趣和主动性，有效提高第一课堂的学校效果。但是受制于教学管理、协作单位、交通安全等考虑，教师极少采取这种教学形式。

（三）如何改造课程的考核方式，推动教学目的从传授知识为主向培养能力为主转变

考核方式与教学组织形式息息相关，直接体现着课堂教学的价值导向。培养学生的法治思维，必须改变闭卷考试，一考定终局的模式。

数据结构与程序设计教学方法改革的实践与思考[①]

欧阳毅[②]　王　敏[③]

（浙江工商大学计算机与信息工程学院）

摘　要：本文针对数据结构与程序设计课程教学中存在的问题，就教学方法、教学手段、教学反馈进行分析。从分层的教学课件设计，分层课堂案例提问，作业反馈及解答和对作业及分层测试的相关性分析四个方面，构建基于相关性分析的分层反馈式教学方法。在分层教学的基础上，通过动态跟踪学生学习情况的反馈信息作为依据，提出一种及时调整部分授课内容的方法。并介绍了具体教学流程和相关工作，在教学实践过程中取得了较好的效果。

关键词：数据结构；分层教学；相关性分析

一、数据结构教学内容的变化

数据结构与程序设计课程的先导课有高等数学、高级程序设计等。由于数据结构中的算法分析需要具备一定的数学理论基础和程序实践能力。若先导课程的学习不够扎实，会对数据结构后期的算法分析和理解造成一定的影响。对于数据结构的算法实践通常采用C，C++，Java等方式进行描述。这种教学方式既有好处，也存在不足。好处是算法可以通过程序进行描述，变得不是那么抽象，学生可以通过调试，跟踪进而深入理解算法内容。缺点有两个方面：一方面是学生会将算法与程序搞混淆，过多的程序语法细节会影响数据结构算法的简明特点，进而算法的设计依赖于具体语言而丧失算法原有的通用性；另一方面，学生对于先导课程的理解程度不同，特别是对于程序设计的学习基础不同将进一步增加数据结构中算法的理解程度。例如，对于链表的实现通常采用指针方式实现，而这部分

① 浙江工商大学教学质量与教学改革项目（1130XJ2915028），浙江省"十二五"省级实验教学示范中心重点建设项目：现代商贸信息技术与工程实验教学中心。

② 欧阳毅，副教授，博士，研究方向为数据挖掘、图像处理。

③ 王敏，讲师，研究方向为信息管理。

内容也是学生较难掌握的内容，因此课堂教学的部分时间会花在对程序语言的复习上。

传统的数据结构教学方法是根据教学大纲准备教学课件内容，在教学过程中采用课堂提问进行互动，可以根据互动情况对未及时掌握的内容布置作业。对于作业中出现的问题进行答疑辅导，最后采用测试方式评价学生学习情况。这种教学方法虽具有一定的教学互动和信息反馈作用，但由于目前存在专业转入的问题，从其他专业转入的学生和原专业学习的学生之间的能力具有一定差异性，同时即便是原专业的学生对于数据结构的学习也存在能力差异。传统的数据结构教学方法会使得学生培养能力的差异性更趋显著。如何正确选择数据结构教学方法是决定教学成败的关键因素之一，为此本文提出了一种动态反馈式的分层教学方法。

二、动态反馈式的分层教学方法

常用的教学方法有任务驱动法、情境教学法、案例教学法等等。为了提升整体学生的课程学习能力及专业能力，本文在分层教学的基础上，通过动态跟踪学生学习情况的反馈信息作为依据，提出一种及时调整部分授课内容的方法。首先根据教学大纲编制授课课件，以案例教学方法为例采用分层式教学方式，不定期进行课堂测试，同时及时根据课堂反馈调整作业布置。进行多种方式的在线辅导和答疑，将学生的平时成绩进行定性和定量的相关性分析，找出学生学习中的薄弱环节，并及时调整授课内容。具体流程见图1。

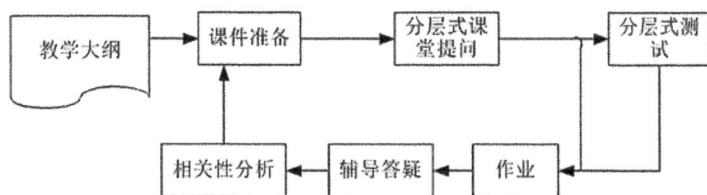

图1 基于相关性分析的分层式教学方法

本文在分层教学的基础上，通过动态跟踪学生学习情况的反馈信息作为依据，及时调整部分授课内容，具体的教学方法从以下四个方面体现：

（一）分层的教学课件设计

本课程是对于既定的教学内容，采用针对专业导向的数据结构理论教学方式。如：对于电子商务专业的学生除了要求算法的理解，更加强化学生的动手实践能力。对于信息管理专业的学生，偏向于对实际应用问题的抽象建模能力，使得学生对于具体问题能选择合适的数据结构来解决现实问题，同时要考虑到系统的查询、排序效率。对于物流专业学生的数据结构与程序设计能力培养侧重于对于图中最小生成树及最短路径的求解。

（二）分层课堂案例提问

我们可以综合运用多种教学方法，如案例教学法，设计轻松舒适的教学情境，将算法用通俗易懂的方式讲解出来，使抽象化的知识更加形象化，提高学生知识理解及运用能力。

例如，在讲解哈夫曼树时，对于信息管理专业的学生我们可以通过讲述通信传输中的通信编码效率。如："设电文中出现的字符为 A，B，C，D，E，每个字母在电文中出现的次数分别为 93，71 ，13，52,11，按哈夫曼得出 A，B，C 的编码是怎样的？"

对于电子商务专业的学生我们可以采用对于一定量数据中的查询优化来举例。

如："给定学生成绩分布，设计将学生百分成绩按分数段分级的程序。判断输入10000 个数据，则需进行多少次比较？如何优化？"

对于物流专业的学生可以从树的带权路径长度之和的应用来举例说明。

这样不仅能够将课堂教学内容与专业知识联系起来，增强知识的实用性，还能够让学生产生浓厚的学习兴趣，有利于增强学生学习的积极性和主动性，有利于学生对算法的掌握。

（三）作业反馈及解答

作业的反馈可以采用多种反馈方式，如传统的纸质作业、上机作业和互联网即时通信方式。我们是将三者进行整合，以纸质作业为主，上机实验报告为参考，利用 QQ 课程群的方式了解学生作业完成情况，并进行即时解答。对每次纸质作业进行评价，平时作业成绩采用五级制。

（四）对作业及分层测试的相关性分析

兴趣是最好的老师，为了使学生对本课程的学习始终能保持一定的学习兴趣，除了对于课程内容关键性的介绍外，还应该根据学生学习中遇到的问题及时进行调整。对于已经掌握的部分知识应弱化，对于难点内容应进行强化。同时为了使学生不丧失学习的兴趣，对于较难掌握的学习内容也不能一蹴而就，应该循序渐进地展开学习。

定性分析：首先依据教师的理论知识和实践经验，对作业和测试中出现的问题之间是否存在相关关系进行判断。这也是主要判断依据。另外还可以结合定量分析来帮助教师判断问题出现的原因。

定量分析：在定性分析的基础上，通过计算作业的各知识节点之间的相关系数来判断学习中对知识点理解的相关程度。

例如，我们将数据结构中知识点化为如下多个大类：数组、串、简单排序、链表、栈、队列、递归、高级排序、树、图、哈希表、堆。其中每个大类又包含多个知识节点。如图包含有图的表示（邻接表和邻接矩阵）、最小生成树、最短路径等知识节点。

例如，学生平时作业成绩采用五级制，划分为 5 组，分别计算每组的平均成绩（见表 1）。

表 1 学生数组、链表和树平时作业成绩

知识点 \ 学生分组	A	B	C	D	E
数组	80	85	90	85	80
链表	70	70	80	80	80
树	60	70	80	80	85

其中数组与链表的相关系数为 0.3273，链表与树的相关系数为 0.9129，数组与树的相关系数为 0.2988，显然在该班学生的学习中，树的知识节点与链表的相关系数最大，而与数组的知识节点关系不大（为了简化起见，我们假设数据是满足显著性检验的）。这也符合定性分析的结果，因为树的实现需要用到链表的一些基本知识。对此，我们认为学生对树知识节点没有足够理解和掌握的原因在于链表的操作还不太熟练，需要增加些练习来提高这方面能力。

三、总结与展望

我们需要重视数据结构与程序设计教学的重要性，根据学生的学习情况反馈，对授课内容及时进行调整，精心设计课堂教学环境，灵活运用多种教学方法。从实际的教学情况出发，动态适时地调整教学进程，努力提升数据结构教学质量，同时注意培养学生学习兴趣，更好地完成教学目标。

参考文献

[1] 王彦芳. 算法与数据结构教学策略探讨 [J]. 读与写（中旬），2016(11)：395.

[2] 沈华，张明武. 以计算思维为中心的数据结构教学方法探讨 [J]. 计算机教育，2016(10)：145-148.

[3] 高贤强，化希耀，陈立平. 引入计算思维的《数据结构》教学改革研究 [J]. 现代计算机，2015(5)：16-19.

[4] 高贤强，化希耀.《数据结构》课程教学模式探索与研究 [J]. 中国电力教育，2014(11)：110-111.

[5] 沈静，李㼆. 基于 Java 语言的独立学院《数据结构》教学改革和实践 [J]. 福建电脑，2015(5)：029.

生产运作管理课程建设改革方案研究[①]

陈庭贵[②]

（浙江工商大学管理工程与电子商务学院）

摘　要：生产运作管理是一门学科交叉性非常强的课程，具有极强的理论与实际相结合的特点。本文针对该课程当前教学中存在的主要问题，设计了包括市场调研、人才培养方案分析以及课程建设体系探索在内的三阶段五步骤的课程建设改革方案，不仅让学生轻松理解和掌握生产运作管理基本原理与方法，而且能够有效提升学生分析与解决实际问题的能力。

关键词：生产运作管理；能力培养；课程改革

一、引　言

目前，生产运作管理已发展成为一门较成熟的研究领域，对此课程的熟练掌握将为学生今后走向社会管理岗位奠定坚实的理论基础。然而，在实际教学过程中，普遍存在教师难教，学生难学的情况。学生由于缺少对生产运作管理内容的感性认识，普遍反映该课程比较抽象，不好理解，缺乏学习热情。如何提高学生的学习兴趣，如何将抽象的知识变为具体的应用，从而达到提高教学效果之目的。教学方法调整与教学模式改革已成为一个亟待解决的问题。

二、现状分析及存在的问题

当前，在生产运作管理教学过程中主要存在以下一些问题。

（一）学生对生产实际缺乏感性认识

由于开设本课程的专业大多设立在经济与管理学院，学生缺乏相关工程背景，对制造

---

① 浙江省 2016 年度高等教育课堂教学改革项目（kg20160151），2016 年度浙江省教育技术研究规划课题（JB016），浙江省实验教学示范中心重点建设项目（现代商贸信息技术与工程实验室教学示范中心），浙江工商大学高等教育研究课题（xgy16026）。

② 陈庭贵，副教授，博士，研究方向为物流供应链优化、社会群体行为建模与仿真。

企业现场没有感性认识，因此课程需花费大量时间描述解释企业情况，但仍然事倍功半，学生对生产运作管理的一些方法和理论理解较困难。

（二）学生只会做题，不会实际应用分析解决问题

在课堂讲授或习题中都是教师从现实情况中提炼出需要的已知数据，然后要求学生按照相关理论方法进行求解，而企业实际管理中出现的是纷繁复杂的现象，不是问题相关的"已知数据"。如何从企业实际运营情况中寻找提取出"已知数据"恰恰是企业生产管理的难点，但并不是课程的重点。因此学生学完课程后，只能解决书本上的难题，难以解决实际生产中的难题。

（三）教学过程学生被动接受

由于学生普遍缺乏工程背景和实际工厂经验，因此在教学过程中，很难使用小组讨论、课题研究等方式让学生直接参与讨论、发现解决方法、发表自己的观点，只能是教师结合案例或录像讲授知识，难以调动学生的学习主动性和参与积极性，也很难培养学生运用理论解决实际问题和改善的能力。

（四）实验课偏少或实验内容缺乏，联系不够全面

以往实验环节多采取软件模拟仿真、沙盘演示、录像播放等方式，对理论教学内容进行补充和完善，但实验内容一般只涉及课程内容的某一部分，不够全面，且各实验内容相互独立，缺乏必要的衔接，没有连贯性和一致性，不利于学生多方位了解问题实质，与实际企业情况也存在一定差别。

而传统的生产运作管理教学手段虽然较为丰富，但都存在理论与实践联系不紧密，课程设置与社会需求不一致等矛盾，具体分析如下：

1. 观看录像

这种方式比较简单，学生通过观看录像了解国内外先进企业生产运作管理经验。但采用观看录像这种方式，针对性不强，学生影响不太深刻。

2. 参观企业

这是一种比较好的理论联系实践的学习方法，能够让学生真实感受到企业的实际生产情景，并对照所学的专业理论知识加以思考。但是，这种方法在实施中存在困难，主要是没有建立固定的教学基地，没有稳定的企业关系。而且，随着参观学生人数的逐年增多，许多企业对学生参观不感兴趣。

3. 邀请企业专家讲座

对于某些实务性、技巧性比较强的内容，如生产调度、员工指派、班组建设、现场改善等，请企业专家结合自己的工作实际，现身传授管理技巧和经验，比任课教师自己讲效果好、印象深。与参观一样，邀请企业专家也存在一定困难。由于企业的工作繁忙，很难

保证企业专家按照课程教学时间来安排讲座，很难完成教学计划。

4. 案例讨论

教学案例一方面可以增加学生的实践知识，另一方面帮助学生深入理解相应教学内容，提高学生分析问题、解决问题的综合能力。然而，目前好的生产运作管理案例不多，主要问题是：案例篇幅太长，描述性内容多，真正反映生产运作管理的实际数据和实际场景模拟少，教学效果不佳。

5. 传统的计算机辅助模拟实验教学系统

采用计算机和多媒体辅助模拟实验教学，教师可以精心设计教学内容，使复杂问题简单化，烦琐问题条理化，抽象问题具体化，具体问题概括化，使教学过程以直观的形式达到人机一体，便于围绕某一学习主题进行密集、快速的活动，同时增加了课堂教学的密度和广度。然而，从近年来的实施情况看，学生对计算机辅助模拟实验教学开始产生视觉疲劳，兴趣逐步减弱。原因在于某些实验教学软件只是教学形式的变化，更多的是将重点放在了生产运作管理活动教学模型的求解上，而对于更为重要的企业业务流程分析、经济模型构建与咨询诊断等功能没有真正体现，不能真正起到锻炼学生知识运用能力和创新能力的目的。

三、课程建设的改革方案与实施步骤

生产运作管理课程建设过程分三个阶段，五个步骤：

（一）三个阶段

1. 市场调研

课程改革的逻辑起点，解决专业准确定位问题。主要是对劳动力（人才）市场的调查分析，这种结合专业培养目标进行的职业调查。

2. 人才培养方案分析

以市场人才需求分析为基础，以就业为导向，把职业技术要求转化到培养方案和教学内容中。

3. 课程建设体系探索

落实就业导向实质性的改革，解决课程设置的原则、课程载体的选择、课程内容的重构、课程标准的制定、课程情境的创设、课程的实施与评价等问题。

（二）五个步骤

1. 社会需求情况分析包括从业人员情况、市场供需情况、职业技术工种的供需差、实际胜任的数量等内容

要关注本专业延伸的新职业形成与工作机会的资料，预测出3—5年的专业技术人员

供需趋势。对于技术行业的职责、制度，技术工种的性质、标准、工作内涵、作业条件、环境、待遇等，进行细致的现场调查咨询，将有利于职业能力模块及课程内容建设。

2. 分析岗位技术能力

组织职场专家、学科专家和运营一线经验丰富的技术管理人员，结合专业按职业分出就业方向，按就业方向、就业岗位划定出职责，再把职责分解为任务，确定出履行职责所需要的相关能力，并制定出专业的核心技术能力（关键能力）。分解核心能力，划定出培养某项核心能力的技术课程支持。研究培养核心能力的方案，包括应掌握的理论知识、实践教学内容、职业技术模块支撑、时间安排、行为规范、工作态度、实训设备、工具、材料、资料等。

3. 依据研讨重构课程体系，确定阶段性的能力目标

在工作任务分析的基础上，重在培养学生关注解决问题的过程，而不是知识记忆；注重发现知识的过程，应用现成的知识，并制定相应的生产运作管理课程标准。这种以工作结构为框架的课程设计，能充分体现信管专业的教育特色。

4. 构建现代智慧企业信息化实训实践基地

以典型企业业务流程为对象，设置阶段性实训项目。在确定生产运作管理课程体系和课程标准后，以典型企业业务流程为载体来设计企业经营活动。在经营过程中，以问题驱动为导向，以实训带动知识学习和技能的掌握，把知识与技能的学习相融合，激发学生的学习兴趣，体现生产运作管理课程设计的职业性与实践性。图 1 为所构建实训基地效果图。

图 1　实训基地效果图

5. 建立课程体系考评机制

遵循问题导向的生产运作管理实训教学评价方法，在学生进行生产运作管理实训时，着重对学生在实训内容的整体把握和操作基本业务流程的正确与否及分析解决问题的能力等方面进行评价。此外，由学生担任企业的角色，让其独立或组团完成角色任务，指导教师根据学生的表现对其进行考核，包括职位的理解、发挥的作用、完成任务的情况等，其具体考评机制如图 2 所示。

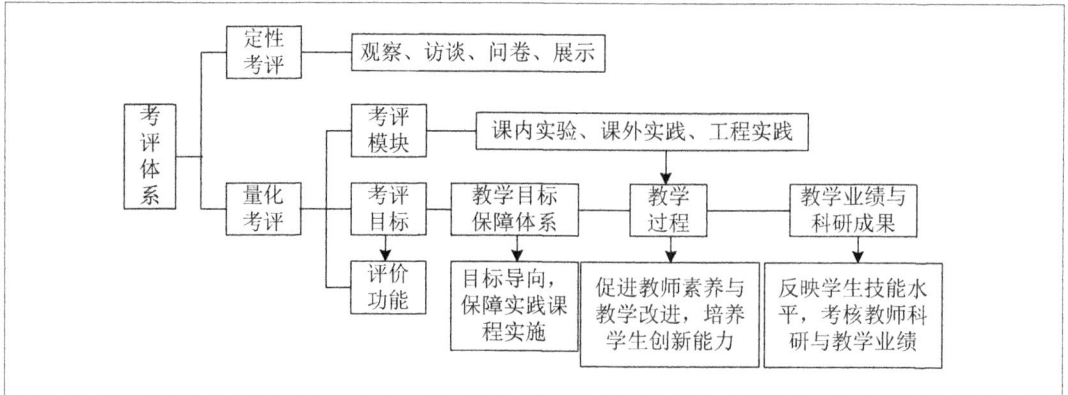

图 2　生产运作管理课程体系考评机制

四、小　　结

生产运作管理是一门实践性较强的课程，能为学生未来走上工作岗位奠定坚实的理论基础。本文针对当前该课程在教学中存在的问题，设计了三阶段五步骤的课程建设改革方案，不仅让学生轻松理解和掌握生产运作管理的基本原理与方法，而且能够有效提升学生分析与解决实际问题的能力。

参考文献

[1] 李钦 . 生产运作管理课程教学模式探析 [J]. 黑龙江教育（高教研究与评估），2014，25(2)：11–12.

[2] 周昱 . 浅谈中小企业生产运作管理的思路 [J]. 商场现代化，2014，23(26)：116–117.

[3] 胡电喜，马瑜 .《生产运作管理》课程实践教学模式新探 [J]. 玉溪师范学院学报，2011，27(5)：50–53.

[4] 庄二平 . 高校《生产运作管理》课程教学改革探析 [J]. 南阳师范学院学报，2011，10(11)：115–117.

[5] 胡电喜，马瑜，马小宁 . 应用型本科"生产运作管理"精品课程特色建设的路径探讨 [J]. 牡丹江大学学报，2011，20(12)：134–136.

论公共管理课程教学中的平台建设及其作用

毛益民 [1]

（浙江工商大学公共管理学院）

摘　要： 当前，公共管理课程教学中存在封闭化、单一化，理论与实践难以有效融合，学生创新实践能力缺失等问题。建构教学过程中的学习平台、沟通平台、研究平台以及实践平台，能够更为有效地促进学生吸收知识、提升技能，也能增进他们对复杂公共事务的理性思考。构建这些教学平台，需要从组织、制度与文化等多方面协同推进。

关键词： 公共管理；课程教学；平台建设

伴随着政治、经济与社会的体制转型，全球化、城市化与网络化的逐步深化，公共事务显得日益复杂，对公共管理资源与人才的需求也变得日益迫切。公共管理课程的开设，有助于培养国家治理所需的人才，为促进政府治理能力的现代化提供保障。公共管理的本科教学，是培养公共管理人才的基础性工作，因而受到社会各界的重视。然而，从近些年高校公共管理课程教学情况来看，教学质量还有待进一步提升。对于本科教学工作中存在的不足，有必要做深入的剖析，以寻求提升教学质量的有效途径。

一、当前公共管理课程教学中存在的主要问题

近些年来，高校公共管理课程教学已经取得了重要进展。无论在培养方案还是教学设计上，都不断趋于完善，创新的思路也是不断涌现，为广大公共管理学子提供越来越适宜的专业训练。但是，从目前教学现状来看，其中仍然存在着不少的问题，导致了学生在学习过程中不能非常有效地吸收知识、提升技能。对这些影响教学质量的问题进行深入分析，可以为优化教学设计提供思路。

主要问题有如下几个方面：第一，教学以教师为中心，过度依赖于教材，难以有效融合案例实践、将理论应用于案例分析。学生在学习过程中，难以对经典理论有深刻把握。第二，教学呈现单项灌输式，缺乏师生之间、学生与学生之间的深度沟通，显得封闭化、单一化，未能有效开启学生的创新思维。第三，学生对现实问题的探究兴趣难以被激发，

---

① 毛益民，讲师，博士，研究方向为区域治理与环境政治。

或者有兴趣而不能得到有效的指导。第四，学生在学习公共管理理论后，实践应用能力不足，知识仍然停留在纸面上，而不能真正地消化吸收。这些是当前公共管理课程教学中呈现出来的典型问题，已经构成了公共管理人才培养的重要障碍。学者裴志军就曾指出："传统的教学模式下的公共管理专业教学以教室为单一的环境，以教师为中心、以纸介教材为工具，是一种封闭式、单向传输知识的教学方式。这种教学方式局限于教科书上的知识结构和教学内容，使用的教学手段较为单一，而公共管理是以解决公共问题为宗旨的应用学科，传统教学模式存在着诸多弊端，已经不适应高素质、复合型、应用型的公共管理类人才培养。"①

二、基于"四个平台"的课程教学模式

大学生吸收公共管理理论知识的过程存在一定的阶段性，基本可以分为学习、沟通、研究、实践四个阶段，每个阶段都有其独特的表现和外部需求。通过学生阶段性外部需求的分析，我们提出了"四个平台"教学模式，用以针对性地提供学生所需教育资源，从而更有效地提升公共管理课程的教学质量。

（一）学习平台

学习是学生的内在特质。对于学习，学生会表现出一种潜在的认同，所以构建学习平台是提升公共管理教学质量的第一步。学生在公共管理课程教学中对理论知识的吸收，首先依赖于一个可供学习的环境。所谓可供学习的环境是指在这种环境中，大学生可以不间断地接触到各种理论思想和实践经验。这些知识不是固定不变的，也不是虚无缥缈的，是与国家和社会发展动态紧密联系的，是与大学生政治生活和今后工作息息相关的。学习平台是大学生获得基础公共管理知识，激发政治参与热情的前提，基础化、时事化、生活化是其基本特征。

（二）沟通平台

沟通是一种重要的认知和解惑的过程。在学习平台中，大学生广泛地接触周围各种各样的思想和认识，通过自己的分析判断选择性地吸收，但其辨析能力的有限性，有时候难免会让他们陷入"是什么""为什么"的思想困境。沟通平台打造的根本目的就是解开学生认知过程的疑惑。正如学者所言，公共管理学是一门实践性、应用性较强的学科，在其教学中强调学生的思辨能力和综合素质。沟通平台的主体应该是多元的，不仅有学生、教师，还应该吸纳领导或各类教育、心理、社会专家，这样才能提高沟通平台的知识储存，从而更有效地从沟通中提升大学生的公共管理素质。

---

① 裴志军：《论公共管理类专业开放式教学模式及其实现》，《价值工程》2010年第5期。

（三）研究平台

知识的储存和思想的深化必将推动学生参与更多问题的思考，构建一个适合学生的指导性的研究平台具有重要意义。调查表明，大学生对各种思想理论的认识基本都停留在掌握基本概念和了解基本含义的层次上，并没有将思想理论内化为自身的一种精神结构和思维方法。比如，很多大学生可以给出公共管理学中诸多概念的内涵，但若问及如何运用这些理论概念来解释一定的政治现象时，他们便陷入了支吾。这种现象很明显突出了公共管理教育的表层化，以及大学生理论研究的脱节。研究平台就是要让学生进入一定的自我探索环节，将理论概念、知识点与现象结合起来，不断深入挖掘理论的适用性，从而增进自己对知识的深度吸收。

（四）实践平台

实践是认识产生和发展的来源和动力，是认识正确性的检验标准，"实践才能出真知"。思想与理论的积累，理论研究的深入与自主意识的体现，大学生基于自身的认知要求必将付之于实践以求得认知的验证和自我的肯定。实践的功能就在于学生通过自愿组合开展具体的活动，在活动中真正发现自己的不足，有针对性地弥补自身所欠缺的理论和实践的知识，在不断的潜移默化中提升自身的公共管理素质。实践平台的缺失必然造成理论与实践的脱离，理论无以依靠和推动，长时间脱离的后果就是意识的淡化、消亡。因此，要建立以"学校、政府和社会"互补的教学环境，以"学生、教师和实践者"三主体互动为教学方法。

三、公共管理课程教学平台的建构路径

为了推动上述四个公共管理课程教学平台的构建，使其能够有效运行，必须从多方面着力，以协同推进。

首先，必须强化公共管理专业理论课的建设，以推动学习平台的有效建构。公共管理专业理论课是学习环境的主要组成部分。以提高公共管理专业理论课的课程效用为主要途径，发展多形式学习组织为辅助，合理构建适合学生学习与思考的理论平台。在教学中，将理论与案例相结合，通过参与式的案例教学，来深化学生对理论和案例的理解。参与式案例教学不仅有助于提高学生参与课堂教学的积极性，而且有助于增强学生解决实际问题的能力，提高其就业竞争力。教学团队通过整理编写完成配套的教案、教学大纲和教学进度表，合理有效地规划教学进度，突出理论教学中的重点难点，以促进学生的学习效能。

其次，需要创造有助于辩论的空间，以推动沟通平台的建构。哈贝马斯曾经提出"公共领域"的概念，意指公民公共参与的实践空间，它作为政治共同体中的公民言说和讨论公共事务、形成公共舆论、进行政治参与和创造、服务于公共利益的一个虚体场域或

实体组织，使具有参与意识的理性而宽容的公民通过平等的对话和协商等理性沟通方式对介于国家和社会之间的公共事务进行政治对话以增进公共利益[①]。在公共管理教学领域，难免会遇到某些意识形态问题，或者是有些较具有政治敏感的现象与话题，此时，如何引导学生去伪存真，理性思考问题和表达自己的意见，就是其中的关键。公共领域的形成和扩展的作用，不仅在于学生的知识层面——每一次解惑的结果对学生来说都是一次质的飞跃，更在于学生的心理层面——从"困惑—失落"到"释放—满意"，还是一种自我肯定的过程，有利于学生树立自信，形成积极的人生态度。在此类公共空间中展开辩论，能够培养学生对公共管理现实更为理性的认识。

再次，构建研究平台，需从两个方面共同着力。第一，培育研究性的校园文化。转变公共管理教育单向度的"填灌式"和"点水式"的教育模式。鼓励学生积极关注国家和社会时事，深入思想，认真探索，发现问题，并勇于通过各种沟通渠道寻求帮助。第二，大力发展公共管理理论研究型的课题团队组织。课题团队组织对学生具有强大的吸纳力和整合力，其发展给学生提供了团队思考和有序探索的机会，是对高校教育资源的有效挖掘和合理利用方式。第三，发挥专业教师在学生研究性活动中的指导作用。尽管学生具有热情参与到研究活动中，但由于专业知识水平的限制，往往会遭遇研究中的瓶颈。因此，学校或学院必须出台相应的制度，激励专业教师，尤其是青年教师，参与到学生研究活动中去，为他们提供更为专业的指导。

最后，构建实践平台，首先大力发展大学生组织建设，包括党团组织、学生会、班级组织以及各种社团组织等。学生组织是集理论与实践于一体的团体，依托大学生组织建设开展公共管理教育，有利于学生将理论与实践合理地结合并相互强化，是高校教育的优势和特点所在。其次拓展社会实践。社会实践是一种将学校和社会连接在一起的实践活动，是将课堂理论知识放置于真正的社会范围予以检验和提纯的过程，能使大学生视野更开阔、思路更明确、视觉更清晰、理论更深化。

参考文献

[1] 崔树银. 参与式案例教学在公共管理类课程教学中的应用 [J]. 现代教育科学，2010(7)：167-169.

[2] 裴志军. 论公共管理类专业开放式教学模式及其实现 [J]. 价值工程，2010(5)：193-195.

[3] 宋煜萍. 以学导式教学激活公共管理专业课堂 [J]. 中国高等教育，2014(6)：35-36.

[4] 吴欢，王斌. 公共管理类本科实践教学模式的构建 [J]. 北京城市学院学报，2012(6)：12-15.

[5] 姚光业. 中美公共管理教育比较研究 [J]. 北京行政学院学报，2005(3)：12-16.

---

① 哈贝马斯：《公共领域的结构转型》，曹卫东译，学林出版社 1999 年版。

中国当代文学教学与研究中的历史化趋向

——从洪子诚、陈思和、程光炜的文学史写作谈起

郭剑敏 [①]

（浙江工商大学人文与传播学院）

摘　要：中国当代文学史的研究与写作越来越鲜明地体现出一种强烈的历史化的趋向，在重构历史的历史审视与历史批判意识的推动下，当代文学原有的知识体系及这种知识体系的形成过程都成为重新予以考证的历史对象，从而也使得当代文学研究的学术视点出现了重大的调整和转移。

关键词：当代文学研究；历史化；学术视点；重返八十年代

文学史的书写与研究是一个不断历史化的过程，这种历史化既包括知识对象，也包括研究活动本身，而随着这种历史化进程的推进，越来越多的文献史料进入了文学史研究的视域，这在中国当代文学史的发展趋向上有着十分鲜明的体现。从 20 世纪 50 至 70 年代文学研究的政治意识形态化分析和批判，到 80 年代文学审美性研究的强化，再到 90 年代以来回到具体历史语境的文献史料实证研究的凸显，中国当代文学史的研究体现出一种越来越浓烈的学术自觉意识。

一

中国当代文学研究的历史化推动了当代文学研究中学术视点的转移，使得当代文学史研究由以往专注于对"文学的历史"的叙述转向对"文学生产的历史"的叙述。在这一研究路向的调整上，洪子诚所著的《中国当代文学史》与《问题与方法：中国当代文学史研究书稿》两部著作有着开先河的意义。在他的影响下，近年来学术界出现了一批以当代文学生态环境为研究视点的学术成果，其中，2007 年新星出版社出版的王本朝的《中国当代文学制度研究（1949—1976）》、2011 年北京大学出版社出版的张均的《中国当代文学制度研究（1949—1976）》、2011 年社会科学文献出版社出版的李洁非与杨劼所著的《共

---

① 郭剑敏，副教授，博士，研究方向为中国现当代文学。

和国文学生产方式》等，可以说都是在同一学术研究理路下收获的成果。

洪子诚的文学史研究体系十分注重对当代文学发展过程中形成当代文学历史形态的文学生产环境的观察和分析，使得整个当代文学成为一种历史化了的现象和存在，而作为一种历史现象，其发生的缘由以及兴变的可能性便成为作者分析的重心所在。由此，洪子诚在研究中强化了对当代文学生产体制的描述和分析，也进而探究和审视形成这种文学生产体制的生态环境。洪子诚的当代文学史书写及研究极具方法论的意义，与之前多数的当代文学史论著多侧重于作家作品的解析不同的是，洪子诚更为关注对文学史生成机制及生成方式的探析，是一种对文学的历史图景进行追根溯源的分析思路，这便使得当代文学史的书写彻底摆脱了曾经的社会思潮与文学创作相对应的描述方式，而是以文学生产机制的运作方式及其与文学形态的关联性为切入点加以观察，从而形成对文学生成史的深度解析。可以说，这种回到历史情境的审视方式，正是一种将文学史所涉及的知识体系历史化的一个过程，也是一个知识考古的过程，文学史的书写不再是以呈现不同时期文学的创作面貌及特征为终点，而是更注重对文学"何以如此"的探源。

由文本解读而到文学生成过程及生成环境和生成体制的研究是中国当代文学近些年来学术发展路向的一种十分突出的趋向。李洁非和杨劼所著的《共和国文学生产方式》于2011年由社会科学文献出版社出版，该论著从当代文学体制、当代文艺政策及其监管方式、当代文学团体和机构、当代文学的话语权、当代文学会议、当代文学的批评环境等几个方面对中华人民共和国成立后的文学生产方式进行了勾勒和解析。该书的著者在前言中谈道："本研究具有新的特质：既非单纯的文学史研究，也不是纯理论的研究；既不是创作论和作家研究，也不是作品论和文本分析，而是文学制度、文学运转方式即文学在特定规则中的工作原理研究。"透过这段文字的表述，我们看到了作者对自己论著中研究理路的强调，这与以往当代文学研究中更着意于观点之争有了很大的不同，同时，论者明确指出了这种研究思路的形成与洪子诚的当代文学史研究模式之间的关联性。同样明确地将当代文学研究转向文学生产机制与文学生产制度研究的还有王本朝的《中国当代文学制度研究》（新星出版社）。王本朝在其《中国当代文学制度研究》一书中，从文学制度、文学机构、作家身份、文学传播、文学读者、文学文学批评、文学政策、文学会议等八个方面展开了论述，文学生产环境及文学生产制度成为考察当代文学实践的焦点，从而为文学史的叙述开辟了新的空间。

与上述论著不同的是，学者张均的《中国当代文学制度研究（1949—1976）》（北京大学出版社）虽然也指向了当代文学生产体制本身，但他却对洪子诚等人的文学制度研究中所存在的过多的假设与前提化的认定提出了质疑，认为这些所谓的制度研究中有着逻辑置换和记忆遮蔽的人为性认识选择，从而造成对文学生产历史判断与论述的偏差，他更强调的是文学制度背后的复杂性、丰富性和多样性。在张均看来，如何突破当代文学制度研究中由新启蒙主义思潮所形成的种种"认识装置"是当代文学研究能否真正地"还原历史"的关键所在，"国家力量和各种文学势力，在怎样的交互关系中决定着文学制度的建立与运作，与此同时，文学制度的运作，又在怎样的历史过程中决定着当代文学的生成与展开，重构其内部多样性之间的关系，是当代文学制度研究所面临的新问题。"

二

当代文学研究的历史化使得原有的文学史知识框架的合法性受到质疑，也正是在这一理念下，一些被传统文学史研究所忽略和遗忘了的领域，进入了文学史研究的视野，这在某种程度上对传统的文学史书写产生了颠覆性的影响。1999年第6期的《文学评论》上刊发了学者陈思和先生的文章《试论当代文学史（1949—1966）的"潜在写作"》。在这篇文章中，陈思和对中华人民共和国成立后50—70年代文学环境中所存在的潜在写作的文学现象进行了全面的阐述，重点考察了彼时受制于"一体化"文学理念无法获得公开发表权的隐性文学写作状况。潜在写作这一学术命题的提出，为当代文学有关20世纪50—70年代文学史的叙述与书写带来了革命性的变化。1999年9月，复旦大学出版社出版了陈思和主编的《中国当代文学史教程》一书，在这部极具个人学术理念色彩的当代文学史著作中，编写者在对中华人民共和国成立后50至70年代的文学作品的选择与解读上，都有意识地突出了"潜在写作"这一学术理念。2007年，刘志荣所著的《潜在写作：1949—1976》一书由复旦大学出版社出版，这部书以上面所提到的陈思和的《试论当代文学史（1949—1966）的"潜在写作"》一文中的有关潜在写作的学术理路为框架，对50—70年代的潜在写作现象进行了较为全面的研究。

可以看到，潜在写作重点开掘的是20世纪50—70年代一批被遮蔽了的文学存在，这其中包括1949年新文学制度确立后被迫边缘化和隐匿化的文学作家，如无名氏的《无名书》、沈从文的《从文家书》、"九叶派"代表诗人穆旦的诗歌创作等；其次是因1955年胡风事件受到牵连而被剥夺了正常的创作权利的"胡风集团"成员于这一时期的隐性写作，如绿原、曾卓、牛汉在六七十年代的诗歌创作，以及张中晓的《无梦楼随笔》等；其三是"反右"运动中被打成"右派"的作家的写作；其四是"文革"期间的地下文学活动，如食指的诗歌、赵振开的《波动》等。

潜在写作这一概念的提出及其相应的学术探讨给当代文学研究所带来的推进力是多方面的，其一，它拓展了学界对中华人民共和国成立后50—70年代文学研究的视野，长期以来被几近定型化了的当代文学书写格局与模式得以突破，开创了当代文学研究的新视点；其二，潜在写作的提出，凸显了50—70年代文学活动的复杂性与层面性，从而对重建"一体化"时代的文学描述提供了学理与史料的支撑。正如陈思和所言："我们要在以往50—70年代的文学史里寻找时代精神的多重性似乎是很困难的，因为公开出版物里难以提供来自这方面的信息。但在引入'潜在写作'的文学史概念之后，这种单一的文学史图像就被打破。"其三，潜在写作以史料的开掘为依托，关注被强大的意识形态话语所压制了的文学隐性空间，从而使得有关"一体化"时代的非主流、民间性的文学书写及记忆都具有了一种抗争权威话语的思想价值，还原与凸显出了历史存在的复杂性的一面。其四，对中华人民共和国成立后 50—70 年代潜在写作的开掘，使得"一体化"时代的文学书写以其隐性的方式与"五四"以来新文学的启蒙话语以及 80 年代文学的现实主义精神复归之间密切地关联起来，从而使得发端于 20 世纪初的精神知识分子的话语系统有了一个完整的精神纽带，这对于重新审视新文学的精神价值以及中国现代文人群落的精神传统无疑有着深远的启示意义。

潜在写作为当代文学史的写作以及当代文学现象研究提供了新的思路，尤其是中华人民共和国成立后 50—70 年代文学史的书写及评价，提供了真正的"重写""重评"的可能与必要。但是，由于潜在写作的文学史价值与其史料的可靠性密切相关，而其"潜在"的特点，又注定了这种史料的钩沉与推断带有极大的不稳定性，这直接带来的是有关这些潜在写作本身思想艺术价值评价的客观性问题。正因如此，学者李润霞在其发表于 2001年第 3 期《中国现代文学研究丛刊》的《"潜在写作"研究中的史料问题》一文中，重点围绕着陈思和的《中国当代文学史教程》一书中论及的"文革"时期地下文学的篇目的最初写作及发表时间以及版本来源展开了辨析。文中着重考辨了食指的《疯狗》《这是四点零八分的北京》《相信未来》以及根子的《三月与末日》、多多的《青春》等诗作的发表时间及版本流变情况，对陈思和论著中所存在的史实偏差进行了指正。因"潜在写作"的提出而引发的质疑，恰恰使我们看到了史料的整理与考辨在当代文学史研究中的重要性，同时正是随着这种论辩的深入，有关当代文学史的论述才渐次摆脱了附着于其上的主流意识形态话语的牵制，从而使得文学史的研究与书写真正深入到了其芜杂、多向的历史肌理层面。

三

重返 80 年代当代文学研究历史趋向的又一重要体现，可以说重返 80 年代成为当代文学研究历史化的一种途径或策略，而这一研究战略转移的实现都建立在对相关文献史料的开掘与重新阐释的基础上。

当代文学研究的历史化是当代文学学科走向成熟的标志之一，这同时也显示出这一学科对自身学科知识体系的严谨态度。从学界对这一命题展开的思路来看，伴随着当代文学学科历史化的梳理是学术界对当代文学成为一门学科的过程以及其至今所形成的所有知识体系的全面清理与反思。在学者程光炜那里，这种反思首先是从对当代文学作为一门学科的内在规定性本身的质疑与反思开始的："当代文学学科的'历史化'，应该在不断'讨论'的基础上来推进，一个讨论式的研究习惯的兴起，可能正是这种'历史化'之具有某种可能性的一个前提。"

回过头来看，学界较早明确地提出当代文学研究的历史化并对其有意识地系统梳理的是北京大学的洪子诚。洪子诚在其《问题与方法：中国当代文学史研究讲稿》一书中，从

"当代文学史研究现状""立场和方法""断裂与承续""'当代文学'的生成""文学体制与文学生产""当代的文学'经典'""当代文学的'资源'"等七个方面构筑起自己有关当代文学史研究的展开维度。可以看出，洪子诚思之所及的是有关当代文学学科本身的知识体系的症候的分析，他不是一般地针对当代文学的现象抑或是作家作品展开讨论，而是展开了对当代文学发生学层面上的追问，正是这种回到当代文学知识体系的原点所进行的追问与思考，带来了学界对当代文学学科历史化这一命题的关注与重视。

与当代文学研究历史化命题所紧密关联的另一个问题便是"重返80年代"。对于这一命题的探讨，近些年来在中国人民大学的程光炜的带动下已取得了不斐的成绩。程光炜所主编的"八十年代研究丛书"可以说代表了学界在这一研究方向所取得的成果，这套丛书由北京大学出版社于2009年出版，共有三本著作，分别是：程光炜所著的《文学讲稿："八十年代"作为方法》，程光炜编、洪子诚等著《重返八十年代》，程光炜编、杨庆祥著的《文学史的多重面孔——八十年代文学事件再讨论》。除此之外，属于这一范畴的研究成果还有：程光炜、杨庆祥主编的《文学史的潜力：人大课堂与八十年代文学》（由文化艺术出版社于2011年出版）和查建英所著的《八十年代：访谈录》（由生活·读书·新知三联书店于2006年出版）。

在程光炜看来，重返80年代与当代文学研究的历史化是一个问题的两个方面，正如他所说："关于80年代文学的认识、评价和结论，已经被固定在大量的文学史教材和研究论文之中，很多后来的研究，一定程度上是从那里面'拿来'的。"正是带着这样的学术质疑，程光炜踏上了重返80年代之旅，开始了他对当代文学研究中业已成型的一系列命题、表述、结论以及叙述方式的全面反思。他在自己所著的《文学讲稿："八十年代"作为方法》一书的第一部分理论综述中从四个方面展开了有关重返80年代命题内涵的阐释，这四个方面分别是："历史重释与'当代文学'""怎么对'新时期文学'做历史定位""文学史与80年代'主流文学'""重返80年代文学的若干问题"。可以看出，这种问题的预设方式与洪子诚在其《问题与方法》一书中所发出的询问有着内在的一致性。

重返80年代成为学界重构当代文学理论研究模式以及相应的理论话语和命题的重要切入点，这也使得反思和检讨80年代所积淀下来的知识结构成为对整个当代文学知识体系的反思。这样来看，对当代文学研究的历史化本身的关注与思考，以及带着强烈的追问意识所进行的重返80年代的深度梳理，都使得当代文学的学科知识体系具有了一种自我反思的特质与内涵，这将极大地增强当代文学知识体系的学理内涵，从而使得其知识体系不再只是被时政的、当下的、因人而异的评判所覆盖，这对当代文学学科走向成熟无疑有着十分积极的意义。

参考文献

[1]李洁非，杨劼所.共和国文学生产方式[M].北京：社会科学文献出版社，2011.

[2]张均.中国当代文学制度研究（1949—1976）[M].北京：北京大学出版社，2011.

[3]陈思和.试论当代文学史（1949—1976）的"潜在写作"[J].文学评论，1999(6).

[4]程光炜.当代文学学科的"历史化"——在北京师范大学的讲演[M]//程光炜，杨庆祥.文学史的潜力：人大课堂与八十年代文学.北京：文化艺术出版社，2011.

[5]程光炜.文学讲稿："八十年代"作为方法[M].北京：北京大学出版社，2009.

生物海洋学课程多手段教学策略探讨[①]

乔旭东[②]

（浙江工商大学环境科学与工程学院）

摘　要： 本文对生物海洋学课程的教学策略进行了探讨，提出了利用文学典故、海陆比较、实体标本和多媒体资料等多种手段，围绕生态系统能量流动和物质循环进行多学科交叉讲授，充分发挥学生的能动性，培养学生对海洋生物和环境的生动认识和理解。

关键词： 多手段；多学科；生物海洋学

生物海洋学是海洋相关专业的一门重要的基础课，课程包含海洋生物的基本分类、形态、生活习性、种群分布等内容及其与海洋无机环境之间的关系。本课程所覆盖的知识面广，包含的信息量大，对于学生系统学习海洋知识、培养探索海洋的热情具有重要的作用。然而，关于生物海洋学教学的研究却比较少见，缺乏对课程教学策略的深入探讨。本文基于教学实践，提出了改善"生物海洋学"课堂效果的多种手段。

一、利用文学典故和海陆对比来诠释海洋环境

在课程开始介绍海洋环境时，教师可利用中国传统文化中博大、神秘莫测的海洋形象来描述海洋的广袤。如引用《庄子·秋水》中河伯"望洋兴叹"的典故，和《步出夏门行·观沧海》中"日月之行，若出其中。星汉灿烂，若出其里"的诗句引入海洋面积等相关话题。通过列举海陆的数据比较，可将海洋的浩瀚定量化。如海洋占地球表面积的71%，是世界陆地面积的2.4倍，是中国陆地面积的37倍，是浙江省陆地面积的3500倍，是杭州市面积的21000倍，是西湖面积的56000000倍。然后，引用《拨不断·大鱼》中"胜神鳌，夯风涛，脊梁上轻负着蓬莱岛。万里夕阳锦背高，翻身犹恨东洋小，太公怎钓？"的词句将话题引到世界上最大的生物——蓝鲸，并以蓝鲸等巨型生物的存在，说明海洋的流体浮力环境对生物的支持作用。

强调海洋与陆地环境的比较（见表1），也有利于学生理解海洋生物对海洋环境的适应。

---

① 浙江工商大学教学质量与教学改革项目（1260XJ2915093）。

② 乔旭东，讲师，博士，研究方向为近海生态环境。

表 1　海洋环境与陆地环境的主要区别及其对生物的影响

环境条件	海洋	陆地	对生物的影响
流体密度	海水平均密度为 $1.025 \times 10^3 \, kg/m^3$	在标准条件下（0℃，1个标准大气压），空气平均密度为 $1.295 \, kg/m^3$	海水密度约为空气的 800 倍，能够提供一个明显减少生物体重力效应的浮力环境，存在大量的浮游生物，同时可支撑鲸等巨型生物
水的丰富度	水量丰富	水量有限	陆地生物受水的限制明显，海洋生物则不然
比热容	海水比热容大	空气比热容小	海水温度变化较空气温和，尤其是超过千米的深层，常年水温 2~4℃。故海洋动物在保持体温方面的能量需求要低于陆地动物等
光线	光线在海水中衰减很快	光在空气介质中的衰减不强烈	浮游植物被限制在海洋表层。绝大多数海洋环境处于永久的黑暗中，深海只有生物发光
氧气	氧气在海水中溶解度很低	空气中氧气占 21%，比较丰富	陆地生物较少受氧气的限制，底层海水则可产生大面积的缺氧区，限制了耗氧生物的分布
盐度	海水平均盐度为 35‰	淡水盐度小于 0.5‰	海水的高盐度影响了海洋生物的体内外渗透压的平衡，成为决定生物分布的重要因素。鱼类、海龟、海鸟和海洋哺乳动物发展出了多样的渗透调节机制
营养盐	钾是海水中主要的化学成分之一。而海水中氮、磷、硅等营养盐含量很低	土壤中氮、磷、硅等营养盐含量较丰富，钾的含量较低	海水中浮游植物受到氮、磷、硅等营养盐限制更为明显，但陆地植物所需的钾肥在海洋中不成为限制性因子
初级生产者	海洋中，初级生产者大部分为小型浮游植物，不具备根的结构和发达的繁殖器官	陆地主要是草和树等大型植物，有发达的根系和繁殖器官	海洋中，动物一般比植物大，摄食方式主要为"鲸吞"。陆地上，植物能比动物大很多，摄食方式主要为"蚕食"

二、通过标本和多媒体资料吸引学生兴趣

（一）建设海洋生物标本库

实体标本基本保持了海洋生物的原形特征，具有直观、生动的优势，是我们认识和研究海洋生物的重要途径。生物标本是"生物海洋学"课程的重要教具，相当程度弥补了课本教学的不足。海洋专业师生在近海实习和调查时，可采集生物标本供课堂教学使用。一些现场难以采集的生物标本可通过采购，逐渐充实海洋生物标本库的内容。标本库可包含海洋植物（浮游植物、大型海藻）和浮游动物（如桡足类、纤毛虫等）的展示柜、海洋游泳生物展示柜（如鱼、虾等），以及海洋底栖生物展示柜（如海螺、海星、珊瑚、三叶虫化石等）。小型的海洋生物标本可在课堂讲授中使用，标本展示柜可让学生集中参观。

（二）发挥网络资源和多媒体资料的优势

在讲授相关海洋生物时，可采用兼具知识性和趣味性的视频来吸引学生。如通过视频 *The secret life of plankton*，可提升学生对浮游生物的感性认识。采用"海鸟捕鱼"的相关视频可将课本中静态的图片动态展示。在讲授海洋哺乳动物时，可以引用一些水族馆的动物表现如《白鲸吓唬小朋友》等视频来演示其智商之高。同时，推荐互联网上有高参考价值的如 TED"海洋生物学：深海之中"等系列讲座，使学生在课下能够获取知识，弥补海洋生物的丰富种类和有限的课堂教学时间之间的矛盾。

海洋生物标本和多媒体资料在讲授过程中可有机结合。例如在讲述海洋游泳生物内容时，选取具有代表性的近海经济鱼类标本，在学生之间传递观摩，同时调用该物种的多媒体资料，介绍生物的分类地位、形态构造、生活习性、种群分布和生态保护等信息，使学生形成立体、生动的学科知识。

三、围绕能量流动和物质循环构建逻辑体系

"天覆群生，海涵万族"，海洋生物的种类异常丰富，据统计至少有 20 多万种，故不可能按照物种逐一学习，而应注重构建"生物海洋学"课程的逻辑体系。如以浮游生物、游泳生物和底栖生物等海洋生物的生活形态为横向，以藻类（主要为自养）、动物和细菌（主要为异养）等海洋生物的营养类型为纵向，辅以生物与环境的相互作用。具体而言，从非生物环境（如海洋中的太阳辐射、海水温度、营养盐等）为出发点，经过光合作用，太阳能被固定到初级生产者如浮游植物体内，后经过初级消费者如浮游动物等食藻生物，再经过次级消费者如鱼类，最后能量到达顶级捕食者。然而，所有的生物都要通过排泄和死亡，被微生物分解回到无机环境。这样就构成了海洋中基本的能量传递和生源物质循环，如图 1 所示。

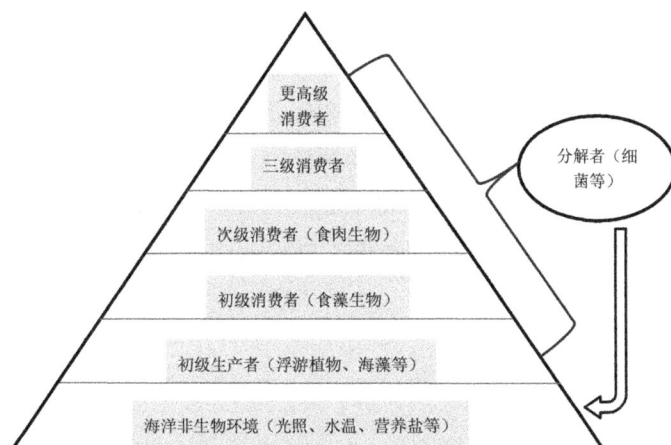

图 1　"生物海洋学"课程的逻辑体系示意图

　　同时，由于海洋学科综合性强，"生物海洋学"中很多重要的过程仅用生物学知识难以解释，只有通过非生物-生物的相互作用才能理解。在授课时，要注意结合其他学科，从环境的角度对课程知识进行探讨。如通过流体力学中的阻力与形状的关系，阐述鱼类、海豚等的流线体形的优势。如利用海水中太阳光线的分布规律，解释浮游植物分布在海洋上层的原因，以及鱼类腹部浅色和背部深色的原因。如结合上升流的形成，海水中营养盐的垂直分布规律，藻类对营养盐的吸收及光合作用，初级生产力和食物链的能量传递等知识，解释秘鲁渔场的形成机制。

四、充分发挥学生的主观能动性

　　以学生为中心，安排其在课堂讲授特定的海洋生物是培养学生独立思考、文献查阅、深入钻研、演讲表达能力的有效方式。学生的讲授按照知识性、趣味性和标本、多媒体资料应用能力等综合评分，纳入课堂考核。根据浙江工商大学2013—2015级海洋技术专业的教学实践，绝大部分学生可以做到对选定的海洋生物知识的准确汇报，大大加深其对所选海洋生物的认识。同学们均制作了精美的海洋生物幻灯片，图文并茂，并辅以其他多媒体资料。部分学生创作了刺鲀、飞鱼等的视频，在课堂表演了诗朗诵《海螺》，现场讲述其采购的鹦鹉螺、中华鲟等生物实体或模型标本，赠送同学海苔食品、海天使照片等，进行互动提问，轻松活泼，充满个性，在讲授过程中收获多次掌声，学生充满了成就感。好之者不如乐之者，在欢声笑语中学习，课堂生趣盎然。

　　总之，在信息时代，知识的获取手段变得多样，学生的兴趣也被各种各样的事物所吸引。作为"生物海洋学"这一基础课程的授课教师，应综合标本、文字、图片、视频等多种手段以展示海洋世界姿态万千的生命之美，通过简明、系统、多学科的逻辑思维来表现海洋科学的真理之美。兴趣是最好的老师，只要学生开始对海洋生物和海洋环境发生兴趣，辅以适当的引领，必将取得事半功倍之效。

参考文献

[1] Lalli C，Parsons T. 生物海洋学导论 [M]. 张志南，周红，等，译. 青岛：青岛海洋大学出版社，2000.

[2] 李洪利. 海洋科学专业中生物海洋学课程的教学方法探讨 [J]. 气象教育与科技，2007，30(1)：14-17.

[3] 冯士筰，李凤歧，李少菁. 海洋科学导论 [M]. 北京：高等教育出版社，1999.

[4] Feller R，Lotter C. Teaching Strategies that Hook Classroom Learners[J]. Oceanography，2009，22(1)：234-237.

基于商务导向的基础阿拉伯语课堂教学改革研究 ①

归 帆②

（浙江工商大学东方语言文化学院）

摘 要：伴随国家"一带一路"发展战略的实施，我国与阿拉伯国家贸易往来加深，对高质量的阿拉伯语商务人才需求激增。本文分析目前高校阿拉伯语专业课堂教学的不足，指出以商务为导向进行教学改革的必要性，以及教学改革的目标、内容和意义。

关键词：商务导向；基础阿拉伯语；教学改革

一、引 言

阿拉伯国家位于"一带一路"的西端交会地带，是中国推进"一带一路"建设的天然和重要合作伙伴。近年来，中国与阿拉伯国家贸易往来飞速发展，中国已成为阿拉伯世界第二大贸易伙伴，成为9个阿拉伯国家的最大贸易伙伴，阿拉伯国家也是中国第七大贸易伙伴。

2014年6月，在中阿合作论坛成立十周年之际，习近平主席在北京举行的中阿合作论坛第六届部长级会议上，指出将进一步推动"一带一路"建设，深化中阿经贸合作。这一倡议得到阿拉伯国家普遍欢迎，很多阿拉伯国家认为，"一带一路"建设有利于沿线国家互通有无、优势互补、加强合作、密切往来。

阿拉伯国家是我国重要贸易伙伴，他们与中方进行交往使用的语言是阿拉伯语，培养更多高质量阿拉伯语商务人才是"一带一路"发展战略的必然需求。目前，我国现有的阿拉伯语教学模式侧重精英教育，内容偏重语言文学，故在本来人数就不多的阿拉伯语专业学习者中，能够胜任商务等方面实务工作的人寥寥无几，远不能满足国家战略实施的需求。作为国内第一所开设阿拉伯语专业的商科类学校，我校有为国家培养出更多合格阿拉

---

① 本文是浙江工商大学2015年度课堂教学创新项目"基于商务导向的《基础阿拉伯语》课堂教学综合改革研究"的成果。

② 归帆，讲师，博士，研究方向为阿拉伯社会文化。

伯语商务人才的责任和义务。因此，在基础阿拉伯语课堂教学中引入商务内容是一个必要且迫切的课题。

二、现行阿拉伯语课堂教学的不足

我国现行面向阿拉伯语专业本科生基础阶段的精读教程仅有北京外国语大学编写的《新编阿拉伯语》、北京大学编写的《阿拉伯语基础教程》和上海外国语大学编写的《新编阿拉伯语教程》三种，教学模式及课程设置也沿袭北外与上外，尤其是北外的《新编阿拉伯语》及其教学方式广为包括我校在内的省内外院校使用。但无论是北外模式还是上外模式，在普通院校应用时不仅效率低下，而且所培养的人才在商务等实务方面有先天不足。

（一）教学模式固化

《新编阿拉伯语》及《新编阿拉伯语教程》是以培养精英的方式进行教材设计、课程设置，因此其教学模式和教材对于一般院校的本科生而言，强度过大、难度过高，且缺乏辅导资料，故教学效果不佳。据统计，在2015年全国高校阿拉伯语专业四级测试中，全国通过率仅为47%（120分满分，55分即为通过）。我们在实际教学实践中发现，我校学生在学习《新编阿拉伯语》时比较吃力，教师和学生需要在教学中付出大量超过其他语种教学的时间和精力，但收效有限。

（二）教学内容单一

《新编阿拉伯语》及《新编阿拉伯语教程》教材内容偏重校园生活，并少量选用实事新闻、外交访问、文化艺术、文学名著等内容，几乎没有涉及商业、经贸、金融、法律等实务方面的内容。这种内容配置对于培养学术、新闻、外交人才是适合的，但也造成了学习者在阿拉伯语实务方面有所欠缺。我系系主任周玲老师在迪拜经商期间发现，其公司很难在国内招聘到能够胜任商务翻译和管理工作的阿拉伯语专业毕业生（我国绝大多数阿拉伯语专业学生在基础阶段学习的教材是《新编阿拉伯语》或《新编阿拉伯语教程》）。

三、基于商务导向的基础阿拉伯语教学改革

为了使我校阿拉伯语专业与我校发展"大商科"的战略相符合，并切实地培养出能够为国家"一带一路"战略服务的合格的阿拉伯语商务人才，在我校进行基于商务导向的基础阿拉伯语课堂教学综合改革是必要的，且十分迫切。

（一）教学改革目标

通过本课堂教学改革，改善国内沿袭数十年的北外、上外式的基础阿拉伯语教学模式，优化我校阿拉伯语专业的教学质量，切实提升阿拉伯语专业毕业生的水平，并使阿拉伯语专业本科生的培养方向向学校发展"大商科"的战略靠拢，为国家"一带一路"倡议的实施培养更多合格的阿拉伯语商务人才。

用本项目中取得的成功经验和编写完成的教学资料来推动全国普通院校的基础阿拉伯语教学模式改革，并在本项目的基础上继续探索和研究包括商务人才在内的阿拉伯语实务人才的培养模式，进一步申报省部级、国家级教改项目，打造各级精品课程，在国内外打响"浙商大阿语系"这一品牌，提升我校阿拉伯语专业在国内外的地位，为学校学科建设做出积极贡献。

（二）教学改革内容

1. 完善课程体系

课程体系是人才培养模式的重要组成部分，基于商务导向的基础阿拉伯语教学改革可将课程体系划分为理论课、实践课和专题讲座三个部分。

理论课程设置的目的是为学生今后从事商务活动奠定理论基础，其内容包括国际贸易实务课、合同法课、国际经济法课、阿拉伯国家概况、阿拉伯社会、阿拉伯文化、中国和阿拉伯国家交流史等课程，使学生掌握国际贸易、相关法律、阿拉伯社会文化等知识。

实践课程设置的目的是为了培养学生的阿拉伯语语言实践能力和商务综合实践能力。在阿拉伯语学习的基础阶段即引进商务情景课程，如情景会话和翻译实训等内容，提高学生运用阿拉伯语进行听说读写的交际能力，以解决长期以来阿拉伯语专业学生因在基础阶段学习《新编阿拉伯语》或《新编阿拉伯语教程》而导致的实务方面的先天不足问题。

专题讲座邀请政、商、学等各界阿拉伯语实务精英走进基础阿拉伯语课堂，讲座可以涉及就业，创业，"一带一路"倡议，国际贸易形势，阿拉伯国家政治、经济、文化等内容。可就一个内容，开设系列专题讲座，特别是邀请企业家开设就业、创业的系列专题讲座，传授实务中的经验及知识，拓宽学生知识面，解决课本式教学导致的教学与实务脱节的问题。

2. 编写教辅材料

带领学生在课堂教学的基础上参考其他国家文献编写《阿拉伯语实务会话教程》《阿拉伯语基础单词手册》《阿拉伯语基础语法整理》等教学资料，寓教于编，解决国内没有真正实用的阿拉伯语实务会话教程、没有简单准确且易用易懂的单词语法手册等教学辅助资料的问题，提高阿拉伯语基础阶段的教学质量，并惠泽我校学习者。

3. 翻转课堂模式

将翻转课堂模式导入课堂，要求有一定基础的学生按照教师要求设计实务情景会话进行讲授，并由教师点评，进一步加强学生的实务能力。

4. 录制教学视频

在条件允许的情况下录制教学视频，尝试借鉴其他语种学习课件，如《新版中日交流标准日本语CD》、大阪大学外国语学部阿拉伯语自学课件等，制作适用于我国阿拉伯语学习者的多媒体教学课件，为今后申请各级精品线上课程做准备。

（三）教学改革的意义

基于商务导向的基础阿拉伯语教学改革，将改善国内沿袭数十年的北外、上外式的基础阿拉伯语教学模式，优化我校阿拉伯语专业的教学质量，切实提升阿拉伯语专业毕业生的水平，并使阿拉伯语专业本科生的培养方向向学校发展"大商科"的战略靠拢，为国家"一带一路"战略的实施培养更多合格的阿拉伯语商务人才。

本项目中取得的成功经验和编写完成的教学资料将推动全国普通院校的基础阿拉伯语教学模式改革，并在本项目的基础上继续探索和研究包括商务人才在内的阿拉伯语实务人才的培养模式，进一步申报省部级、国家级教改项目，打造各级精品课程，在国内外打响"浙商大阿语系"这一品牌，提升我校阿拉伯语专业在国内外的地位，为学校学科建设做出积极贡献。

四、结　　语

基于商务导向的基础阿拉伯语教学改革应根据"一带一路"背景下所需要的阿拉伯语商务人才特点，克服现有阿拉伯语人才培养模式的不足，制订切合实际的人才培养方案，大胆更新教学内容，改革教学模式，坚持讨论式教学，重视培养学生阿拉伯语语言实用能力，为国家培养高质量的阿拉伯语商务人才。

论周作人的日语学习法及其对当代日语教学的启示①

孔　颖②

（浙江工商大学东方语言文化学院）

摘　要： 周作人是中国现代史上著名的日本通，而他的日语基本上是自学的。不过，他的高效日语学习经验少有人问津。周作人一反日语速成的时论，轻汉字重假名，提倡从口语入手，强调扎根日本社会耳濡目染，形成一套独特的趣味学习日语法。周作人的学习经验充分表明趣味及其背后的心智需求对于外语教学的根本价值。

关键词： 周作人；日语学习法；趣味；假名；心智需求

周作人是中国现代史上著名的日本通，他对日本文化与文学的研究与介绍一直为人称道，但他对日语教学的开创性贡献却少有人问津。周作人称自己的日语"从先生学习者不过两年"③，但却成为日本学大家，必有妙法。本文力图依据周作人遗留下的丰富著述，探寻其留日足迹，从中勾勒出其独特的日语学习法，并归纳出对当代日语教学的启示。

一、留日期间的日语学习

1906 年，22 岁的周作人到日本去学土木工程时，对日语一窍不通。他在东京留学生会馆中的日语讲习班，师从菊池勉学习半年。虽然有了一些语言基础知识，但因为与鲁迅同住，不用自己与日本人打交道，因此学的东西也没派上什么用场，只要学会看书看报也就够了。这种情形一直持续有三年之久，到鲁迅回国为止。④ 之后他进入法政大学预科，日文教师有三位。他觉得这些教师人都很好，但对他的日语学习却帮助不大。⑤

不过，因住在东京的关系，耳濡目染，尤其是"家庭的说话，看小说看报，听说书与

---

① 本文为2015 年浙江省教育厅一般科研项目"近代中国文人的日语学习法在现代日语教学中的应用研究"（编号 1080KZ0415263）阶段性成果。

② 孔颖，副教授，博士，研究方向为近代中日文化交流史。

③ 周作人：《关于日本语》，摘自《苦茶随笔·苦竹杂记·风雨谈》，岳麓书社 1987 年版。

④ 周作人：《学日本语》，摘自《周作人文选：自传·知堂回想录》，群众出版社 1999 年版。

⑤ 周作人：《市河先生》，摘自《周作人散文：第 3 集》，中国广播电视出版社 1992 年版。

笑话，没有讲堂的严格的训练，但是后面有社会的背景"，使他觉得日语"还似乎比较容易学习"。[①]

实际上从一开始，周作人对日语学习就有自己的想法。他喜自习，且侧重阅读。"学外国文的目的第一自然是在于读书。"[②] 即便刚到日本、日语尚在启蒙阶段时，他就喜欢阅读："日本报纸当然每天都看，像普通的学生们一样，总是《读卖》与《朝日》两种新闻，此外也买点文学杂志，这样地便与日本新文学也慢慢接近。"[③] 他特别喜欢夏目漱石的文章，说自己"读日本文书也可以说是从夏目起手"[④]。周作人后来就读于日本立教大学，攻读英国文学及古代希腊语，而夏目漱石专攻英文学，又通和汉古典，其作品融中国古典、英国绅士幽默与江户子的洒脱为一体，更成为周作人的喜爱。当他住在"赤羽桥边的小楼上偷懒不去上课的时候"，整天手不释卷地阅读夏目漱石的《我是猫》《漾虚集》《鹑笼》以至《三四郎》《门》等作。"《我是猫》与《鹑笼》中的一篇《哥儿》，我自己很喜欢读，也常劝学日文的朋友读，因为这是夏目漱石的早期代表作，而且描写日本学生生活及社会都很可以增加我们的见识了解，比别的书要更为有益。"众所周知，夏目漱石的文学创作主要发生在"言文一致"运动之后，其文学语言的口语化也是周作人喜读其作的重要原因之一，因此他向中国学生大力推荐："若是从口语入手想看看文学作品的，不读夏目的小说觉得很是可惜。"[⑤]

从以上周作人的自述，可知其学习日语侧重自修，非速成，而是耳濡目染，扎根日本社会，通过家庭会话、看书读报、听书等，慢慢习得。

二、趣味日语学习法

周作人偏爱日本的诙谐文化，常去所住的本乡西片町街尽头的铃木亭听日本相声，即所谓的"落语"。他不仅以此为娱乐，更在其中发现了现代社会的人情风俗。因此落语馆在一定程度上代替了学校，成为周作人高效学习日本语言风俗的地方。[⑥]

在他看来："这样学了来的言语，有如一颗草花，即使石竹花也罢，是有根的盆栽，与插瓶的大朵大理菊不同，其用处也就不大一样。"[⑦] 草花、石竹花、有根的盆栽与插瓶的大理菊在本质上就是"有本之木"和"无本之木"之别，前者具备后者所缺失的、深植泥土的根茎和由此而发的蓬勃生命力，前者的"生之趣"也是后者难以体知的。

周作人的读书也是一样。他看日本的书，"并不专是为得通过了这文字去抓住其中的

① 周作人：《外文与译书》，摘自《周作人文类编：希腊之余光》，湖南文艺出版社1998年版。
② 周作人：《文字的趣味》，摘自《苦茶随笔·苦竹杂记·风雨谈》，岳麓书社1987年版。
③ 周作人：《我是猫》，摘自《苦茶随笔·苦竹杂记·风雨谈》，岳麓书社1987年版。
④ 同③。
⑤ 同③。
⑥ 周作人：《学日本话（续）》，摘自《周作人文选：自传·知堂回想录》，群众出版社1999年版。
⑦ 周作人：《拾遗（巳）》，摘自《周作人文选：自传·知堂回想录》，群众出版社1999年版。

知识；乃是因为对于此事物感觉有点兴趣，连文字来赏味，有时这文字亦为其佳味之一分子，不很可以分离。"他认为"在学习中还可以找到种种乐趣，虽然不过只是副产物，却可以增加趣味，使本来多少干燥的功课容易愉快地进步"。①

这里所说的"趣味"除了文学作品自身所带来的情韵之外，就语言本体而言，至少包含文字和文法两部分。所谓"连文字来赏味，有时这文字亦为佳味之一分子，不很可以分离"所强调的正是文字对篇章整体情韵所具有的结构性意义；非但如此，周作人似乎对"语源学"考证乐此不疲："学外国语时注意一定语原学上的意义，这有如中国识字去参考《说文解字》以至钟鼎甲骨文字，事情略有点儿繁琐，不过往往可以看到很妙的故实，而且对于这语文也特别易于了解记得。日本语当然也是如此。"② 另一方面，在为日文语法书《日本语典》所撰写的批评文字中，周作人又声称"我对于文法书有一种特殊的趣味。有一时曾拿了文法消遣，仿佛是小说一样，并不想得到什么实益，不过觉得有趣罢了"。之所谓认为语法"有趣"是由于"变化与结构的两部，养成分析综合的能力，声义变迁的叙说又可以引起考证的兴趣，倘若附会一点，说是学问艺术也未为过"，从这两个层面上来讲，语法的习得可使人"头脑清晰，理解明敏"，因此"若在青年，于实用之上进而为学问的研究，裨益当非浅鲜，如或从另一方面为趣味的涉猎，那更是我所非常赞同的"。③

周作人的日语学习毫无急于求成的功利心态，而是细细品味日语，突破"外语工具论"制约，将日语作为"趣味艺术"加以对象化研究。

三、多门外语参照学习法

周作人在江南水师学堂读书的时候（1901—1906），学习"英文、数学、物理、化学等中学课程、以至驾驶管轮各专门知识……都用的是英文"。④ 当时英语教学用的是我国最早的自编英语教科书《华英初阶》《华英进阶》，以拷贝纸印的《华英字典》为参考书，"为的是读一般理化及机器书籍"。⑤

1906 年赴日后，"在东京的头两年，虽然学日文，但是平常读的却多是英文书，因为那时还是英文比较方便，一方面对于日本的文学作品还未甚了解。"⑥ 当时手头稍有宽裕，便去书店淘英文书，包括俄法两国小说的英译本，可是每月三十一元的留学费买不起书，"往往象小孩走过要货摊只好废然而返"。1906—1908 年中间他还翻译过三部英文小说。⑦

基于"为求知识起见必须多学外国语"的"工具论"自觉，周氏甚至意欲学习俄文和

① 周作人：《关于日本语》，摘自《苦茶随笔·苦竹杂记·风雨谈》，岳麓书社 1987 年版。
② 周作人：《文字的趣味》，摘自《苦茶随笔·苦竹杂记·风雨谈》，岳麓书社 1987 年版。
③ 周作人：《日本语典》，《晨报副刊》1923 年 6 月 9 日。
④ 周作人：《学堂大概情形》，摘自《周作人文选：自传·知堂回想录》，群众出版社 1999 年版。
⑤ 周作人：《拾遗（癸）》，摘自《周作人文选：自传·知堂回想录》，群众出版社 1999 年版。
⑥ 周作人：《我是猫》，摘自《苦茶随笔·苦竹杂记·风雨谈》，岳麓书社 1987 年版。
⑦ 同⑥。

希腊文，以期通过多开几面"窗户""放进风日，也可以眺望景色"。[①]

周作人从翻译的角度，阐述了学习多门外语相互参照的好处。原本翻译基本原则是从原书原文直接翻译，不从第二外语翻版翻译。但是"从第二国语重译常较直接译为容易，因原文有好些难解的熟语与句法，在第二国语译本多已说清，而第二国语固有的这些难句又因系译文之故多不滥用，故易于了解。要解除这个困难，应于原文原书之外，多备别国语的译本以备参考比较"。[②]

在中国学了 6 年英语，无疑为周作人积累了外语学习的经验，对他到日本学习第二门外语应该起到了积极的作用。而从他此后对俄文和希腊文的兴趣，不难判断他认为不同语言之间的相通之处能够通过多学外语得以发现并掌握。

四、重点学习日语假名

近代以来，总说中日"同文同种"。然而黄遵宪较早发现"以汉字假名相杂成文"的日文特性，指出日语中的汉字只有依靠假名才适用："日本之语言其音少，其语长而助辞多，其为语皆先物而后事，先实而后虚，此皆于汉文不相比附，强袭汉文而用之，名物象数用其义而不用其音，犹可以通，若语气文字收发转变之间，循用汉文，反有以钩章棘句诘曲聱牙为病者，故其用假名也，或如译人之变易其辞，或如绍介之通达其意，或如瞽者之相之指示其所行，有假名而汉文乃适于用，势不得不然也。"[③]

文中黄遵宪运用如译人、绍介、瞽者之相等比喻，生动说明假名在日文中的重要作用，令周作人佩服不已。在黄遵宪的基础上，他进一步强调日语学习中假名的重要性。他指出，中国人容易认为假名语尾原是不必要的废物，可以干脆割掉丢开了事。但事实上，日语中假名书写的助词和助动词，表达时态、肯定否定、动词形容词的语尾等，差不多包含了语法上重要部分。相形之下，汉字的地位并不很重要，只有在作名词时可以说是自己完全的，若动词、形容词必须将假名的语根语尾合了起来才成一个完整的意思。

中国人往往轻蔑日本文化，以为古代是模仿中国，现代是模仿西洋的，不值得一看。然而周作人一贯主张日本文化的独特性，包括其文字。[④]虽然他承认汉字的通用使得中国人比西方人学习日语要便利得多，但一再反复指出日文中夹着汉字是使中国人不能深彻地了解日本的一个障碍，"中国与日本并不是什么同文同种，但是因为文化交通的缘故，思想到底容易了解些，文字也容易学些"[⑤]，结果反而造成"轻敌"的后果："日本文里无论怎样用汉字，到底总是外国语，与本国的方言不同，不是用什么简易速成的方法可以学会

---

① 周作人：《拾遗（巳）》，摘自《周作人文选：自传·知堂回想录》，群众出版社 1999 年版。
② 周作人：《谈翻译》，摘自《周作人文类编·希腊之余光》，湖南文艺出版社 1998 年版。
③ 黄遵宪：《日本国志（下）》，天津人民出版社 2005 年版
④ 周作人：《关于日本语》，摘自《周作人文类编·日本管窥》，湖南文艺出版社 1998 年版。
⑤ 同④。

的。我们以为有汉字就容易学，只须花几星期的光阴，记数十条的公式，即可事半功倍的告成，这实在是上了汉字的大当，工夫气力全是白花，虽然这当初本来花得不多。"① 他甚至认为，日语没有汉字反而还容易学，因为没有汉字的诱惑就不会相信速成，就会死心塌地的一字一句去记，像学英法德文一样，获得切实好处。②

五、结　　论

周作人提出日语学习的三点忠告：第一，目标要高远，要有浓厚兴趣。"学日本语的目的不可太怯，预备做生意，看书报，读社会科学，帮助研究国学，都是正当的目的，读日本文学作品，研究日本文化，那自然是更进一步了。语言文字本来是工具，初学或速成者只要能够使用就好了，若是想要研究下去的，却须知道这语言也有他的生命，多少要对于他感到一种爱好与理解。"③ 第二，日语学习归根到底要从口语入手。他认为"现在的日本书还是以话为基本，所以学文也仍须从学话入手，不过不单以说话为目的罢了。若多记文法少习口语，则大意虽懂而口气仍不明，还不免有囫囵吞枣之嫌也"④。第三，反对速成，"学日本语须稍稍心宽，可能的要多花费点时日，除不得已外万不宜求速成，盖天下无可速成之事"⑤。"日文到底是一种外国语，中间虽然夹杂着好些汉字，实际上于我们没有多大好处，还是要我们一天天的读，积下日子去才会见出功效来。"⑥ 他很赞同戴季陶的观点，即"要学日文二年就可以小成，要好须得五年"。

周作人关于日语学习的经验，看似充满了矛盾：或难——在日语学习中汉字某种程度上反而是累赘，还是要像学欧洲语言那样死心塌地地在假名上下硬功夫，而且需要其他外语学习的经验来支持日语学习；或易——不需要老师，仿佛随意之间就学好了日语，好得连日本人都敬佩不已；或俗——听落语，读新闻，关注市井生活，感受夏目漱石小说中的口语；或雅——热爱考据，追溯词源以理解词义，像读《说文解字》一般去学习日语。⑦但仔细看来，其中有着清晰的逻辑。与在东渡船上一夜之间通过"和文汉读"妙法而"学会日语"的梁启超不同，周作人没有"同文同种"的幻觉：日语就是外语，对中国学习者来说，和英、法、德语没有本质区别，是需要努力学习的；但这种努力如果能契合个体的心智发展的需求，则虽难而易。纵观周作人的学术人生，对民俗的兴趣始终是浓烈的，而乾嘉考据学又是周氏兄弟从小接受的教育，可以说对民俗文化的学术热情是深入周作人灵

---

① 周作人：《日本话本》，摘自《知堂书话（上）》，中国人民大学出版社 2011 年版。

② 周作人：《和文汉读法》，摘自《周作人文类编·日本管窥》，湖南文艺出版社 1998 年版。

③ 周作人：《关于日本语》，摘自《周作人文类编·日本管窥》，湖南文艺出版社 1998 年版。

④ 同②。

⑤ 同③。

⑥ 同②。

⑦ 日本的汉学大家、庆应义塾大学教授奥野信太郎称周作人的日语"属最高等级的教养"，他在北京留学期间甚至希望去旁听周作人在北大开设的日本文学课。（刘柠：《亲日文人的日语水平》，《商业周刊中文版》，http://read.bbwc.cn/efckqc.html。）

魂的东西。因此，兴致勃勃地观察生活中的日本文化，并兴致勃勃地考据表达这种文化的文字渊源以更好地理解这种文化，实在是很契合他的心智需求的。

现代社会文化理论和外语教学理论认为，语言是心智发展的工具，而心智发展是个体的内在需求。① 因此，如果个体能发现自我的发展需求，而他的外语学习能合乎这种需求，那么他将具有强大的学习动力和很高的学习效率。周作人的经验清楚地说明了这一点。

参考文献

[1] 程晓堂，岳颖 . 语言作为心智发展的工具——兼论外语学习的意义 [J]. 中国外语，2011(1).

[2] 黄遵宪 . 日本国志：下 [M]. 天津：天津人民出版社，2005.

[3] 周作人 . 苦茶随笔·苦竹杂记·风雨谈 [M]. 长沙：岳麓书社，1987.

[4] 周作人 . 周作人文选：自传·知堂回想录 [M]. 北京：群众出版社，1999.

[5] 周作人 . 市河先生 [M]// 周作人 . 周作人散文：第 3 集 [M]. 张明高，范桥，编 . 北京：中国广播电视出版社，1992.

[6] 周作人 . 日本管窥 [M]// 周作人 . 周作人文类编：7[M]. 钟叔河，编 . 长沙：湖南文艺出版社，1998.

[7] 周作人 . 希腊之余光 [M]// 周作人 . 周作人文类编：8[M]. 钟叔河，编 . 长沙：湖南文艺出版社，1998.

[8] 周作人 . 知堂书话：上 [M]. 钟叔河，编 . 北京：中国人民大学出版社，2011.

---

① 程晓堂、岳颖：《语言作为心智发展的工具——兼论外语学习的意义》，《中国外语》2011 年第 1 期。

基于渐进式案例教学法的 Java 程序设计课程教学模式探索 [①]

潘伟丰 [②] 汪 烨 [③] 谢 波 [④] 姜 波 [⑤]

（浙江工商大学计算机与信息工程学院）

摘 要： 本文针对当前 Java 程序设计课程教学中存在的问题，同时结合课程的教学任务及目标，在传统案例教学的基础上，提出了递进式案例教学法。该教学法通过精心设计的一系列案例，回答学生学习知识点时关心的四方面问题，从而激发学生学习兴趣，提高学生的课堂参与度，进而提高教学质量。

关键词： Java 程序设计；案例教学法；教学模式

一、引 言

Java 语言是目前主流的程序开发语言之一，因其移动性、安全性和开放性受到企业的追捧。目前社会对 Java 人才的需求量也极大，根据 IDC 的统计数字，在所有软件开发类人才的需求中，对 Java 工程师的需求达到全部需求量的 60%—70%。因此，许多高校计算机及软件等相关专业都将 Java 语言作为程序设计的核心课程。浙江工商大学计算机与信息工程学院于 2006 年就开设了 Java 程序设计课程。该课程作为专业选修课覆盖软件工程专业、计算机科学与技术专业 4 个班级约 140 名学生。

Java 程序设计是一门实践性很强的课程，必须通过大量的实际编程才能很好地理解、掌握。可以说，实践教学是该门课程教学是否成功的关键所在。但是，目前 Java 程序设计教学环节还存在很多不尽如人意的地方：

① 本文获浙江工商大学 2015 年度课堂教学创新项目《Java 程序设计实验》教学改革与创新实践资助。

② 潘伟丰，副教授，博士，研究方向为软件工程。

③ 汪烨，讲师，博士，研究方向为软件工程。

④ 谢波，副教授，博士，研究方向为情感分析。

⑤ 姜波，教授，博士，研究方向为服务计算。

（一）以灌输式授课方式为主，学生参与度低

目前 Java 程序设计课堂教学基本采用以教师为中心的灌输式授课方式，教师在讲台上以 PPT 的形式一个接一个地向学生灌输各知识点；学生被动地接受知识点，与教师互动较少，甚至没有，课堂气氛不够活跃。

（二）知识点的讲解比较孤立，章节及课程之间连贯性不强

目前一般是按照章节组织知识点的讲解，就知识点论知识点，章节之间、课程之间缺乏必要的关联，学生只知树木，不见森林，不懂得知识的迁移。在其他编程课中已经学过的类似知识，换个课程又跟新知识一样。

（三）知识点的讲解脱离实际，学不知何用

教师在讲解具体知识点时所用小例子往往围绕知识点设计，比较抽象，缺少与实际的关联。学生学会了该知识点，但是不清楚在实际的开发中如何去运用。碰到实际问题，往往无所适从。

因此，Java 程序设计的教学需要在教学方法和教学内容等多个方面进行改革以应对存在的这些问题，进而提高学生的开发能力，从而适应企业对人才的需求。笔者在多年教学的基础上，根据我校学生的特点，提出了渐进式案例教学法，并应用于 Java 程序设计的教学中，取得了良好成效。

二、渐进式案例教学法

案例教学法是一种基于案例的教学方法，通过教师展示案例，以吸引学生的注意力，激发其学习的热情，并通过师生间基于案例的双互动，培养学生分析问题、解决问题的能力，从而增强学生实践能力的一种教学模式。

在程序设计语言教学中，运用案例教学法的课堂教学以教师为主导，以案例为主线。教师通过在课堂上针对某一实际问题，编写代码、调试代码，让学生深刻理解分析问题、解决问题的过程。同时，学生也参与分析问题、设计代码的过程，提高了他们分析问题、解决问题的能力，也间接培养了其团队协作力。

我们提出的渐进式案例教学法是传统案例教学法针对程序设计语言教学的改进。针对一个具体的知识点，我们将设计一系列的案例，通过案例由浅入深，渐进式地讲解知识点。我们提出的渐进式案例教学法所涉及的案例集必须回答如下几个问题：

第一，为什么要引入这个知识点？程序设计语言中同一个功能往往有多种不同的实现方式。既然有了一种实现方式，为什么还要引入另外一种方式呢？我们会设计一个简单的题目，让同学们思考如何用已有的知识去解决；然后，现场从头开始敲代码，用学生的思

路快速解答这个题目，并引导学生了解用已有实现方式实现的弊端，潜在的改进方法及适用场合等。

第二，这个知识点是什么？在了解已有知识解决这个问题的不足之后，我们会提出一种改进的思路（这种改进思路正是要介绍的新知识的基本原理），并对前面的实现方式进行重构，用代码简单实现这种改进的版本（实现其中比较重要的 1—2 个方法），说明其优势，并进行思路的总结。最后自然而然地引入要介绍的新知识点，并通过 PPT 快速介绍新的知识点。

第三，知识点是如何实现的？学习 Java 就是学习写类及用别人给的类。在介绍完一个新的知识点后，我们会带着同学们再去看这个类底层的实现代码，并与前面实现的代码进行比较，说明其原理的类似性。然后，快速地介绍这个类中其他几个比较简单的方法，并提供了一些这个类使用的示例代码，对于课堂上没有展开的知识点，让同学们在接下来的实验课上自学。

第四，知识点可以用在什么地方？学了一个知识，重在如何使用这个知识。我们会以实际系统中的一些功能点作为例子，用所学的知识点去实现这个功能。比如，在介绍 Comparator 这个接口的时候，引入电商平台中的一个功能（将商品按照价格、购买量等排序），然后用刚刚学到的知识去实现这个功能，并现场敲代码予以实现。

通过回答第一个问题，可以让以前学的知识及其他课程中学的知识与现有知识关联起来，融会贯通；通过回答第二至第四的问题可以让学生明白这个知识点是什么，在实际工作中如何使用。同时，通过这样一种案例教学方式，提高了学生的参与度。

三、渐进式案例教学法的实施过程

本节中我们将以 Java 程序设计中知识点"类"的讲解为例，说明本文渐进式案例教学法的实施过程。

（一）为什么要引入"类"这个知识点？

学习 Java 语言之前，学生往往已有 C 语言的基础。C 语言中有变量、数组、结构体等概念。在讲解"类"这个知识点时，我们设计了一个案例。

案例 1：请输入 10 个学生的信息，包括名字、性别、年龄、出生年 / 月 / 日等，并提供设置信息的方法。如果这样的学生有 1000 个呢？

然后，我们让学生用以前的思路去解决这个问题，并请他们回答。很多学生会考虑用变量、数组去解决；也有学生会用结构体去解决这个问题。然后我们进行总结，并首先用 C 语言中的数组解决 10 个学生的问题（见图 1）。接着我们会指出用这种方式的弊端，特别是在解决 1000 个学生的问题时，如缺少语义信息，即同属于一个学生的信息（姓名、性别、生日），分散在程序的多个地方，逻辑上不成一体。

接着，我们会用结构体去改进上述实现方式，将同属于一个学生的信息（姓名、性别、生日）用结构体包裹，有了一定的语义（见图2）。同时，我们也会指出这种改进的方法仍然存在问题：属于学生的方法与学生的特征（姓名、性别、生日）脱离。自然就引入了"类"的概念，类将属于同一个对象的属性及方法封装在一起。

```c
#include <stdio.h>
//输入第一个学生的信息
char stuName2[10] = "晖崽";
char stuSex2[10] = "男";
int stuYear2 = 1990;
int stuMonth2 = 3;
int stuDay2 = 10;
//输入第二个学生的信息

char* getStuName2() {return stuName2;}
void setStuName2(char* stuName) {}

char* getStuSex2() {return "haha";}
void setStuSex2(char* stuSex) {}

int getStuYear2() { return 1;}
void setStuYear2(int stuYear) {}

int getStuMonth2() {return 1;}
void setStuMonth2(int stuMonth) {}

int getStuDay2() {return 1;}
void setStuDay2(int stuDay) {}

void main() {
    char *name = getStuName2();
}
```

图1 最初方法

```c
typedef struct birthday {
    int year;
    int month;
    int day;
} Birthday;

typedef struct stu {
    char *stuName;
    char *stuSex;
    Birthday brith;
} Student;

Student stu[2];

//方法定义
......

void main() {
    stu[0].stuName = "晖崽";
    stu[0].stuSex = "男";
    stu[0].brith.year = 199
    stu[0].brith.month = 12
}
```

图2 改进方法

```java
import java.util.Date;
public class Student {
    private String name;
    private String sex;
    private Date birthday;
    public String getName() {
        return name;
    }
    public void setName(String name) {
        this.name = name;
    }
    public String getSex() {
        return sex;
    }
    public void setSex(String sex) {
        this.sex = sex;
    }
    public Date getBirthday() {
        return birthday;
    }
    public void setBirthday(Date birthday) {
        this.birthday = birthday;
    }
    public static void main(String[] args) {
        Student[] stu = new Student[2];
        stu[0].name = "晖崽";
        stu[0].sex = "男";
    }
}
```

图3 最终方法

（二）"类"这个知识点是什么？

在理解了引入"类"的必要性之后，我们会给出"类"的概念，即："类"是对对象的抽象，是相同特征/方法的事物集合。然后，我们引入猪八戒这个案例用以说明如何构建一个猪八戒类。

图4 类概念图示

让学生观察这些不同猪八戒形象的相似之处。我们发现，虽然这些猪八戒形象不同，但是他们都具有猪头、人身、九齿钉耙等特征；同时具有说话、飞、约会等行为。于是，我们将这些共有的属性和行为抽象出来构建一个猪八戒类Pigsy（见图4）。

（三）知识点是如何实现的？

在理解了类的概念之后，我们就现场编写代码实现上述的猪八戒类Pigsy，结果如图

5 所示。

```
33  class Pigsy {
34      private String pigHead;
35      private String humanBody;
36      private String Jcbp;
37      private char sex = '男';
38      public void say() {
39          System.out.println("I am a pig");
40      }
41      public void fly() {
42          System.out.println("I can fly");
43      }
44      public void dating() {
45          System.out.println("I have many gf");
46      }
47  }
```

图 5 猪八戒类实现

（四）知识点可以用在什么地方？

在学习了类的实现之后，我们会引入 Java Web 中的 JavaBean 的概念，并指出一般的类定义与 JavaBean 之间的异同，同时指出类可以用来实现数据存储。然后，我们会现场编写程序，用 Pigsy 类的对象保存用户从控制台输入的数据。同时，用事先编写好的网站中的用户注册模块说明类对象在该注册模块中的实际应用之处。

四、渐进式案例教学法实施过程中容易出现的问题

（一）案例设计不合理

渐进式案例教学法中的案例承载了知识点间衔接的任务，因此设计好的案例应与先前所学的知识、正在教学的内容紧密贴合，也要体现用不同方法在解决问题时的优劣。设计的案例不能体现新旧知识的衔接，不能覆盖预阐述的教学内容是案例设计时容易出现的问题。

（二）学生在案例上互动不充分

案例法的优势体现在学生就案例开展充分的讨论。因此如何设计学生感兴趣的案例，设计学生了解的问题是展开充分讨论的前提。设计的案例不生动、风趣，案例所描述的背景知识学生不了解是容易出现的问题。

五、总 结

经过软件系 Java 程序设计课中两年多的实践，同时结合学生期末成绩和学生满意度

调查，我们发现渐进式案例教学法能活跃课堂气氛，提高学生学习程序设计的兴趣，使学生掌握的知识更加稳固。同时，也提高了他们分析问题、解决问题的能力。Java 程序设计课堂教学质量得到了显著提高。

参考文献

[1] 赵宁. 基于递进式案例教学法的 Java 课程教学改革研究 [J]. 计算机教育，2013(23): 73–76.

[2] 孙晓燕. 案例教学模式下的 Java 语言课程改革分析 [J]. 电脑知识与技术，2016, 12(8): 104–105.

电影课如何优化通识教育功能 ①

——以浙江工商大学为例

丁莉丽 ②

（浙江工商大学人文与传播学院）

摘　要：本文从探讨"电影何为"入手，以浙江工商大学为样本，从学者构成／课程设置、授课方式、学生评价等三个方面分析了我校电影赏析课程机制，在此基础上对如何优化课程的通识教育功能、促进教育品牌的创建提出了自己的思路和建议。

关键词：通识课程；经典电影；审美教育

近年来，我国内地高校正在积极推行通识教育的理念、加大通识教育课程建设的力度，以提高大学生的整体文化素养和水准。何为"通识课程"？这一说法最早出自美国教育界，"通识教育是要给学生某些价值、态度、知识和技能，使其生活得恰当舒适和丰富美满，要让学生将其现实生活中的富丽文化遗产、现存社会中的可贵经验与智慧，能够认同、选择、内化，使之成为个人的一部分。"③ 清华大学的刘瑜则认为："真正的人文教育，是引领一群孩童，突破由事务主义引起的短视，来到星空之下，整个世界，政治、经济、文化、历史、数学、物理、生物、心理，像星星一样在深蓝的天空中闪耀，大人们手把手地告诉儿童，那个星叫什么星，它离我们有多远，它为什么又在那里。"④ 因为电影本身是个万花筒，涵盖广泛，是实施人文教育的最佳载体。同时，电影赏析课程门槛较低、关注度高、受众面广，创建通识教育品牌也具有先天的优势。

那么，如何优化电影课程的通识教育功能，并创建通识教育的品牌呢？这首先得从电影课程的价值和意义着手，探讨电影在通识教育中的作用开始谈起。

---

① 浙江工商大学 2015 年度校高等教育研究课题（xgy1503）。

② 丁莉丽，副教授，博士，研究方向为影视文化学。

③ 黄坤锦：《美国大学的通识教育》，北京大学出版社 2006 年版，第 76 页。

④ 刘瑜：《大学教育的本质，是恢复人类的天真》，http://www.360doc.com/content/16/0820/13/30595344_584539692.shtml。

一、电影何为

如何把握电影作为通识课程的核心意义和价值？在我看来，电影赏析课程的目的首先在于提升学生对艺术的感悟力，提高他们的审美素养。从现阶段来说，电影市场的一个重要问题在于观众的整体水准不高，导致"三俗"盛行、片子"越烂越有市场"。电影市场调查显示，当前观众的平均年龄是 21.5 岁，也就是说，大学生正是观众的主体。因此，如何培养、提升大学生观众的整体审美水准也是提高中国电影市场的整体水准的关键。从当前电影市场格局来说，商业院线一统天下，在影院里，艺术片很难与商业片相抗衡，这一单一的市场格局，长此以往将会导致电影市场畸形发展，格局失衡。在大学校园里开设电影课程，通过教师的引导让学生接触相对小众的艺术电影、经典电影，可以提升他们的艺术感悟力，同时帮助电影市场承担培养高素质观众的任务。

当然，电影课程最重要的功能还在于承担"启蒙"功能。一个人的观影史，也是他的精神成长史。一部好的电影，会引领观众开启心智、促进精神的成熟。在当前碎片化的阅读环境中，很多时候生命的经验更多来源于视觉体验；而观影，也是这个影像社会最为重要的体验方式。正如居伊·德波在《景观社会》中所指出的那样："在现代生产条件无所不在的社会，生活本身展现为景观的庞大聚集。"① 当下的我们处在影像的包围之中，而影像包含了个体和社会、自我的关系，最终也建构了我们和世界的关系。极有意味的是，当前电影市场的热词："屌丝购票心理学"和"小镇"青年，折射出当下年轻观众正在被电影产业"异化""物化"的现实。这些对于观众侮辱性命名的背后，正显现出当前电影产业试图以生产"失语"的消费观众为己任的现实追求。无论"屌丝"或"小镇青年"，本质上其实和观众的金钱状态无关，而是指精神上呈现出一种丧失了主体性的蒙昧状态。当然，影片作为商品的本性决定了电影必然以经济效应最大化为原则的生产机制，力图通过潜隐的消费意识形态将人变为一个被动的消费符号，这也是商业电影得以发展和繁荣的必然要求。但是另一方面，电影作为艺术的本质属性又要求以引领人的精神提升、实现人自身的启蒙为根本追求，这也是电影发展、提升自我的内在动力。电影正是在这一内部矛盾的不断冲突中一路前行。就当下中国而言，电影产业发展进入黄金时代，电影市场商业化浪潮滚滚，无论是着眼于电影自身的平衡发展，还是着力于弘扬健康的电影文化、提升人们的文化精神水准而言，促进电影的艺术审美功能和艺术精神的拓展、掘进，已经成为一个特别需要重视的问题，将赏析经典电影、艺术电影作为人文教育的重要手段也显得更为迫切。如何引领更多的观众摆脱、逃离"消费符号化"的宿命，消除蒙昧状态，激活人的内心和激情以及独立的判断力？这正是当下电影教育必须承担的使命，正如著名文艺理论家王元骧在《拯救人性：审美教育的当代意义》一文中所谈到的："审美教育属于情

---

① 居伊·德波：《景观社会》，南京大学出版社 2006 年版。

感教育，它不仅在学校教育，而且在国民教育中具有重要的地位……美育的功能是培育'爱'和'爱'的情感，以维护和提升人性中固有的同情心和敬畏感，并以此来面对当代科技文明和物质所导致的人的不断物化和异化。"[①] 以电影课为平台的通识课程，正是一条完成人性疗救的重要途径，它通过对于情感的介入，唤起人内心世界对于真善美的感悟，从而建构起健康完整的人生价值坐标。

二、浙江工商大学的电影课程机制分析

按照著名电影专家张英进的观点，学术机制应有三个层面，学者构成、机构设置以及理论方法。[②] 因此，本文以这一思路为引导对浙江工商大学的电影课程机制做一个简单分析。

（一）学者构成 / 课程设置

我校的通识课程体系中共含有电影课程 6 门：欧美电影、经典电影赏析、中外电影叙事研究、纪录片赏析以及英语电影赏析，教师涵盖人文学院和外语学院。任课教师不但具有较为专业的背景，而且在这一领域都颇有建树。如经典电影赏析任课教师长期从事影视文化研究，系浙江省内著名影视专家；中外电影叙事研究任课教师长期在浙江图书馆开设专题讲座，系著名作家及评论家；欧美电影开设 20 年来始终是一门经典课程，任课教师长期关注西方电影，看片无数；纪录片欣赏任课教师长期致力于纪录片的研究，而且也带领同学拍摄纪录片。从课程设置格局来看，各课程之间的分野比较清晰，欣赏影片没有交叉，各位教师虽有鲜明的选片依据，但基本上倾向于选择经典艺术影片，从而最大程度地体现了作为通识课程的目标追求。如目前经典电影赏析注重艺术性、可看性和人文性的统一；欧美电影倾向于选择《穆赫兰道》等小众艺术片；中外电影叙事研究则从叙事角度切入，通过每一讲的主题将众多经典影片综合起来；纪录片赏析注重时效性，教学内容更新迅速；英语电影欣赏注重经典影片。教师专业知识的扎实和科研实践，保证了课程设置的专业性和规范性，也显示出作为一个专业涵盖广泛的学校在影视学科方面具有较强的师资，使得我校的电影赏析课程已经跨越了发展的初级阶段。

（二）授课方式

因为课程的不同特点，目前这些电影课程的授课方式不尽相同，大致分为两种类型：一是以讲解为主，穿插片段播放，如中外电影叙事研究；二是背景知识介绍 + 视频播放 + 影片讲解，这是目前课程的常规做法，其中视频播放时间在 45—90 分钟之间。针对

---

① 王元骧：《拯救人性：审美教育的当代意义》，《文艺研究》2012 年第 3 期。
② 张英进：《兼论视觉文化》，《世界电影》2004 年第 5 期。

这一授课方式，我们也对教师和学生进行了一些访谈。几乎所有教师都认为现场课堂观摩非常重要，因为现阶段学生的观影主动性不够，而且也缺乏看片经验的积累。而对于学生而言，也非常欢迎课堂观影的方式。不少同学指出如果不是课堂安排，他们可能会错过这些经典的影片。而且特别喜欢看完以后直接讨论、讲解的方式，因为这样大家的积极性比较高，对于影片的领悟也多，效果最好。但是，课时的限制和影片放映时间往往形成冲突，导致一部影片不能放完，或者隔一周以后再来点评，效果就不如以前。中外电影叙事研究以一个主题切入，将多部电影串联起来，主要放一些片段而非全片，这也是一种比较好的方式，但要求学生有相当的观影、以及理解的基础，适合一部分对于电影有相当兴趣及基础较好的同学。

（三）学生评价

针对这几门选修课程的效果和评价，我们首先进行了课堂到课率的调查，日常到课率基本达到 70% 左右，可以说在所有的课程中到课率是属于比较高的。同时，我们也采访了几位同学，尤其是坚持上课不旷课的同学，针对所上的课程做了简单的评价，综合表述如下：一是极大地改变了对于电影的看法，以前只知道去电影院看好莱坞大片，或者青春片，但是选修课上发现了另一种电影，自此审美趣味发生变化。二是学会了如何去欣赏电影，比如体会一个片段到底好在哪里，会思考影片所内蕴的思想主题，和社会、人性的关联等问题，可以更深入地去思考一部电影而不是仅仅当作休闲的方式。三是帮助同学了解社会、扩大了知识面。针对课程效果的问题，也有同学认为在电影欣赏课中没有获得自己想要的知识，比如关于电影镜头、拍摄角度、音乐赏析等更专业的知识，也许这是目前我校电影课程的一个缺失。

三、如何优化课程，创建教育品牌

综合来看，我校的电影课程在所有通识课程中属于比较受欢迎的一类，主要体现在选修的同学比较多，所有电影课程处于爆满状态，个别课程甚至需要电脑随机摇号才能中选，而学生整体评价也较高。但是，从整体上来说，"电影课程"的品牌还没有形成，在2015 年学生自己举办的"最受欢迎的选修课"中，只有经典电影赏析一门课程上榜。电影课程因人设课的现象比较突出，导致电影课程的整体性缺乏，提升还有巨大的空间，综合起来说，如何优化课程，构建教育品牌，可以在以下几个方面努力。

（一）成立电影课程整合中心，以加强课程的体系性、专业性

目前电影课程开设基本上属于教师个人申请，通过教务处审核即可以通过，课程内容全部由教师个人审定安排。课程的优势在于能发挥教师个人的优势，能够自成一体；而不足的地方在于课程之间缺乏有机的联系，导致课程之间内容的重复、断裂。因此，很有必

要组建一个校内的课程协调中心。比较可行的是在人文学院建立一个影视文化研究中心或者课程工作坊，将课程的设置和内容整合纳入工作坊的日常工作内容，比如定期进行研讨、互相听课、对于课程的教学内容和教学方式展开讨论，并增加教师之间的互动和合作。目前而言，经典电影赏析和中外电影叙事研究之间存在着一定的梯度，但是其他课程之间没有关联，而且系统性缺乏，因此，应该对于这些课程进行必要的调整和整合，并根据课程内容的关联度、梯度，对学生提供一个选修课程的推荐。

（二）为课程创造观影基础和条件

鉴于现阶段课程教学情况，无论是教师还是学生，都有着很大的提升空间。对于教师而言，把大量的授课时间用于观赏影片也是一种极大的浪费；但是，如果安排同学去课外看片的话，因为缺乏必要的监管机制，常常无法达到既定的效果。而且，随着目前视频网站的日益规范化，如何找到免费的观影资源也已经是一个问题。在这一情况下，势必需要学校在整体上布局，完善课程的配套设施。在这一方面，随着学校网络教学平台的启动，应鼓励教师开展翻转课堂、创新课堂等活动，通过录制慕课、分享资源等辅助方式丰富教学内容和手段，最大限度地给予学生学习的便利和拓展，从而将效果最大化。在这一方面，英语电影赏析这一课程开展得较好，具体方案是利用学校的网上教学板块，将需要在课外观赏的影片放置进去，让同学自己点播观看，并设置了提交作业和点评通道，从而在课外也能实行互动，增加了同学的参与感，也拓展了课堂的空间，值得推广。

（三）将实践活动导入课程体系

经典电影的赏析是一个系统性的活动，除了课堂的讲解和欣赏，实践活动将是一个必要而有力的补充。通识课程本质上而言只是一个引路、打开一扇门的过程，引导学生进入这一领域之后，鼓励他们自己去探索、参与更多的活动，才会让经典电影的赏析成为他生活中一种自觉的追求。在这一方面，我校以教务处牵头举办的"读百部经典、赏析百部电影"活动的开展可谓正是及时。学校邀请专业教师根据本校学生遴选观影篇目，并邀请教师撰写了导读内容，用于指导学生的观影活动。同时计划将该书出版后，以后在新生入学之后就人手一本，用于指导他们的观影活动。同时，学校为此还计划开展一系列推广活动，比如定期请专家开设讲座、在校内每周举行经典影片放映会、定期举办影评大赛等等方式来扩大经典电影赏析活动的影响力，并通过和电影赏析课程的联动，使得校园内产生浓厚的观影氛围。而纪录片赏析则鼓励同学去做纪录片，已经有多位同学成功申报了纪录片拍摄的创新项目。

四、结　　语

得益于高校对于通识课程的重视以及电影产业的发展，电影赏析课程在高校迎来了发展的契机，这既是机会，也是挑战。作为一所综合性高校，浙江工商大学没有专门的影视专业，但是依托于人文学院以及教师个人的科研基础，经过近 20 年的实践，电影赏析课程如今已经粗具规模，并在学校层面的支持下，持续扩大着影响，这对于其他非专业普通高校具有很强的参照意义。本文希望通过对于这一课程的调查和分析，能够提供促进该课程进一步优化的方案和思路，在完善通识教育的功能的同时，最终成功地创建通识课程的品牌，引导电影通识课程走出校门，成为浙江省内以及国内的品牌课程。

基于"三个转变"的概率统计课堂教学模式的创新设计[①]

陈振龙[②]　郭宝才[③]　李慧琼[④]　韩兆秀[⑤]

（浙江工商大学统计与数学学院）

摘　要：本文结合浙江工商大学"概率论与数理统计"课程的教学现状，以促进课堂教学中"教与学""课内与课外""终结性评价与形成性评价"等问题的转变为路径，以分类教学、特色教学、实验教学、问题导向、典型案例等多种教学方式交互使用为手段，对改革课程的教学内容、教学方法、考核方式提出了几点想法，给出了学生中心、内外结合、过程评价的概率统计课堂教学模式的创新设计。

关键词：概率论与数理统计；三个转变；教学改革；教学方式；教学模式

一、概率论与数理统计课堂教学的现状与问题

概率论与数理统计是理工经管农医等非统计和数学专业的公共核心基础课程，自 20 世纪 60 年代引入大学课堂以来，它所提供的概率知识、统计思想与方法不仅是学生学习后续课程的重要工具，也是培养学生综合素质、创造能力和解决实际问题的实践动手能力等的重要途径。通过学习这门课程，可以培养学生利用随机思维模式看待和处理随机现象的能力，这种随机思维模式与确定思维模式一起，共同构成了人们认识世界的两大主要思维方式。因此做好这门课的教学工作具有十分重要的现实意义。

进入 21 世纪以来，随着高等教育形式的改革变化和科学技术的不断发展，结合浙江工商大学当前的实际教学情况来看，这门课程总体还是符合学校教学要求的。传统的教学模式尽管也在进行着悄然的发展变化，但新形势下也产生了一些突出的问题，需要我们探

① 本文获浙江省高等教育课堂教学改革研究项目（kg2015146）、浙江工商大学课堂教学创新项目（201632112，20150210）、浙江工商大学高等教育研究项目（Xgy16002）资助。

② 陈振龙，副院长，教授，博士，研究方向为随机过程与风险管理。

③ 郭宝才，统计系副主任，教授，博士，研究方向为统计质量管理。

④ 李慧琼，副教授，研究方向为线性代数及应用。

⑤ 韩兆秀，讲师，研究方向为偏微分方程理论及应用。

讨并加以改进。

（一）学生基础参差不齐，专业要求有差异性，教学要求多样化

我国高等教育已由"精英教育"阶段进入了"大众化教育"阶段。在招生规模迅速扩大，很多专业文理兼收、全国高考试卷不统一的情况下，学生生源差异较大，数学基础和学习内容参差不齐。如高中数学中的排列、组合、二项展开等知识是文科生不需要掌握的，但这些知识在学习"概率论与数理统计"课程时却是必须具备的。另一方面，随着统计学地位重要性的提升及向各学科的广泛渗透，由于专业类型的不同，培养目标的不同，本身也对这门课的要求呈现多样化趋势。在教授"概率论与数理统计"课程时，我校所有的理工类、经管类专业都不加区分地使用相同的教材、教学大纲，采用相同的教学要求，讲授相同的教学内容，进行相同的考核要求，就显得很是不妥。

（二）课堂教学内容安排有缺陷，重概率轻统计，重理论轻应用

从全国高校的概率论与数理统计课程的教学内容来看，教学内容几乎都是概率论占大部分，为60%—70%，剩下为数理统计部分。教学上重概率轻统计，重理论轻应用，浙江工商大学也不例外。同时由于很多专业在编制培养方案时为增加专业课的课时数而有意压缩该课程的学时数，也影响了教师对该课程教学时数的安排，往往是前面的概率论部分占去了太多的时间，而数理统计部分就匆匆而过。

实际中，数理统计相较概率论而言，却具有更加广泛的应用性。这种传统的教学模式，影响了统计方法，统计思维在学生处理实际问题及专业中的应用。很多学生学了该课程以后，仍然不具备处理实际问题的能力，这与概率论与数理统计课程是一门解决实际问题的应用性课程不相符合。

（三）部分教师教学观念、教学手段落后

部分教师仍注重知识本位、教师本位的传统教学观念。教师是主体，处于主导位置，学生是被动的。注重单纯的知识传播，主要的教学方法为注入式教学，就是"知识＋例子说明＋习题"。在教学内容上，过于强调传统概率统计的系统性、完整性，却未能根据学科技术的新发展，淘旧更新，增加前沿，把教学和研究紧密地结合起来。在教学手段上，相当比例的教师仍"重课堂讲授，轻课外自学；重理论教学，轻实验、实践教学"。在教学方式上，把概率统计当作一门数学课程，注重推导的严密性，而忽视统计思想的解读。

就教学效果而言，这种传统的教学模式使学生在一定程度上掌握了基础知识，提高了学生的计算能力、逻辑推理能力。但这种教学缺乏主动性和创造性，缺少实践环节，不利于学生创新思维的培养，也就难以激发学生的学习兴趣。学生感觉学到的知识不能应用于实践，学习是为了应付考试。

（四）考核评价方式单一

浙江工商大学采用平时成绩加期末闭卷考试的考核方式，而平时成绩也主要以出勤和作业为主。这样的考核方式，也导致了教学中以概率为主，偏重理论考核为主，学生即使没学懂，而在期末仅靠短时间的死记硬背，做些同类题型也可勉强通过考试。这种考核方式，对课程的应用性体现不明显，学生的创新能力和实践能力也无从体现。部分学生学习目的不明确，学习动力不足，缺乏强烈的求知欲，学风令人堪忧。

二、概率论与数理统计课堂教学改革的目标

培养创新型人才，是当今世界教育改革的潮流。培养创新型人才必须依托于创新的教育模式。事实上，我们所面对的是一群充满活力的学生，我们的教学要从知识本位转变到人的本位。从更深层次培养学生的学习能力、学习兴趣和内在动力，充分展示学生的个性，挖掘学生的创新能力，培养学生的综合素质。

（一）教师主导，学生中心

创新教学模式，改变以教师为中心的传统教学方法与组织形式，向以学生为中心的新模式进行转化。传统教育过分强调教师在教学过程中的地位，而忽视学生在教学过程中的主动性和主体性，因此有损于学生创新精神的培养。本着一切为了学生的原则，通过多种方式，例如翻转课堂等手段，让学生走到前台，成为课堂教学的真正主体和中心。

（二）内外结合，多种形式

充分利用课堂教学和课外教学，将知识学习、能力培养、实践应用有机结合，发挥网络优势，使教学内容做到广、新、深。课堂只是学生获取知识的一种途径，课堂之外有更大的空间和知识的获取。另外，知识的有效运用和创新才是我们培养学生的目的。因此，多种形式，课堂课外结合，鼓励学生参加各种社会实践、各种竞赛等，培养学生的知识运用能力和创新能力。

（三）过程评价，引导学生

改变以期末考试为主的考核方式，注重平时过程考核，增加平时成绩，调动学生的积极性、主动性，引导学生将眼光从"考试分数"转向"学习过程"，使学生由"让我学"变为"我要学"。培养学生主动学习的好习惯，影响学生一生。

三、概率论与数理统计课堂教学改革模式的构建

（一）以分类教学为中心，精简和更新教学内容

考虑各学科门类对学生在概率论与数理统计课程方面的不同要求，以及学生自身学习的内在要求，将学生分为 A，B，C 三类进行教学，做到因需施教。其中 C 类学生可按考研数学三要求不讲解假设检验部分；B 类学生在现有教学内容的基础上，对假设检验部分，增加实际应用中经常使用的单侧假设检验、p 值等，A 类学生则在现有授课内容的基础上增加回归分析内容，同时协调其他课程在讲授统计知识中不再单独讲解回归分析部分。

调整概率论、数理统计的学时分配。本课程的主要应用部分在数理统计，在不影响课程体系完整的情况下，适当地减少概率论部分的理论推导和难度，从直观性、趣味性和易于理解的角度讲解概率论，将余出的时间交给数理统计部分。

（二）增设数理统计实验课程，融入统计建模思想

课程中尤其是数理统计部分，很多重要的统计思想理论严密，统计方法独特同时实践性很强。此特征决定了在教授该课程中有必要开设实验课，以提高学生的实践能力。我们的做法是将概率统计一些较难较抽象的原理进行计算机演示，让学生从直观进行感受。例如在讲解二维连续型随机变量时，概率密度、概率的计算、边缘概率密度和条件概率密度等，公式多，容易混淆，而通过直观的图形演示，就能很好地理解公式的几何意义，从而降低对抽象知识的认识难度，使学生学习更轻松。开设实验课教学时可以采用以下几个实验：在校门口，观察每 30 秒钟通过的汽车数量，检验其是否服从 Poisson 分布；统计每学期各课程考试成绩，看是否符合正态分布，并标准化而后排出名次；调查某个院里的同学每月生活费用的分布情况，给出一定置信水平下的置信区间；随机数的生成；等等。

近几年来，全国大学生数学建模、统计建模竞赛等开展得如火如荼。概率与数理统计方法也是数学建模的重要方法。如 DNA 序列分类问题、乳腺癌诊断问题、奥运会场馆的人流分布问题、人口预测等问题都不同程度地涉及到概率或统计的相关知识和方法。教师在教学时有必要融入建模思想，把基本知识和应用联系起来，使学生体味生活中的概率统计，增强学生兴趣，培养学生利用统计工具分析解决实际问题的意识和能力，很大程度提高学生的实际操作能力和应用能力。

（三）积极探索新型的课堂教学方式，多种教学方式并存

由于概率论与数理统计是研究随机现象统计规律性的一门应用性学科，它与学生们以前所学的数学有着不同的思维方式，可以尝试问题导向教学。在教学过程中提出一些具有启发性的问题，让学生分析、研究和讨论，引导学生去"发现问题—提出问题—分析问

题—解决问题—发现新问题—最终能够解决问题"。例如在假设检验中可以让学生自主思考，如何对检验问题提出假设，如何根据实际情况选取统计量等问题。充分发挥教师的主导地位、学生的中心地位，通过学生的参与和互相讨论，提高学生的主动性和积极性，提高学生学习兴趣，增强综合分析和解决实际问题的能力。

案例教学有很多优点。具体到教学中，可以联系现实生活问题，建立统计模型，设置情境，让学生针对现实中抽象出来的概率统计问题进行讨论，得出自己的见解并加深对知识点的掌握和应用。从教学法的角度看，案例教学法的着眼点在于学生创造能力及解决实际问题能力的发展，而不仅仅获得那些固定的原理、规则。概率论与数理统计是一门应用性极强的学科，故教师在授课过程中适当将内容进行扩展，设计一些实例进行讲解，可使学生更好地理解概率统计，能让学生主动去学习，从而提高学生的应用能力。如前述的奥运会场馆的人流分布问题、人口预测等问题都是非常合适的案例。

翻转教学是近几年兴起的一种教学方式，是以学生为中心，培养认知能力的一个重要手段。根据教学内容可以合理安排、设计翻转教学的章节。例如，在假设检验的教学中，单个正态总体的参数假设检验与两个正态总体的参数假设检验、右侧检验与左侧检验，另一个参数已知与另一个参数未知，在分析问题时是同一种模式，教师可以讲授一种情况，另一种情况布置给学生，自己查阅资料，在课堂上让学生讲，让学生一起讨论，最后教师小结得出结论。既培养了学生自学能力，又能通过互动反映学生的理解程度。

（四）改革课程考核方法

建立科学的考核体系也是概率论与数理统计课堂教学改革的重要一环。打破传统的期末终结性考评模式，通过分类考评、过程考评、多形式考评结合，实现形成性评价体系。首先，对不同类别学生，根据不同的教学内容和要求，给予不同的检测，以达到考核分类的目标。其次，一个好的科学考核体系对该课程教学起着引导性作用。改革传统的考核方式，增加平时成绩，比如通过增加章节测验，把日常学习纳入学生评价体系；在课堂教学中引入激励机制，让学生的眼光从"考试分数"转向"过程学习"，从"结果"转向"过程"，建立形成性评价体系。拉动学生积极主动地参与整个教学过程，成为课堂教学的中心。

综合多种考核方式，让学生在考核中体会到自己的创造性思维和主动学习态度及能力能够创造"价值"，激发起学生主动学习的兴趣，真正做到课堂教学从"以教师为中心"转变为"以学生为中心"。

四、结 束 语

从广义的课堂教学的角度，更新课堂教学理念，创新课堂教学方法，结合概率论与数理统计区别于数学学科的特点：随机性和广泛应用性，对概率论与数理统计课程的教学开展一些新教学方式的研究和尝试。旨在有效提升教师的课堂教学能力，提高学生的自主学习能力、实践能力和创新能力，为浙江省经济的快速发展提供良好的人才培养环境。

参考文献

[1] 彭懿. 简析《概率论与数理统计》课程教学改革 [J]. 数学理论与应用，2016(2)：125–128.

[2] 丛玉华，于梅菊，殷烁. 地方高校转型趋势下概率论与数理统计课程教学改革探索与实践 [J]. 通化师范学院学报（自然科学版），2016(2)：83–87

[3] 赵瑛，王彬.《概率论与数理统计》教学内容、方法、模式及学生应用能力培养的研究与实践 [J]. 吉林化工学院学报，2015(9)：74–77.

[4] 方茹，田波平，王勇. 谈案例教学法在概率论与数理统计教学中的应用 [J]. 大学数学，2014（S1）：59–62.

[5] 刘帅，王婷婷，张久军，赵琪. 概率论与数理统计课程教学改革探索与实践 [J]. 辽宁大学学报（自然科学版），2016(3)：285–288.

[6] 史娜，薛亚奎，雷英杰，张峰. 翻转课堂在《概率论与数理统计》课程中的教学设计研究 [J]. 兰州文理学院学报（自然科学版），2015(6)：94–98.

[7] 田成诗. 关于财经院校概率论与数理统计课程教学的几点思考 [J]. 统计与咨询，2010（4）：30–31.

教学方法篇

JIAOXUE FANGFA PIAN

英语专业"三位一体"高招改革生学习适应性研究 ①

张露茜 ②

（浙江工商大学外国语学院）

摘　要： 鉴于当前"三位一体"多元招生制度研究侧重招生阶段，课题研究创新性地从实施效果角度，以英语专业学生为例，建立了发展生态学的"三位一体"大学生学习适应性模型。研究结果显示，在学习适应性整体和各因子上，特别是学习动机上，"三位一体"略优于统招生。

关键词： "三位一体"；英语专业；学习适应性

一、引　言

（一）研究背景

"三位一体"多元招生制度作为浙江省内新型的多元化高考招生模式，自 2011 年试点至今，仅有短短的几年，但受国际化高校发展趋势影响（ZHANG, SORRELL & ADAMSON, 2017），其发展形势迅猛。"三位一体"实际上建立在类似国外大学自主招生形式的基础上。"三位一体"指的是高校将考生学业水平测试（如高中会考）、高校综合素质评价（如高校面试）、统一选拔考试（高考成绩）三方面成绩按一定的权重比例折算成综合分（如2∶3∶5），最后按综合分择优录取考生。但不同的学校对这个权重比例会有微调。

浙江省"三位一体"试点以来，考生报名日益踊跃，招生人数已占总高考招生名额的3% 左右，招生比例为 10∶1，并催生《浙江高校"三位一体"招生应对技巧》（王国华，2013）一书。至今，浙江省"三位一体"高招改革试点已至第七年。统计显示，2011 年仅有 2 所试点大学，后增至 2014 年的 35 所试点高校与职业院校，其中还包括省内唯一的

① 浙江省教育厅科研资助项目（Y201636070）。

② 张露茜，讲师，博士，研究方向为英语语言教育。

一所有自主招生权利的国家级重点大学：浙江大学。2014 年后试点高校亦逐年增加。

（二）当前问题

但是，与"三位一体"受重视情况恰恰相反的是，当前社会对其存在一些看法，如认为"三位一体"是为高考考不上的学生准备的；又或者认为"三位一体"大学生因为性格更外向，所以在课外的社团中表现更出色，但实际上这些学生入校后的专业成绩并不突出。那么，"三位一体"大学生是否只是性格更外向，但是缺乏专业潜质呢？需要如何改进，以使这些社会看法发生转变呢？

目前的"三位一体"的相关研究大多侧重招生阶段问题，针对以上问题，课题研究创新性地以英语专业学生为例，目的是从"三位一体"多元化招生的实施效果角度，研究学生入校后的学习适应性现状，以期对"三位一体"多元化招生制度有全面的了解。

二、研究目的与问题

鉴于当前研究大多侧重招生阶段，课题研究创新性地以英语专业学生为例，目的是从"三位一体"多元化招生的实施效果角度研究学生入校后的学习适应性现状，以期对"三位一体"多元化招生制度有全面的了解。研究问题为：① 学习特定专业的动机如何？② 自我评价的专业化程度如何？③ 高校提供的学习与生活条件如何？④ 与统招生共处的学习与生活态度如何？

三、研究思路与方法

研究综合运用教育政策与教育心理学等相关学科理论，采用多学科分析下的文献分析与混合研究，结合统计学与内容分析理论进行数据分析。以杭州市内 2014—2015 学年设置"三位一体"英语专业的高校为研究对象。通过定性与定量结合研究方法，研究"三位一体"英语专业学生在校学习适应性存在的特点和问题。具体的研究步骤包括三个阶段，依次进行了预访谈、问卷调查、正式的半构造式访谈。

创新点在于自行设计的问卷与访谈问题。课题研究以浙江省"三位一体"英语专业为例，参照冯廷勇（2006）编制的大学生学习适应性量表，自行设计并检验了包括 29 项"三位一体"学习适应性问题的问卷，涵盖学习动机（10 项）、学习态度（7 项）、自我评价的学习能力（5 项）、生活环境（4 项）、学习环境（3 项）。过往研究显示这些因素能促进英语专业语言学习能力的提升（张露茜，2015）。问卷通过 SPSS18.0 进行缺失值插补、正态检验、探索性因子分析、信度分析、描述性分析、相关分析、方差分析、线性分析等八项运算，对比了 78 份有效的英语专业"三位一体"大学生学习适应性问卷与 95 份英语专业统招生的学习适应性问卷。正式访谈以性别、年级、性格的最大差异化取样 10

名"三位一体"学生后进行转录与对比。之后，针对研究中使用的工具的信度与效度展开讨论，显示课题研究有一定的信度与效度。

此外，课题还细致处理研究中可能出现的伦理问题，以保障受访者隐私不受严重侵犯与受访者的权益不会受到严重影响等。最终得到调查杭州市内开设"三位一体"英语专业的 5 所高校的进入许可，并获得学生与校方的知情同意。之后，采用混合研究方法进行杭州市内各校"三位一体"英语专业学生的预访谈（用于问卷问题的设计）、问卷与访谈。

四、研究结果与讨论

研究的重要发现为"三位一体"学生在学习适应各项因素上确实略高于统招生。这项发现不仅能为高校的专业建设发展提供符合学生个性需求的战略性理论指导，而且在广度上也是对"三位一体"新高招体制现有研究的有力补充。为高校人才培养提供建议和对策的同时，也为完善全国高考招生体制提供了理论依据。

表 1 英语专业"三位一体"大学生与统招生的学习适应性五因子均值

问卷五因子	学习动机	学习态度	自我评价的学习能力	生活环境	学习环境
"三位一体"大学生（N=78）	4.06	4.42	4.26	3.01	4.59
统招生（N=95）	3.24	4.08	3.92	2.40	4.23

表 1 展示了描述性统计的"三位一体"大学生与统招生学习适应性五因子整体均值比较结果。可得出在学习动机、学习态度、自我评价的学习能力、学习环境与生活环境五个维度上，英语专业"三位一体"学生的均值都高于统招生。"三位一体"学生为学习动机（M=4.06）、学习态度（M=4.42）、自我评价的学习能力（M=4.26）、生活环境（M=3.01）、学习环境（M=4.59）；而统招生为学习动机（M=3.24）、学习态度（M=4.08）、自我评价的学习能力（M=3.92）、生活环境（M=2.40）、学习环境（M=4.23）。下面将结合具体研究结果进行主要对策分析。

（一）扩大第一专业志愿"三位一体"多元化招生范围

通过预访谈、问卷与正式访谈收集的数据分析后发现，"三位一体"英语专业学生的学习适应性整体上和各因子上特别是学习动机上都略优于统招生。研究结果显示，"三位一体"学生相较于统招生，具有更适应专业学习的特点。这也表明招收的"三位一体"学生确实具有专业潜质，扩大"三位一体"招生范围有利于高校的专业人才选拔。

此外，研究还发现，虽然"三位一体"学生整体上学习动机比统招生高，但是访谈中发现没有以英语专业为第一志愿的"三位一体"学生，学习动机远低于其他学生。这也表明高校在招收"三位一体"学生时，要考虑选择以所选专业为自身第一志愿、具有强烈专业学习意愿的学生。总结这里的两点发现，即要扩大第一专业志愿"三位一体"多元化招生范围。

（二）实行分专业的考核方式

文献调研发现，"三位一体"的形成发展受到浙江省发达的社会政策、经济、文化三方面的因素影响。当前"三位一体"招生上面临的挑战主要在考核的有效性与公平性、科学性、高校的压力与应试培训缺乏的问题上。

研究结果显示要扩大第一专业志愿"三位一体"多元化招生范围，但是调查的高校在考核方式上存在一些问题，如没有实行文理分科考试，以人文素养作为共同的选拔标准，导致选拔的学生并非以"三位一体"作为自身的第一专业志愿，专业学习动机偏低。因此有必要改变考核方式，进行分专业的人才选拔，才能保证高校选拔到符合"三位一体"选拔目标的专业人才。

（三）提升"三位一体"大学生对生活环境的适应性

研究对比了"三位一体"大学生适应较好与较差的方面。"三位一体"大学生适应得较好的方面是学习动机、学习态度、自我评价的学习能力与学习环境。问卷中发现，学习动机与其他四个因子都相关，学习态度与自我评价的学习能力相关。但是，"三位一体"大学生在生活环境上适应能力较差。

此外，问卷发现学习动机与生活环境相关。提高对于生活环境的适应性，能增强学生的学习动机。高校的相关人员可以从课外活动指导、集体生活帮助、情绪管理三个方面来提高学生对于生活环境的适应性。在课外活动指导上，"三位一体"学生要寻求课外社团活动与专业学习之间的平衡。在集体生活的帮助上，学生在寝室与班级集体生活方面寻求帮助时，也需要得到高校相关教师切实的帮助。最后，英语专业教师与高校管理教师要对"三位一体"英语专业学生学习与生活上出现的情绪问题进行适当疏导，提高学生的学习适应性。

（四）开展多样化课堂教学模式，提升学生自我评价的学习能力

研究发现，"三位一体"英语专业大学生自我评价的学习能力差异较大，从优秀到中下不等，但是并没有学生觉得自己英语水平差的。问卷中发现自我评价的学习能力与学习态度相关性最强，学生们的学习态度都非常认真，能意识自己知识上的不足。这也能解释学生们自我评价的学习能力不会是差的。

在课内，学生们反映最多的期望是改变现有的课堂教学模式。访谈中的一些英语教师主要采用传统的授课模式，另一些教师则主要采用互动式的教学模式。尽管现在的教学中提倡互动式、以学生为主体的教学方式，但是有的学生偏爱传统模式，有的学生建议结合两种模式。教师在教学中需注重因材施教，合理地结合传统与互动式，或许才能最大化实现知识传递与运用创新，从而提高学生自我评价的学习能力。

（五）建立发展生态学的"三位一体"大学生学习适应性模型

要实现"三位一体"多元化招生的长期战略性发展，需要政府相关的教育部门、各试点高校、高中之间的协同合作、相互监督。发展生态学模型的建立基于教育部门对"三位一体"多元化高考招生制度与其后续的制度发展政策的引导与支持。模型可详见张露茜（2016）专著。

模型中心是"三位一体"大学生的学习适应性，是基于高中阶段的指导呈现出的学习适应性。课题发现的学习适应性五个因素可以被归纳到模型中去。其中，学习动机、学习态度、自我评价的学习能力可以通过个体的自主学习以及与同伴的合作学习体现；学习环境和生活环境可通过对提供的学习资源与场所的合理利用进行体现；教师的引导作用则贯穿整个模型。

五、结　　语

课题创新性地从"三位一体"英语专业学生入学后效果角度切入研究，通过预访谈、问卷与正式访谈研究结果分析发现，在学习适应性整体和各因子上，特别是学习动机上，英语专业"三位一体"学生略优于统招生。基于研究结果得出的教学启示以及发展生态学系统观，建立了一个发展生态学的"三位一体"大学生学习适应性模型。以供相关教育部门、试点高校、高中优化"三位一体"高招制度，相应地调整"三位一体"选拔细则与应试培训等。"三位一体"学生与家长也可通过阅读本文，在参加"三位一体"考试前或者在即将入校时，做好全面合理的入学规划，更加明确专业学习的目的与目标。

课题肯定了本校教育规划与招改制定。但限于"三位一体"试点试行时间较短，未来"三位一体"的研究方向可以从以下三个方面考虑："三位一体"实施多年后在英语专业的重复研究、在其他专业的补充研究、研究工具的改变研究，如加入历时性跟踪调查。

参考文献

[1] ZHANG L，SORRELL D，ADAMSON B. Sustainability of college performance evaluation in China：Challenges and tensions [A]// Gao F，Savelyeva T. Sustainable tertiary education in Asian and Eurasian contexts：Listening to voices of academics. Dordrecht，Heidelberg，New York，London：Springer，2017.

[2] 冯廷勇，苏缇，胡兴旺，等 . 大学生学习适应量表的编制 [J]. 心理学报，2006，38(5)：762–769.

[3] 王国华 . 浙江高校"三位一体"招生应对技巧 [M]. 北京：光明日报出版社，2013.

[4] 张露茜 . 破冰之旅：中国高校英语课堂的二语交流意愿个案分析 [M]. 杭州：浙江工商大学出版社，2015.

[5] 张露茜 . 浙江省"三位一体"高招改革生学习适应性现状调查——以英语专业为例 [M]. 北京：中国书籍出版社，2016.

关于浙商大学生对毛泽东思想与中国特色社会主义理论体系概论课理论教学改革感受的调查[①]

——基于金融 1401、1402，工商 1501、1502 等教学班访谈分析

詹真荣[②]　范乃武[③]　毛　慧[④]

（浙江工商大学马克思主义学院）

摘　要： 詹真荣与几位助教对其近几个学期讲授的毛泽东思想与中国特色社会主义理论体系概论课程理论教学改革效果进行了调查，听取和分析了学生对学习"概论"课真实感受与改进建议。学生们普遍赞成讲授法与"家乡美、时政评论，翻转课堂、读写议"教学法相结合的授课方式，认为教学富有趣味性，学习兴趣普遍较高。针对每种教学方式的不足，认真听取了学生变换讲解视角，合理分组并控制讲解时间，引导学生独立思考，加强网课监督，增进课堂师生互动性等合理建议，在今后教学中实时改进现有教学方式，切实提高"概论"课教学实效性。

关键词： 概论；教学改革；调查

2016 年 12 月 7 日至 8 日，习近平总书记在全国高校思想政治工作会议讲话中告诫全党：高校思想政治工作关系高校培养什么样的人、如何培养人以及为谁培养人这个根本问题；并强调要办好思想政治理论课。毛泽东思想与中国特色社会主义理论体系概论（以下简称"概论"）课是高校思政理论课核心课程，是为了帮助大学生系统掌握中国化马克思主义的形成发展、主要内容和精神实质，不断增强中国特色社会主义道路自信、理论自信、制度自信和文化自信。为了讲好"概论"课程，我们进行了系列课改活动。为了了解本课程近几年教学改革效果，课题负责人詹真荣带领助教在学期末对自己授课班级（主要包括软件 1301、13A，国会 1401、1402，计科 1401、1402，食安 1401、1402，金融 1401、1402，金融 1501、1502，工商 1501、1502 等）学生进行了抽样调查，接受访谈的

① 本文是詹真荣主持的浙江工商大学共同基础课课改项目《毛泽东思想和中国特色社会主义理论体系概论》（浙商大教〔2013〕182 号）阶段成果。参与调研的是先后担任本课程助教的马克思主义理论专业研究生毛慧、刘幻、范乃武。

② 詹真荣，副院长，教授，研究方向为马克思主义理论和世界社会主义运动。

③ 范乃武，马克思主义理论专业 2016 级研究生。

④ 毛慧，马克思主义理论专业 2014 级研究生。

学生约有 300 人。课题组集中听取和认真分析了他们对学习詹真荣主讲的"概论"课真实感受与改进建议。本报告就是在连续三个学期课程结束后调研的基础上形成的。

一、同学们赞成教师运用多种教学法进行"概论"课理论教学

"概论"课程内容十分丰富。在课堂中，我除了采用讲授这一传统的教学法外，结合多年教学实践，实行了多种教学法，例如，"家乡美"教学法、时政评论教学法、"翻转课堂"教学法等，极大地调动了学生的学习积极性。学生们普遍反映，多样化的授课形式使课程富有趣味性，不再单调、乏味。在调查中，绝大部分学生谈及了对课程各教学方法的真实感受，提出了相关建议。

（一）关于讲授教学法的感受

在众多授课方法中，我把较传统的讲授方式放在重要位置。"概论"这门课程理论内容丰富，而学生基础水平参差不齐（文科生基础较好，理科生则基础较差），加之学生理解能力不同，需要教师采用讲授法对知识进行基本梳理。在调查中，有学生反映老师在讲授过程中思维过于发散，重点不突出；有理科背景学生反映，老师讲课速度过快，无法跟上上课的节奏；部分同学认为，课本上的内容枯燥抽象，与现实生活联系不紧密，导致理解上的困难，希望老师可以运用更加浅显易懂的方式进行讲授。

（二）关于"家乡美"教学法的感受

每次课上，我都会请几位学生以 PPT 的形式向全班学生介绍自己家乡，用几分钟的时间向师生展示自己家乡最美最有特色的一面。大部分学生都非常支持这种方式。同学们反映，对于准备上台演讲的学生来说，在准备演讲的过程中要查阅大量的资料，他对自己的家乡会有更多和更深入的了解。由于是介绍自己家乡，学生们会产生强烈的归属感，希望把家乡最好的一面展示给大家。另外，上台介绍发言能锻炼学生们的口头表达和演讲能力；对于听讲的学生来说，通过这个环节，他们可以了解不同地域文化和特色文明，了解区域经济社会发展状况，更深刻地体会到中国特色社会主义给中国带来的巨大变化。这些直观现象所产生的冲击远远大于书本中的文字描述。但是，也有个别学生认为这个环节和"概论"课联系不紧密；个别小组展示"家乡美"占用了过多的时间，影响了其他学教育环节的开展。

（三）关于"时政评论"教学法的感受

"时政评论"法主要是让学生对当下的时事新闻事件进行评论分析。一方面，每次课我都会播放一小段时政视频，请几位学生发言，谈谈对事件的看法。另一方面，学生们也会选择当下热点新闻和社会焦点事件，制作成 PPT，向大家介绍并发表评论。介绍之后，

下面听讲的同学可以对演讲学生的表现及所提到的热点新闻和社会焦点事件发表自己的看法和观点。"时政评论"活动可引导学生们在平时生活中去主动关注国内外时事政治，培养学生的政治敏锐性，了解国家社会发展的基本状况，意识到身上所承担的责任和使命。同时，通过学生间面对面点评，交流这种方法，引导学生独立思考，勇于表达自己的观点，培养学生独立思考的能力和问题意识。每到这个教学环节，课堂气氛都比较活跃，学生们踊跃发言，生生之间交流频繁。即使课程结束后，同学们仍在互相讨论，可以看出绝大部分学生对这个活动比较感兴趣。学生们普遍反映，"时政评论"活动使课堂更加生动有趣，而且自己也养成了思考社会热点问题的习惯。在调查中，有部分学生建议"概论"课程应当适度增加这部分时间，并提议发言时要结合中国化马克思主义理论去分析问题、解决问题。

（四）关于"翻转课堂"教学法的感受

"翻转课堂"教学法是"互联网 +"在高校教学实践的运用，学生线上（网络学习平台）学习与教师线下教学讨论相结合的模式。"翻转课堂"网络学习平台是"概论"课程线上自主学习的主要阵地。该网络学习平台按照授课进度，采用每周更新开放新章节，关闭旧章节的方式督促学生们及时观看"翻转课堂"视频，完成章节测试题，复习和巩固所学内容，查漏补缺。此外，针对课程涉及的章节重点理论问题，平台设置了"话题讨论"专栏，学生们可随时参与讨论，引导他们思考与交流。对于学生们在线上提出的问题，我会及时回复，答疑解惑，与学生交流互动。线上视频主讲教师是来自清华大学的知名学者，为学生理论知识的学习提供了强大的智力支持。视频授课能突破时间和空间的限制，让学生们足不出户便可享受到优质教学"资源"。线上学习与线下教学有机结合，互为补充，形成健全的教学系统。但网络学习也存在诸多问题：网络学习具有自主性强的特点，很大程度上依赖于学生学习的自觉性；网络学习缺乏有效的监管方式，部分学生学习积极性低，甚至存在小部分学生以极不认真的方法完成线上学习内容的现象，学习效果大打折扣。在调查中，以上问题都是学生们反映最强烈的。

（五）关于"读、写、议"教学法的感受

"读、写、议"教学法是我校传统教学法。"读写议"这个环节，主要是让学生们利用课余时间阅读领袖人物的传记、中国化马克思主义理论文献、习近平同志治国理政著述、关于中国道路研究以及浙江经验研究资料等理论作品，或者观看与课程相关的视频资料，最后完成一篇读后感或者观后感。在平时的学习生活中，学生们可能并不会花费时间去阅读或观看这些作品。通过阅读或观看这些作品，学生会加深对毛泽东思想、中国特色社会主义理论的理解，对中国各个时期的领导人也会有更多的了解，对于马克思主义中国化为中国带来的变化有更深的体会。通过阅读《习近平谈治国理政》，查阅关于中国道路研究、浙江经验研究等资料，学生们加深了对中国特色社会主义理论与实践的理解，增强

了"四个自信"。在写作的过程中，同学们也锻炼了写作能力，养成了勤于思考的习惯。

（六）关于"师生互评"教学法的感受

"师生互评"教学法其目的在于改进教师的教学活动。同学们反映，一般情况下，老师在每堂课结束前会留出3—5分钟听取学生对本堂课教学活动的建议，以便及时发现教学过程中的问题，改进教学。这种相互点评的方法，初步达到了教学相长的目的。"概论"课程内容较多，章节间具体理论知识差异大，既增加了授课难度，又对学生的理解能力提出了更高的要求。有学生反映，学习效果因章节内容而异，希望老师要多听取学生对教学活动的点评，征求学生们的教学意见，根据不同的教学内容采取有针对性的教学方法，这样更有利于提高课堂教学效果。

总体来说，大部分学生都认为"概论"是一门十分有必要的课程，能帮助学生系统掌握马克思主义中国化的最新理论成果，不断增强对社会主义的道路自信、理论自信、制度自信、文化自信，坚定中国特色社会主义理想信念，培养爱国主义情感。同时，在学习的过程中，该课程有助于树立正确的人生观和价值观，培养理论联系实践和独立思考的能力。

二、同学们对"概论"课理论教学进一步改革的建议

在调查中，学生们根据自己的学习感受和体会，提出了进一步改进课堂教学的建议，归纳起来有以下几点。

（一）关于改进"讲授法"的建议

学生们建议老师在讲授的过程中，除了课本内容之外，可以结合更多其他材料，丰富教学内容。比如，教师可以把课本内容和其他经典书籍及重要政治人物的传记相结合进行讲授，变换讲解视角。有部分学生认为，课本的内容理论性强，未免枯燥，不太吸引人。对此，建议日后教师授课在以课本内容为主的基础上，辅之相关的经典书籍和传记，穿插一些小故事，深入浅出地讲解，使教学内容变得更加有趣。既能兼顾学生的理论基础和理解能力的差异，又能使学生们集中注意力，认真听讲，提高学习的趣味性。

（二）关于"家乡美"教学法的建议

多数学生认为，该环节有利于深化对课程的理解，有助于把握"概论"课程基本理论的精神实质，并且能了解不同地域的文化和特色。"家乡美"的展示是理论联系实际教学方法之一，让学生在介绍过程中，紧密联系改革开放和社会主义现代化建设的实际，更加切身地感受到社会主义建设给中国带来的变化，增强对社会主义的认同感，培养爱国主义情怀。但要注意一点，教师需要合理控制PPT讲解时间，避免占用太多时间。另外，可以

以省、市、县地理范围为依据划分小组，增加组员人数，这样既提高了学生参与度，又合理设置了发言组数，解决排序靠后的小组发言时间紧张，发言不充分的问题。

（三）关于进一步做好"时政评论"法的意见

时政评论环节除了请学生介绍事件的始末，更重要的是要引导学生用所学的知识分析问题，发表见解。有学生认为，很多同学在讲解的过程中只是比较粗略地介绍事件的表面现象，并没有进行实质性的分析，没有提出自己的真实看法。其实，时事评论的重点在于引导学生形成自己对事件的判断，培养独立思考的能力。本科生专业理论基础较为薄弱，加之准备时间有限，因而还做不到深入分析研究。学生做到能运用所学理论知识，结合事件，表达自己的看法即可。另外，此环节可以让听讲的学生参与到讨论中，提出自己的想法，交流观点，相互学习，既带动了课堂气氛，又达到了培养学生独立思考，理论联系实际能力的教学目的。在调查中，有学生建议可以适当增加本环节的时间比重。

（四）关于用好"翻转课堂"教学法的建议

调查中，学生们集中反映线上"翻转课堂"网络平台学习环节存在问题较多，亟须完善。

一是"翻转课堂"网络平台自身存在的问题，例如，受网速影响大，一旦网速较慢时，视频页面经常卡住，有时刷新几次仍然不能缓冲成功，耗费学生太多时间；有时观看完视频后，显示标志不变色，带给学生未完成任务的错觉。另外，为保证网络平台的正常学习，指定使用火狐浏览器，导致学生网络学习途径单一，学习地点一般局限在寝室使用个人电脑，学习环境和氛围较差，学生学习效果不佳。针对网络平台自身的问题，建议："翻转课堂"网络平台技术支持方要提高浏览器适用性，不局限于火狐浏览器，并提高平台稳定性。

二是网络学习的自主性强，缺乏实时监督的问题。在调查中，学生们普遍反映部分学生学习积极性低，自律性差，存在网络课程逃课，开放的章节内容不能按时按量完成，甚至少数学生以极不认真的方法完成线上学习内容等现象，例如，通过下载所谓"刷课"软件完成视频学习内容，请其他学生代学。另外，只在视频框锁定鼠标光标的设置，并没有杜绝学生一边播放视频，一边做其他事情的现象。缺乏有效的监管手段导致线上教学流于形式，教学效果大打折扣。

针对有效监督网络学习的问题，建议：第一，"翻转课堂"网络平台进一步强化技术支持力度，例如，应该在整个"概论"网络学习页面锁定鼠标光标，光标一离开概论课学习页面，自动停止所进行的学习内容。第二，线上教学可以考虑采取线下授课环节教学考勤的方法，规定学习地点，例如，组织学生到学校现教中心机房进行集体学习，辅之签到或点名考勤方法，督促学生认真对待。第三，在视频播放过程中或结束后，设置不定时问题窗口节点，并根据本段视频专家讲解内容随机设置问题，若学生回答错误则重新观看。

这样既能有效监督学生认真学习，又及时检查了学生对视频内容的掌握情况，一举两得。

三是"翻转课堂"网络平台章节测试题未能设定限制时间，有些学生可以在其他网站上查到答案。对此，应采取在线测试"考试化"的方法，严格设定完成时间，督促学生在规定时间内凭自己的能力完成，保证公平公正。

四是"翻转课堂"网络平台师生互动性有待提高。学生在听视频课与章节测试中的问题得不到及时解决，长时间学习会枯燥。对此，网络课应增加教师答疑互动环节，在网络课上，教师全程参与互动，及时解决学生网络课学习中的新问题。

（五）关于课堂主线问题

有学生建议，在授课过程中，老师要抓住主线，贯穿整个课堂。有学生反映，教学环节过多，容易使他们抓不住学习重点。对此，老师课前可以列一个授课提纲，围绕提纲授课，也可以围绕授课提纲的重点发散开来讲一些课外的知识。这样学生可以清楚地掌握授课重点，也可以较好地理解授课内容，便于课后复习巩固。

（六）关于继续强化阶段性师生互评，提高"师生互评"教学法的效率

在教学中，还要加入阶段性师生互评环节，及时听取和采纳学生合理的教学建议，不断改进教学工作，实现教学相长的目的。"概论"课程内容较多，章节间具体理论知识差异大，既增加了授课难度，又对学生的理解能力提出了更高的要求。有学生反映，学习效果因章节内容而异，希望老师在不同授课阶段多听取学生教学点评，征求学生们的教学意见，变换教学方法，以便达到更好的教学效果。

阿拉伯语基础语音语调教学策略改革研究 [①]

周　玲 [②]

（浙江工商大学东方语言文化学院）

摘　要： 阿拉伯语（以下简称阿语）发音之难，举世公认。本文通过对阿语教学中的难点分析，旨在探索阿语基础语音语调教学策略的改革之路，从而让学生在 7 周内充分掌握 28 个字母的 336 个音素的发音特色，培养学生优秀的语感，激发学生对阿语专业的热爱。

关键词： 阿拉伯语；基础语音语调；教学策略改革

一、阿语语音语调教学的特点和难点

（一）阿语字母发音的特点

按照百度百科中对元音字母的解释，"元音字母，或母音字母，是语言里起着发声作用的字母。元音又称母音。"相对于发音时不受到发音器官的阻碍而发出的元音，阿语不存在元音字母，它的字母都是辅音。但是，阿语用 "ا" "و" "ي" 分别用来表示 [a:] [u:] [i:] 三个长元音。

阿语 28 个字母的发音是靠发音符号来完成的，这个和汉语是相似的，四声对应于阿语的静符、合口符、开口符和齐齿符等 12 个发音符号，每个字母必须与标在其上边或下边的符号相结合发出不同声音。28 字母就有 336 个音素，其音素之多居世界各种语言之首。

（二）阿语语音语调教学的难点

学习任何一门语言，必须先从它的字母开始学习。但凡阿语初学者，接触字母伊始，即会产生畏难情绪。阿语字母的一些发音部位，对于中国学生来说属于完全陌生的新生事

---

① 本文为浙江工商大学 2016 年度课堂教学创新项目"《基础阿拉伯语会话》课中'任务型教学法'的导入及应用"的成果。

② 周玲，副教授，硕士，研究方向为阿拉伯语教学改革。

物，启动从未习惯的发音部位，对于人的心理和生理都是一个考验，因此，接受它需要过程。具体来讲，阿语的语音语调教学难点体现在以下几个方面。

1. 发音方法繁杂

28 个阿语字母中，有 12 个字母的发音在汉语普通话中（中国庞大到无法确切统计数字的地方口音或许会有）是完全没有的，实际上也几乎无法从其他语言中找到相似的音。

阿语的 28 个辅音中，浊辅音占五分之四，清辅音占五分之一。众所周知，辅音发音是靠气流从肺部出来，经嗓门、喉头、口（鼻）腔，在通道上受到阻碍而形成；如果声带震动，就是浊辅音，反之为清辅音。发浊辅音时，按不同发音方法发出的塞音（又称爆发音）、擦音、流音、口音和鼻音等引起的浊音、摩擦音、喉音、齿间音、顶音、小舌音、颤音、咝音等发声，在练习中，因声带反复震动易使练习者产生诸如恶心、脑门嗡嗡作响、面部发麻等不适生理反应。

2. 读音规则多变

阿语字母的开口音符所代表的发音一般相当于英语单元音 [æ] 的发音，但是字母 ق, ح, ر, ع, خ 的开口音却是与英语音标中的 [a] 的音相仿, ص, ض, ط, ظ, و 的开口音与英语音标 [ɔ] 的音相仿。虽然阿语的长音是原短音发音方式基础上延长 3 倍，对于 و 却不适用，它的开口长音又变回到一般字母的开口音读法，即 [wæː]。同时，阿语的叠音的读法、冠词的连读、字母的同化、顶音的混变读法、柔弱字母的互换、静符相遇时的读法、字母的略读等读音规则多样，初学者如没有持续精进的精神，很难掌握其要领。

3. 字母写法独特

一是字母的形状及写法非常相似，二是每个字母处于词首、中、尾时分别有不同的写法，三是独特的从右至左的书写习惯。这些足以令初学者望而生畏、难以适从。

4. 学生生理局限

笔者在语音语调教学第十周对我院 1601 班的 25 名学生进行问卷调查后了解到，对颤音的掌握人数几乎各占一半，经常混淆或不能轻易区分掌握 ء-ح-غ 发音的占 36%，经常混淆或不能轻易区分掌握四个顶音发音的占 44%，读不准叠音、重音的分别占 32% 和 44%，有吞音现象的占 88%。从以上结果表明，从发音习惯来看，学生对一些阿语特有字母的发音掌握是有难度的。阿拉伯语的一个浑厚音应对一个轻音，但很多同学经常会把以下几组字母发音搞混，

غ ع，ق ك、ظ ذ ز ، خ ح ، ح ه ، ط ت ، ض د ، ص س

这些很大程度上由学习者生理局限造成的困难确实是个很大的挑战。

二、阿拉伯语语音教学策略改革

笔者从事阿语学习、工作 30 年，见过立志自学阿语的人不计其数，但最多学到 5 个字母就开始知难而退。阿语圈有个共识：要是没有老师指导，学会阿语尤其是掌握精准发

音儿无可能。

在我国，设有阿语专业的大专院校，绝大多数是按照北京外国语大学阿拉伯语学院编的《新编阿拉伯语课程》（编于 2002 年）。其中，阿语字母教学顺序，并不按照字母表的顺序，而是按照发音难易程度由简到难的顺序教学。笔者认为，在以后的教学中，若能按照字母书写的相似度，集中教学更易使学生学习和掌握。

由于语音语调教学时间仅为 7 周，时间紧、任务重且难，因此需要全方位对教学活动程序、教学组织形式、教学方法手段、教学媒体等进行考虑。但首先必须重视发声理论的介绍和实践，同时重视对学生的跟进和信息反馈。具体来讲，阿语语音语调教学策略改革中主要应把握好以下三点。

（一）充分了解学生特点，拓展课内教学新技巧

阿语语音语调教学课上，应在充分了解学生发音特点的基础上，重视理论系统化的介绍，而不仅仅是依葫芦画瓢填鸭式灌输。

1. 江浙地带学生固有的发音特点给学习带来的困难

以我院的 1601 班学生为例，其中 19 名来自浙江，其他 6 名分别来自甘肃、江苏、安徽、山西、陕西等，全班女生 21 名占 84%。浙江地处江南水乡，讲话普遍气流内收，共鸣腔位置比较靠前，主要是在口腔和喉腔，因此声音尖细轻巧，听起来温婉细腻、单薄柔弱。而阿语产生于阿拉伯半岛的沙漠地带，严酷的生活环境决定了阿拉伯人的发声特色，共鸣腔位置靠后，基本是在口腔、喉腔、鼻腔、胸腔、脑腔，因而声音多为饱满有力，听起来富有磁性，清晰通透，较"吴侬软语"有明显差异。这就很好解释了为什么初学者在练习阿语语音语调时会有头晕的反应，因为不同的"共鸣习惯"决定了他们的发音方法和效果。

2. 从生理构造不同入手帮学生摆脱发声困惑

要改变大部分学生固有的发声习惯，改变喉头紧张、口腔打开不足的现象，课堂上的灌输尤显重要。在练习发声中，反复强调两者的不同，让学生近距离感受教师的发声特点，观察教师的发声器官变化。

3. 从生活环境的设想入手帮学生找到身份代入感

在分析两种语言区别时，让学生感受到两者的不同除来自身体构造以外，还有生活环境的重要因素，从而使学生在改变自己的发音习惯时，逐渐将沙漠民族的特性自然地代入，从内在改变发声习惯。

4. 提高教师的自身素质

随着互联网的迅速发展，很多学生可以接触到阿语网络教学的各种版本，给学习带来很多便利。但如果教师本身的发音不悦耳不正宗，反而容易影响到学生对这门语言的热爱程度。另外，学生也会对从网上听到的一些字母发音与教师教授的不同而提出质疑，因此对教师本身的语音语调要求会很高。

5. 提高课堂教学的灵活性和互动性

课堂上，经常会察觉到学生的紧张和茫然，比如有的学生平常说汉语时面部表情正常，一念起阿语，就会出现不停眨眼、面部肌肉紧张等过度应急反应。尝试把教室课桌调整成 U 形，教师在中间游走讲课，随时可以走近每一个学生身边，倾听他们的发音是否准确，防止学生思想走神。教师在身边的紧张感，促使学生思想高度集中，提高对教师发音模仿的精准率。鉴于字母教学的特殊性，板书比多媒体视频制作 PPT 教育来得更加实用。在黑板上书写的同时，可以使学生更加强字母的感性实体认识，从而留下更深刻的记忆和对字母的联想。

（二）实时跟进学习动态，探索课外督促"笨办法"

1. 帮助学生克服畏难逃避情绪

第一志愿入学的学生 4 名，加上降级转专业 1 名，占 25 名学生的 20%，占总数的五分之一，他们甚至都没听说过阿拉伯语，对于这门专业不认可。很多学生上存在着极强的委屈和无奈、消极的心理。思想上总是存在着"我学不好就转专业"的念头，上课的时候无法遁形，但是下了课，就会产生消极抵抗逃避的情绪。作为一名负责任的教师，必须了解学生的畏难情绪，帮他们树立起正确的学习目标和端正的学习态度，以增强学习的积极性主动性，从而培养他们对学习掌握阿语的坚定的信心。

2. 利用手机加强课外辅导

当前，自我意识强而自控力不强的学生不在少数，课下学习自觉性不强，这对于课下学习必须是课上时间至少 4 倍的教学要求是一对较难调和的矛盾。高科技帮助教师可以在课后随时跟踪、掌握学生的学习动态。要求学生通过手机语音功能上交语音作业就不失为一个行之有效的办法。一个班级 25 名学生，若一个学生的语音作业为 10 分钟，250 分钟的录音要听完对教师而言是一个巨大的工作量。但是通过这个方法，不仅可以在第一时间了解学生对于上课知识的掌握程度，更可以跟踪学生的学习时间和状态。帮助学生调整不正确的发音，使得教师和学生的距离缩短。

3. 加强跟读练习

早自习 30 分钟，是教师领读跟读的最佳时间。每天 30 分钟的跟读，是语音教学阶段不可忽视的珍贵机会。教师每天参与学生的早自习 30 分钟，积少成多，学生在体会教师用心良苦的同时，增加了自觉学习的时间。这种对学生造成的"软压力"，看似最笨的办法，却是最有效的督促方法。

（三）对学生建立高度信心，不断激发学生潜能

人的一些潜在的能量，在正常情境下并不显现出来，只在一些特殊的情境下被激发。百度上对于如何开发潜能的词条，有如下叙述："开发潜能有三大要素，即高度的自信、坚定的意志、强烈的愿望。"

1. 教师对学生要有信心

1601班的学生报考阿语的志愿率非常低，5个第一志愿，4个第二三四志愿，其他16名学生是被调剂的，他们甚至没有考虑过学习语言。但是事实上，那些把阿语语音语调学得最好的学生，至少有一半是调剂生。他们甚至表示，他们从语音语调学习开始就爱上了阿语，要把学好阿语当作自己的"梦想"。他们的潜能令人惊讶，因此教师在任何时候都不能放弃对学生的信心，并及时把这种信心传递给学生。

2. 培养学生对阿语的热爱

教师通过积极暗示学生，让学生更多了解阿语是一门优雅有礼的语言，多用阿语的美来打动学生。教师本人对阿语的热爱、阿语对人类文明的贡献、"一带一路"下对阿语人才的大量需求、阿语人才就业的前景等等，都是激励学生产生强烈学习愿望的具体方法。调查表上认为阿语动听的学生达到了22名，达到了88%，说明学生对阿语产生了普遍的好感。

3. 积极组织活动增进学生对阿语世界的融入度

阿语系的教学理念为"做人做事做学问"，让学生去做看似和阿语无关的事情，比如设计系旗、做阿语系官微、做系歌、举办阿语协会的活动、参加各种社会活动等等，激发学生的学习热情，为学好较难掌握的阿拉伯语语音语调激发出超乎平常的耐心和吃苦精神。

4. "爱它就大胆说出来"

由于浙江学生偏多，女生偏多，口音和发声习惯的问题导致学生的不自信，调查中也显示在练习过程中，会受到本身口音的影响，因此自信心的培养至关重要。一些难发的颤音、顶音、摩擦音在积极的心理暗示下，会战胜害羞、怯懦心理，大胆地说出来。上课时快乐轻松的学习氛围，易于消除有较重发音问题的学生的恐惧心理。

5. 做学生的朋友

对于那些还没有足够的吃苦心理的学生，要加强和他们的对话和沟通，成为他们的朋友，让他们看到老师的辛苦付出，从而树立起心中的榜样，坚定起自己的意志力，1601班早自习百分之百的记录说明这个班的勤奋和在培养中的意志力。

采用"平时分"软件进行平时成绩管理的优缺点分析[①]

蒋丽珍[②]　　马　涛[③]　　孙婷婷[④]

（浙江工商大学信息与电子工程学院）

摘　要： 人才培养是高等学校的根本使命，严格学生学业管理是人才培养质量的重要保证。为了严格课堂考核评价，改善平时成绩评定的不合理性。2016年大学物理课程平时成绩评定采用"平时分"软件进行了改革尝试。本文就从几个方面对教学改革取得的成绩和存在的问题进行分析。

关键词： 课堂签到；课堂测验；课后作业

一、课堂签到采用"平时分"软件的实际效果以及存在的问题和解决方法

（一）"平时分"软件课堂签到实用效果

增加课堂表现首先要保证学生到课，传统的点名方式有许多弊端，既浪费时间又容易张冠李戴。大学物理公共基础课内容多、任务重，基本上是两个班放在一起上大课，老师每次课要花很多时间在点名上，既浪费教学资源又完不成教学任务，很是无奈，而有些学生来教室目的就是为了点名，点完名就溜，这让教师头痛却又束手无策。本学期采用"平时分"App就很好地解决了这个问题。让每个学生的手机下载了"平时分"软件的学生端，每次课就可以进行实名签到。教师只需每次课创建签到而无须花时间点名。而且每个学生手机下载的软件只允许一个账号登录签到，有效地杜绝了同学代签的情形；如果发现有学生中途逃课教师还可以再次创建签到，一分钟就可完成签到而根本不用担心浪费时间影响上课。

---

① 浙江省课程改革研究项目：大学物理三位一体TEC教学平台建设研究（kg2013143）。
② 蒋丽珍，教授，硕士，研究方向为量子信息。
③ 马涛，教授，研究方向为光学。
④ 孙婷婷，副教授，研究方向为凝聚态物理。

（二）存在的问题和解决方法及建议

该软件设置学生距离老师 10 米内才能够签到，本可以有效避免学生在教室以外的地方签到；但实际使用并非如此。一开始使用点名效果又快又好，只有少数同学签到失败需要通过老师的手机完成签到。但有几次笔者数人头发现签到人数大于教室里的实际学生数，就有学生反映该软件即使不来上课在宿舍也可以进行签到。一般笔者都是上课前几分钟创建签到，第一节课下课再结束签到，这让不来上课的同学有机会签到成功。对此问题笔者采用的解决方法是每次课选择不确定时间签到，而且 1—2 分钟内就结束签到。比如第一节下课或第三节上课创建签到并迅速结束，签到失败的同学可以到老师手机上签到，由此提高了远程签到的代价，很好地解决了学生到课的问题。这样签到就可以作为平时成绩的组成部分真实而合理，对加强学业管理起到良好的作用。

这里存在的另一个问题是，有些学生自己签到成功，受同学之托帮没来上课的同学到老师处签到，而学生人数多任课教师不确定学生谁是谁。对此笔者的处理方法是及时进行教育和引导，谈遵守规则的重要性以及破坏规则对个人、集体甚至社会的危害，中国人情至上的劣根性对我们国家发展文明进步的阻碍作用，年轻大学生肩负祖国的未来和希望应有责任感对人情世故说不。当然到我这里签到的同学必须出示手机签到失败的显示证据。"平时分"软件在签到设置这一块还有一个缺陷，当教师一旦发现有没来上课却签到了的学生，教师端却没有取消签到的功能。这一问题在本学年下学期就显得尤其突出，老师明明知道哪几个学生没来却苦于无法取消他的签到，只能记下来等期末再修正。这些都说明"平时分"软件在签到这一块有很大的可改进空间。

二、课堂测验采用"平时分"软件的实际效果以及存在的问题和建议

（一）课堂测验采用"平时分"软件的实际效果

对于大班开课的基础理论课，人数多任务重，要以课堂提问方式检验平时课堂学习效果且需涉及所有同学几乎是不可能的。对教师而言，短短一学期即使是一学年的课程，要记住每个学生的名字也有一定因难，所以增加课堂测验是检验平时课堂学习效果并促使学生课后复习的有效手段。而使用"平时分"软件就可以轻松进行课堂测验，既检验学生学习的效果给平时成绩评定提供确切依据，又不会增加老师的负担。学生每次课开始前几分钟都可以手机登录做与上次课相关内容的选择填空题，这些题是教师上课前几分钟从题库选择提交的，涉及基本概念、基本规律，笔者一般选择 4 至 5 道选择题，可以设置学生完成的时间，一般为课前 5 分钟至上课后 5 分钟，基本不浪费上课时间，又可以有效检验课堂教学效果促使学生课外复习巩固所学知识，学生做完题目提交后软件能够自动完成评分。效果良好并且杜绝了学生迟到。

（二）存在的问题和解决方案及建议

因为课堂测验时间短涉及的都是选择填空之类的题目，且每个学生题目一样，所以不可避免会有抄袭现象。如果题库的类似题目题量足够多，教师选择好题目只需要设置每生的题目数（比如 4 题或者 5 题）和提交的截止时间，软件就能够自动随机分配给每个同学，这样一来每个同学题目有所不同时间又短就无从抄袭，课堂测验的效果就会更加显著。当然这需要软件本身的改造升级。

三、课后作业采用"平时分"软件的实际效果以及存在的问题和建议

（一）课后作业采用"平时分"软件的实际效果

课后作业一般是大题目，每次也是 4 至 5 题，学生做题并参加互评。由老师选择好题目并设置作业提交截止时间和互评截止时间，作业一经发布，学生端就可以看到题目。学生在截止时间前做好题并拍照上传，并在截止时间前参加互评。互评是随机的，有详细的评分标准，互评要求学生认真仔细，否则会遭到被评同学的投诉，一旦投诉被处理是要扣除平时分的。让学生参加作业互评是一个非常有效的环节，不仅能更好地理解和巩固知识，还培养学生的责任心和时间观念。在这一环节教师的任务除了批改一小部分剩余作业外，就是处理大量的投诉。有意思的是，从一开始的大量投诉，再到逐渐减少的部分投诉到学期末的个别投诉，都可以看出互评这一环节的实际效果。

（二）存在的问题和建议

存在的问题是，少数学生答案上传不了，需多次反复上传，"平时分"软件对不同手机兼容性问题有待提高；另一方面虽然有详细的标准答案和评分标准，但我要求互评同学如果发现明显抄作业的可以直接给零分，但这样会引起抄作业学生的投诉，因他并不知道什么原因给零分。所以如果软件能够在每道题批改打分后，边上留有地方让批改作业的人能够对某些特殊情况做简单扼要的说明，就会更加人性化，效果也会更好。

在使用"平时分"软件的过程中，还有一些功能，比如作为老师和学生以及学生之间互动的平台，可以随时在微社区探讨遇到的问题，交换意见，教师也可以及时发布一些关于上课、作业之类的公告，这些功能都非常有用，但如果这部分也能上传图片就更好了，当然这部分功能也完全可以用微信建群替代。

总之，使用"平时分"软件进行平时成绩的网络评定，经过一个学年的实践，可以说对加强学生学业管理，改善平时成绩评定的不合理性起到了非常显著的作用，而且一定程度上让学生更多地参与到教学环节，师生之间也增加了互动，这对培养学生对本课程的学习兴趣以及做人做事的责任心都起到一定的作用。如果软件在使用过程中能够根据实际情

况不断地完善效果会更加突出。我们也会不断探索新的方式方法加强学生学业管理，严格课堂考核评价，以提高课堂教学效果和教育质量。

参考文献

[1] 罗忠，刘士卿，王菲，等.大学课程平时成绩的评定方法探索与实践 [J].教学研究，2011，34(5)：31-34.

[2] 黄敢基.大学公共课程平时成绩评定的新思考 [J].高教论坛，2011(4)：80-82.

[3] 王茜，金燕华，陈彦.数字逻辑设计课程平时成绩评定方法探讨 [J].教育教学论坛，2016(20)，72-73.

[4] 赵娟.高校课程考核中加大平时成绩权重的探析 [J].亚太教育，2015(28)：267-268.

[5] 张璇.新型作业评定方式的探索与实施 [J].才智，2014(31)：176.

基于卓越工程师孵化的土地资源学课堂教学改革研究 ①

李翠珍②　　徐建春③　　周　德④

（浙江工商大学公共管理学院）

摘　要： 2014 年教育部和国土部联合发布国土资源领域卓越工程师培养计划，提出培养有创新能力、适应经济社会发展需求的高质量技术人才，成为土地资源管理专业人才培养的重要目标。浙江工商大学的土地资源管理专业是省级特色专业，土地资源学是本专业的核心课程，课堂教学改革有重要意义，势必而行。借助 3S、Google Earth、多媒体等多种介质工具，对课程教学的多个环节进行改革，并实施连续性跟踪评价。调研结果表明，专业学生对土地资源学课堂教学改革的授课方式和内容的接受度比较高，有较大收获，但部分同学反映总体难度较大。当然，课堂教学改革存在不足之处，仍需继续优化改进。

关键词： 卓越工程师；教学改革；土地资源管理人才

一、引　言

转型期中国对土地资源管理人才提出了新的要求，研究适应时代需求的新型专业人才培养模式是高等院校的社会责任和历史使命。我国正处于转型期，土地和房地产问题错综复杂，旧有的管理体制、管理模式面临深化改革，社会急需一批掌握新技术、具备经济视角、管理能力及人文情怀的高精通复合型土地资源管理人才。2010 年，国家教育部正式启动卓越工程师教育培养计划，立志于培养有创新能力、适应经济社会发展需求的高质量技术人才。2014 年 11 月，教育部、国土资源部联合发布《关于实施国土资源领域卓越工程师教育培养计划的意见》（教高〔2014〕6 号）（以下简称卓越计划），以创新高校人才

---

①　高等教育教学研究课题（kg2015144、1150XJ2915036、1150XJ2915108、1150XJ2915006、1150XJ2915167）

②　李翠珍，土地研究所副所长，副教授，博士，研究方向为农户土地利用。

③　徐建春，副院长，教授，博士，研究方向为土地利用规划。

④　周德，土地资源管理系副系主任，讲师，博士，研究方向为土地利用与调控。

培养机制，提高国土资源领域相关人才培养质量。因此，根据新形势下社会经济发展对人才培养需求的变化和教育教学环境的改变，探索土地资源管理专业人才的全新培养模式及进行课堂教学改革研究，具有十分重要的理论价值和现实意义。

浙江工商大学是浙江省属高校中唯一设立土地资源管理专业的本科院校。土地资源管理专业在专业发展平台建设、人才培养模式、教育教学和课堂教学改革等多方面持续不懈地努力、探索和创新。专业发展基础平台不断提升，2012 年设立全国唯一的"土地与房地产"硕士点（浙江省重点学科），2014 年获批浙江省普通本科高校新兴特色专业，同年，首届公共管理硕士（MPA）招生，设有土地与城市管理方向，2016 年公共管理学一级硕士点获批，土地资源管理方向硕士点开始招生。在人才培养模式上，土地资源管理专业实施 LOS 人才培养模式，以培养懂技术、会管理、重人文，知识、能力、素质三元并举，具有公开、公平、公正三公同在，浩然正气的高层次应用型人才为人才培养目标，引导学生专业成材、精神成人。

土地资源学是土地资源管理专业的核心课程，是孵化卓越工程师的摇篮，在授课内容和形式、课程实践、考核方式、课程评价等方面进行了课堂改革，对培养土地资源管理专业学生的专业技术、管理能力和人文素质来说，具有重要的助推作用。因而，土地资源学课堂教学改革对培养土地资源管理专业人才来说，显得尤为重要。

二、课程性质和改革目标

土地资源学是培养土地资源管理专业本科生国土资源分析、设计能力的重要基础性核心课程，开设学期为第三学期，课时时数为 48 学时。自专业设立之初到现在，在本课的授课过程中，除了课堂讲授和课内实验，教学组尝试了分次多类的实习实践方式，例如钱江新城的城市建设用地利用、钱塘江涌潮的形成、九溪十八涧的土壤、地貌、植被的综合实习等，为学生实地考察六大地质要素，提高知识、能力、素质的培养提供了良好的支撑。

通过土地资源学课堂教学改革（见图 1），实施授课形式的多元化，让学生以各种有效方式获取知识；实施课内实验的技术化，让学生获得扎实的专业技术锻炼；实施野外实践方式的多类化，让学生获得土地资源要素的实地感悟；实施教学资源的多源化，让学生练习数据收集整理分析能力、论文写作能力，使学生掌握和具备土地资源管理方面的专业技术、管理能力和人文素质，为社会培养知识、能力、素质三元并举的高精通、复合型土地资源管理人才。

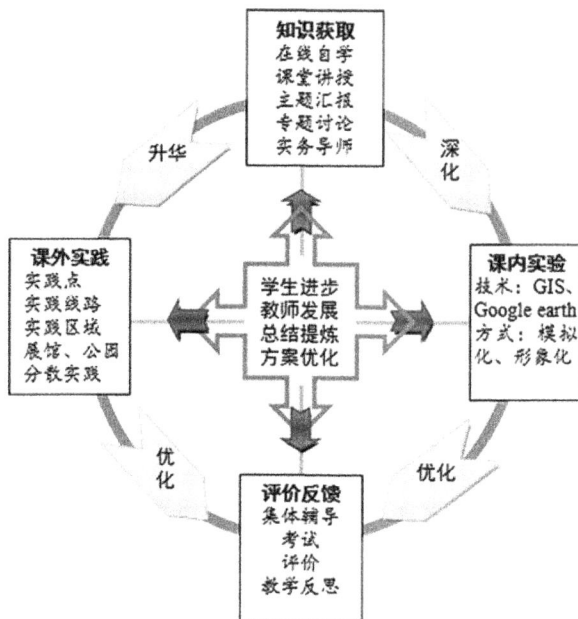

图1　土地资源学课堂教学改革模式

三、改革内容和方法

（一）课程授课方法改革

土地资源学作为土地资源管理专业的核心课程，其课堂教学改革对培养知识、能力、素质三元并举的高精通、复合型土地资源管理人才来说是一项重要的举措。传统上课方式多以填鸭式为主，授课老师在讲台上讲授知识点，学生则主要以被动方式接受知识[1]，师生间互动比较少，学习效率远远低于主动式，这既不利于老师对学生学习效果的了解，也不利于培养学生的自主学习能力。

因而，我们在以课堂面授知识点的基础上，注重耦合自学指导法、任务法、讲授法、讨论法、问答法、参观法等教学方法。首先，选取学生感兴趣的土地资源管理和利用中的问题，设计课堂讨论课，并安排学生在课后提交案例分析报告。其次，根据课程内容安排相应的课外实践和课程实验，让学生在实践和实验的同时，利用学校图书馆的图书库、期刊库、数据库等资源发掘国家或区域的土地利用热点问题来撰写报告，并做主题汇报。最后，结合学校实务精英和实务导师制度，将"请进来"与"走出去"相结合，在教学中安排实务导师以讲座形式，为学生进行实战经验传授。曾邀请土管系两位实务导师，浙江省土地勘测规划院地政地价所徐所长和浙江省国土资源厅土地整理中心高级工程师朱主任给同学们做专题讲座，主题分别为"优化国土空间、统筹城乡发展"和"耕地质量之形势、评价与监测工作"。实务导师自身的知识储备、学术研究和工作经历，不仅使他们的讲座更生动，更具有吸引力，同时，也使学生在他们的讲座中感受到专业学习实践的重要性，并从另一方面增强了学生的专业学习主动性。对于实务导师进课堂的授课方式，七成左右的学生认为收获很多。可见，大多数的学生在实务精英和实务导师进课堂的这种授课方式中受益良多。

（二）课内实验方法改革

关于土地资源学的课内实验，我们主要采用任务型、探索型的实验教学方法，首先设定某个主题任务，然后在对主题任务进行初步思路讲解的基础上，引导学生对课内所学知识点进行自主性探索，由小组成员商讨具体操作步骤，完成实验报告。课内实验分别穿插在课堂所授知识点之后，以便于学生趁热打铁深入理解和掌握。

课内实验中，学生需要借助 Google Earth 软件以及其他数据源，通过土地资源构成要素分析、土地利用类型辨识、土地调查、土地资源承载潜力分析等主题的课内实验，进行软件操作、数据收集分析、图件绘制、报告撰写等综合能力的锻炼和培养。例如在讲完土地利用类型和土地利用现状调查的章节后，会设定一个课内实验，主题任务为对杭州某区域的土地利用情况进行了解，从中选取一定范围的土地进行土地利用类型的辨识，土地利用现状调查，最后绘制成图。在这个实验中，学生需要借助百度、Google Earth、高德、腾讯等交通图、卫星地图等，同时借助学校电子图书馆，收集杭州地形地貌、地质、土壤等专业书籍，对杭州交通、行政区划、地形地貌等土地资源情况有基本的认识，在此基础上，选取一定范围内的土地，根据现行土地利用分类系统，进行类型辨识，根据要求绘制图件。与此同时，我们也通过收集国内外土地资源发展、变化典型案例，建立实验案例库，并结合课程章节内容设定具体的实验课程环节，以达到学生对教学重点、难点的形象把握。

传统的实验方式中老师对操作过程进行详细讲解，学生再逐步练习。这种方式学生会产生学习路径依赖，经常会碰到问题不是首先自己寻找途径解决而是先寻求老师的帮助，主动学习的积极性不够高。与传统的实验方式相比，任务型、自主探索型的实验方式难度较大，但是对学生主动学习探索能力会有很大的挖掘。这与学生调研反馈情况一致，超过半数的学生反映课程实验难度大，同时将近全数的学生认为实验后收获比较大。

（三）课外实践模式改革

对于课外实践模式的改革，我们采取的主要有集中实践和暑期分散实践两种方式。野外实践的内容主要包括对滩涂围垦开发利用、钱塘江涌潮的形成、工业用地集约节约利用、河流阶地开发利用、山地茶树适宜性评价、牛轭湖形成、土壤类型观察等。野外实践的形式主要包括到自然博物馆、地质公园、城市规划馆等展馆（公园）的实践点进行参观考察；到九溪十八涧、钱塘江沿岸的实践线路进行土地资源认知考察；到下沙工业开发区、钱江新城、之江度假区的实践区域进行土地利用类型认知、土地资源调查、土地资源管理等内容的调研考察。野外实践区域主要分布在浙江省省内，以杭州周边地区为主。暑期分散实践主要是由学生回到家乡，以专业视角去观察本地区的农业用地、建设用地、土地整理、复垦、房地产开发等方面存在的问题，进行深入思考以提出若干对策建议。

课外实践是第二课堂教学，旨在实现学生在校内校外翻转学习过程中得到知识，能力和人文素质的提高。因而，在本课程课外实践改革的过程中，我们在现有实习实践线路的基础上，继续拓展实习实践基地，建立实践点、实践线路、实践区、实践展馆、实践公园等多种实践基地类型，并积极与国土资源系统、房地产开发公司、勘测规划单位、自然博物馆、地质公园等部门联系，建立长期野外实习实践基地，探索基地建设与运行的多种合作方式。关于课外实践的实施效果，调研数据显示100%的学生表示赞同，可见学生对课程的野外实践部分很满意并且十分欢迎。

（四）考核方法改革

对于学生学习效果的考核，传统的教学注重的是结果性评价，即以学生的期中和期末成绩来评定。对于学生是否掌握、过程怎样、技能学习怎样等方面的评价有很大的不足，显得片面。[2]而过程性评价却可以较好地检验学生对知识、技术的掌握和对写作、研究、实践能力的培养。因此增加过程性评价考核部分例如课程实验、课外实践、课堂汇报等环节的考核，降低期末考试在总成绩中的占比。过程性评价是从大范围多角度来考察学生学习效果的，具有全面性和针对性。在调研中，有82.54%的学生赞同我们改革后的考核方式。这说明，虽然学生考试考核压力增加，但大部分学生还是可以接受和认可这种考核方式。

四、课堂教学改革跟踪评价

一项课堂教学的改革，不仅要着实实施，也要实时地了解实施的情况。对实施课堂教学改革的班级，实施连续跟踪评价，对重要的具体改革环节、方式有针对性地进行调研，以便于获取学生的学习效果反馈，并及时地进行修正和调整。

土地资源学课堂教学改革已实施了两届，有98.48%的学生认为该课程很重要，可见学生对课程重要性的认识比较准确，这与教师在上课之初详细讲解本课程在专业课程体系中的重要性有很大关系。由于土地资源学是专业先行基础课[3]，学生对专业知识的深度掌握在这个时期还略显不足，在这种背景下，该课堂改革中实施多环节考核，增设自主探索型实验，这种不同于以往的学习要求，会让学生觉得课程难度较大。这也反映在了课程跟踪调研评价中，有46.03%的学生认为课堂整体来看还是很有难度的，但课程考核方式的学生接受程度还是比较高的，近90%的被调研学生是赞同本课程的考核方式和比例的。同时过程性评价的一个重要组成部分作业情况[4]，这也是课堂教学内容改革的一个主要方面，则有 57.58% 的学生认为该课程的作业量很多。虽然本课程多样化的教学方式，不免使不少学生感到吃力，但是学习完本课程的收获却是很多的，有超过 90% 的学生表示在学完本课程后收获很大。从课堂教学改革细部环节的跟踪评价反馈来看，学生接受度还是普遍较高的。几乎 100% 的学生赞同课程野外实践，且有 82.15% 的学生认为从中收获颇多。同样，有 71.22% 的学生赞同课内实验部分，并且有 74.60% 的学生感觉收获很大。有 70% 的学生赞同课堂汇报部分。

可见，根据实时的调研反馈结果来看，该课堂改革的成效还是不错的。因而，我们应在保持这种教学改革模式的基础上，继续探索新的改革思路，以求将土地资源学的课堂教学改革做到更好。

五、总　　结

浙江工商大学土地资源管理专业旨在为社会提供知识、能力、素质（KAQ）三元并举的高精通、复合型土地资源管理人才。土地资源学作为该专业的核心课程，实施课堂教学改革，对土地资源管理专业的人才培养有着非常重要的现实意义。通过对教学方案的设计与修订、课程教学资源的整合和野外实践基地的建设，我们逐步形成了授课形式的多元化、课内实验的技术化、野外实践方式的多类化和教学资源多源化的教学改革模式。该课堂教学内容的改革，我们已经实施两年多，并一直在对教学改革进行追踪评价。从该专业学生的过程性评价的结果、调查问卷的结果以及在其他方面的学习效果来看，这样的教学改革模式是颇有成效的。当然，其中也有不足之处，我们会不断修正和创新教学改革模式，做到与时俱进。同时，我们也希望，我们的土地资源学课堂教学改革可以给其他土地资源管理专业起到一些借鉴作用。[5]

参考文献

[1] 于桂金 . 课堂教学中应如何发挥学生主体的作用——以山东杜郎口中学教学为例 [J]. 新课程研究，2011(8).

[2] 张俊超，李梦云 . 过程性学习评价如何影响大学生学习投入及学习效果——基于"H 大学本科生学习与发展调查"的数据分析 [J]. 高等工程教育研究，2015(6).

[3] 刘黎明主编 . 土地资源学 [M]. 北京：中国农业大学出版社，2002.

[4] 陈华 . 从作业角度体现过程性评价的研究 [J]. 吉林广播电视大学报，2006(2).

[5] 赵华甫，吴克宁，黄勤，等 . "土地资源学"精品课程建设研究 [J]. 中国地质教育，2010(1).

形成性评价的探析[①]

韩海燕[②]

（浙江工商大学教务处）

摘　要： 在教学中实施形成性评价有着重要的作用，形成性评价的目的是为了充分发挥学生的主体地位，考虑每个学生的个性，调动全体学生的积极性，使所有学生有效调控自己的学习过程，随时激发学生的学习动机，产生新的学习需求，教师在实施形成性评价时要注意方式方法，考核的内容也要进行科学的设计才能起到预期的效果。

关键词： 形成性评价；学生主体；知识共筹

形成性评价（formative assessment）这一概念，是1967年由美国著名的教育家斯克里芬（Scriven）首次提出的，后经美国教育学家布鲁姆（Bloom）在课堂教学中引入，成为其教育评价理论的精髓，之后在世界各国的教育实践中得到认同和推广。形成性评价又称过程评价，它是在一种开放的、宽松的和非正式的氛围中进行的评价方式，是在教学过程中通过教师观察、座谈、活动记录、问卷调查、学生自评、学生互评等形式对学生的学习行为、学习能力、学习态度和合作精神等进行的持续性评价。

一、形成性评价具有以下几个显著特征

（一）评价主体的多元性

在形成性评价过程中，除了教师这一传统评价主体外，学生、家长都可以成为评价的主体，他评、自评、互评结合增强了评价的客观性与全面性。形成性评价不仅强调教师对学生的评价，而且重视学生间的相互评价、自我评价以及家长对学生的评价、学生对教师的评价。这就避免了由于评价主体单一而造成的片面的甚至是错误的评价，由这种评价得到的反馈信息才真正具有借鉴、指导的价值。

---

① 2016年度浙江工商大学高等教育研究重点课题（xgy16004）。

② 韩海燕，助理研究员，研究方向为教学管理。

（二）评价目的的发展性

形成性评价的终极目的是改进学习，因此，这种评价会关照到所有学生，不仅仅是那些学习优秀的学生，学习上处于弱势的学生在这种评价方式中也会取得收获。教师在教学的过程中，帮助学生了解自己现有的知识、技能与学习目标之间的差距，引导学生采取行动，缩小差距，最终实现学习目标，并为新的目标做准备。

（三）评价内容的多样性

形成性评价一方面要对学生的学习效果做出评价，另一方面也会对学生的学习计划、学习方法、学习态度等进行评价，同时还兼顾对学生隐性的心智发展做出评价，内容涉及方方面面。

（四）评价信息的反馈性

形成性评价中的信息反馈并非我们一般理解上的"结果告知"，它反馈的信息是每一个学生学习的实际水平与参照水平之间的差距，进而发现问题，找出不足，做出改进；形成性评价强调在教学的进程中，即学生知识、技能及态度形成的过程中，监控学生知识与技能的获得。

（五）丰富、有趣的评价形式

学生从事的任何活动都可以用作评价。教师可以通过观察、访谈、问卷、日记、课堂提问、课外作业、调查报告、各种考试等方式收集信息，从而为自己的教和学生的学提供反馈，提高教学效率。

（六）具体、有效的标准

形成性评价属于标准参照性评价，关键是制定具体、有效的标准。一般来说，形成性评价不用具体的分数或等级来评定学生，而是参照一定的标准，质性分析学生的成功或失败，使学生真正了解自己，明确努力的方向。标准可由师生共同讨论决定。

（七）尊重、发展学生的个性

形成性评价以促进学生的全面发展为目的，在承认学生个体差异的基础上，将学生作为有着不同的个性特征、不同兴趣爱好、不同需要的个体，对学生的知识、智力、能力、情感因素等各个方面进行评价，并引导学生进行自我评价、相互评价、合作评价，帮助学生更清楚地认识自我，充分发展个性，培养独立自主的学习能力和创新意识。

二、终结性评价和形成性评价的主要区别

终结性评价，是一种传统的评价方式，是以考试成绩来评定学生学习能力和教学质量，是在一个学习阶段末对学生学习结果的评价。它评价的是学习内容中易于量化的方面，评价结果多以精确的百分制来体现，两者主要有以下区别（见表1）。

表1 终结性评价和形成性评价的主要区别

评价阶段不同	"终结性评价是在一个学期、一个教程或者一个学程结束的时候"，为了"进行分等、鉴定、进步评价，或者对课程、学程以及教育计划的效力（有效性）进行研究"而进行的评价。
	"形成性评价，就是在课程编制、教学和学习的过程中使用系统性评价，以便对这三个过程中的任何一个过程加以改进"，是发展性的评价，是要让学生可以有效调控自己的学习进程的评价。
指导思想不同	终结性评价的指导原则源于学科本位的教育思想，在教学过程中关注学生学习结果，以测试为主要的评价方式，在教学中严重忽视了学生的学习自主性、积极性，严重地削弱了学生在教学过程中的主体地位。
	形成性评价基于学生发展本位思想提出，在教学中关注学生的发展，关注学生学习态度、兴趣的变化，关注学生语言知识、能力的发展以及学习策略的形成，在教师的不断反馈和指导中促进学生的全面发展。
主要目的不同	终结性评价是面向过去的，其功能主要是对学生的学习效果进行一种标准化测量，目的是对学生进行一种甄别和分级。这种终结性评价重考核轻指导，重结果轻过程，是一种孤立的、事后的评价形式。
	形成性评价理念以建构主义学习理论为基础，强调评价对学生学习过程的影响，重视学生知识习得的建构性与发展性，使评价回归了学生本位与学习本位。形成性评价强调"知识是过程而不是结果"，认为学生探求知识的过程比记住知识的内容更有意义。
评价影响不同	终结性评价是在正式的、封闭的和严肃的氛围中进行的，易使学生产生焦虑感和紧张感，不易激发学习的积极性，更不用说保持其学习兴趣的持久性。终结性评价过于强调以灌输理论知识为主的学业成绩，对学生参与学习过程的积极性、主动性、创造性等的评价重视不够，容易忽视学生在学习过程中的努力和进步因素，削弱学生的进取心和自信心。
	形成性评价是在一种开放的、宽松的和非正式的氛围中进行的、以学生为主体的评价，它会极大的调动学生学习的积极性，增强其自信心和进取心。

三、如何做好形成性评价

做好形成性评价的任务设计是成功实施形成性评价的关键。虽然形成性考核在教学中比单纯依靠终结性考核有很多优势，但是在实施时也要注意方式方法，考核的内容也要进行科学的设计才能起到预期的效果。在实践中要求教师要淡化评价的甄别与选拔功能，突出评价的反馈调节与激励成功的功能。

（一）充分发挥学生在评价中的主体作用

在以往的评价模式中，评价主体往往是教师，而学生则处于被评价的地位。而形成性评价则强调要发挥学生的主体地位。学习是学生主动的自我建构过程，评价必须适应和促进这种学习模式的形成。学生需要利用评价来了解自己的进步，发现自己的不足，监控自己的发展，并在这个过程中养成自我反思的习惯，提高自我认识的能力。形成性评价要以自我评价为主，使其成为学生自主学习的一个组成部分。同时，要加强教师、学生、家长之间的多向交往互动，加强合作、沟通、协商、交流，尤其要加强师生之间的互动。

（二）评价目标要立足于学科课程标准的要求

形成性评价虽然对学习过程有一定的关注，实际上还是属于目标取向，评价的是一个较小的时间阶段的学习效果与教育教学目标的一致程度，因此评价的目标要符合学科课程标准的要求。在学科课程标准中，为了突出学科课程评价的整体性和综合性，都要从知识与能力、过程与方法、情感态度与价值观几个方面进行评价，以全面考查学生的学科素养。因此，形成性评价要将基础性发展目标融入学科学习目标，并将学科的三维目标整合在评价过程中。虽然各个方面、各个领域的评价在具体目标上有所侧重，但任何一种形式的评价，任何一项评价活动，都要综合考虑学科素养这个整体目标。

（三）考核内容要尽量量化

有些形成性考核虽然实施，但是实施不到位，各种考核参数设置与成绩都靠责任老师的主观印象，这样就造成教师打分也很容易，人情分现象严重，学生也认为老师也不会为难自己，这样就形成了一种敷衍现象，形成性考核也成了教学过程中的摆设，失去了原本的意义。把各项考核分量化以后，可以避免主观、人情分，真正实现形成性考核的作用。形成性评价标准要关注个体差异，要实行差异性评价，允许"多次评价、先后达标"。

（四）内容和形式多样化

形成性考核不能像平时布置作业一样，只通过作业本来体现平时成绩。这样不能反映学生各方面的能力，比如创新能力、协作能力、实践能力等。形成性评价可以通过以下形式进行：

1. "1231"课堂互动教学

教师可对学生的课堂行为做出评价。如学生的课堂纪律、学习态度、发言情况、与他人合作完成任务情况等。学生参与课堂活动的程度与质量在很大程度上决定着学生的学习成效。教师可采用多种教学形式来活跃课堂气氛，增强师生交流，比如可采用"1231"互动教学方式：

"1"——在课上，由老师提出与本次课程内容相关的、拓展性的专业和非专业知识问题，即"一问"。

"2"——老师要求每个同学自己在课后自主查找和解决问题，即"自查"；上课的前半部分由老师随机抽点同学到讲台脱稿对着大家回答所查的问题，即"自讲"。

"3"——讲解后回答同学或老师的提问，即"答疑"；在学生回答问题后，由教师随机请其他同学到讲台上，点评回答问题同学的优点和可改进的情况，即"同学评"；随后由老师对回答问题和点评的同学分别进行点评，提出改进建议，即"老师评"。

2. 阶段测验

教师可以根据课程教学安排设置阶段性测验。阶段测验可以是小论文、研究报告、案例分析、学习总结等任务，也可以是类似考卷的测试任务。测验应强调评价对教师和学生的反馈作用。让学生了解、吸收教师的反馈，分析自己测验中存在的具体问题，学生能够根据老师的讲评对自己的测验结果进行分析、订正，强调学生对知识的掌握和自我评价能力的培养。

3. 小组学习

教师可指定若干学生组成一个学习小组，有机会有目的地进行学习活动。小组学习要有学习时间、地点、内容、参加者、学习效果、存在问题等记录。指导教师可直接参与小组活动，也可根据小组学习记录进行成绩评定，教师可对学生的学习能力、学习态度、参与程度及合作精神等做出评价，小组学习可以促使学生互相学习、互相帮助。

4. 专题讨论

专题讨论是指在学生的学习过程中，要求学生在指定时间，围绕一定的主题，对课程的重点、难点内容或者是拓展性内容集中进行的课堂讨论、小组讨论或者网上讨论。指导教师可根据学生参加、发言、发言提纲、总结陈述、讨论的体会等情况给予评价并评定成绩。

5. 个别交流

教师通过和个别学生面对面的交流，可以获取最直接的评价信息，这种方式最便于实施，教师可以随时补充与发挥预先拟定的调查内容，了解学生学习中存在的问题并给予相应的帮助。

6. 课外学习行为

教师要对学生的课外学习进行跟踪评价。学生的课外学习活动主要包括预习、作业、课外拓展、小组活动与任务设计等。教师可以对学生的课外学习行为进行跟踪评价，使学生的能力能在平时不断得到体现和发展。

7. 理论作业

作业评价是教学中最常用的评价形式，它能给学生及时正确的反馈，教师在批改作业时不能简单地给一个分数，要把作业中存在的问题指出来，教师可以先让学生开展自评或互评，然后由教师检查批改情况，对少数批改不规范的学生再单独指导。学生通过自我评价更好地吸收了老师的反馈，消化了评分的标准，而且在评价过程中认识到了自我评价的责任和意义，体会到了合作学习的乐趣。

8. 教学实践活动

教学实践是学生参与、体验、感受、操作的学习活动，也是学生运用所学知识进行理论验证、实践、创新的过程。包括口试、上机操作、实验、设计等。指导教师根据学生在教学实践活动中的综合表现进行成绩评定。

9. 专业口试

教师可以对学生进行口试测验，教师需要先建立涵盖课程全部教学内容的题库，分为专业题目和相关专业题目两类，分别打印在50张左右的密封题签上，每个题签上印有1道题目，考试时由学生随机抽取两个题库中的题目各一道。考试小组由两到三名任课教师和一名实务导师组成。考试小组的老师针对学生回答问题的情况，从专业素质和非专业素质提升的角度对学生的回答进行点评和提出可行性建议。专业口试能够提升学生的深度理解能力、综合能力、语言表达和组织能力以及现场应变能力等。

10. 知识众筹研习营

为了实现以学生为主体的目标，教师可以成立知识众筹研习营。比如教师可以选一本200页左右的专业书籍或者可以挑选某个专业区域，40人的班级，每个学生负责研究学习5页的内容，然后把研习的内容在课堂上进行讲解，其中一个人负责通稿串讲；每个听讲的学生为每个讲解的人打分，听讲的学生可以随时提问，最后老师把同学没有讲透的内容进行补充。当所有的学生讲完后，就会实现知识的众筹——每个人都掌握了整本书的知识体系或者是一个专业区域。知识众筹研习营将学、讲、评、被评相结合，真正实现了教与学的一体化目标，真正实现了以学生为主，是学生自我学习、自我进步的过程，更是合作学习、团队展示的过程。

参考文献

[1] Angelo T , Cross P. Classroom Assessment Techniques：A Handbook for College Teachers(2nd edition) [M]. San Francisco, CA：Jossey-Bassm, 1993.

[2] Black P, Wiliam D. Assessment and classroom learning [J]. Assessment in Education, 1998(1).

[3] 陈玉琨，李如海. 我国教育评价发展的世纪回顾与未来展望 [J]. 华东师范大学学报，2000 (1).

[4] 高凌飚. 关于过程性评价的思考 [J]. 课程教材教法，2004(10).

[5] 郭茜，杨志强. 试论形成性评价及其对大学英语教学与测试的启示 [J]. 清华大学教育研究，2003 (5).

互联网模式下翻转课堂在环境监测课程中的应用[①]

陆 豪[②]

（浙江工商大学环境科学与工程学院）

摘 要： 翻转课堂是在信息化环境中，教师提供以教学视频为主要形式的学习资源，学生在上课前完成对教学视频等学习资源的观看和学习，师生在课堂上一起完成作业答疑、协作探究和互动交流等活动的一种新型的教学模式。作者借助互联网以环境监测课程为对象，开展了翻转课堂教学的探索，取得了预期教学目标，探索经验有助于翻转课堂教学在其他课程中的推广。

关键词： 环境监测；翻转课堂；互联网

一、翻转课堂内涵

翻转课堂译自"Flipped Classroom"或"Inverted Classroom"，是指重新调整课堂内外的时间，将学习的决定权从教师转移给学生。在这种教学模式下，课堂内的宝贵时间，学生能够更专注于主动的有目的的学习，从而获得更深层次的理解。教师不再占用课堂的时间来讲授信息，这些信息需要学生在课后完成自主学习；教师也能有更多的时间与每个人交流。在课后，学生自主规划学习内容、学习节奏、风格和呈现知识的方式，教师则采用讲授法和协作法来满足学生的需要和促成他们的个性化学习，其目标是为了让学生通过实践获得更真实的学习。

由于翻转课堂采用了以学生为主导的教学思路，传统的老师教、学生学的师生角色发生了翻转。学生由被动的接受，变为了主动的研究。接受知识的过程是学生自我完成的，学生可以在课前通过观看教学视频自主学习知识点，在观看教学视频的时候可以自行把握学习进度，对于不理解的问题，可以暂停思考，或者重复播放揣摩，也可以带着疑问在课

---

① 浙江工商大学高等教育研究课题（xgy16038）。
② 陆豪，副教授，博士，研究方向为大气污染化学过程与控制技术、室内环境污染控制。

堂上向教师咨询，或者和其他的同学共同讨论。教师则由单向地传授知识，变成了和学生进行交互式指导和讨论的角色。教师通过对学生进行鼓励和引导，不仅可以激发学生的学习兴趣，更有利于知识的深化掌握。翻转课堂的实施，同时有助于提高学生的交流能力和思考能力。尤其是对于对理论和实践能力学习都具有一定要求的理工科专业课程来说，这种授课方式能够让学生在理论学习实践环节增强学习意识和能力，有利于学生在理论学习的基础上加深对方法的掌握。

二、翻转课堂在环境监测课程中的应用

（一）我校环境监测课程现状

环境监测是环境类专业（环境工程和环境科学）学生的专业核心课，我校自 2000 年招收环境工程专业本科生起，就已开设这门课程，目前已教授共 16 届环境类本科生，授课学生达 1400 余人。我校 2013 年起开设的海洋技术专业也将环境监测设为专业核心课。目前每年环境监测的授课人数近 140 人。近年来，我校环境监测教学团队把培养学生的专业能力放在首位，不断探索新型教学方法，取得了良好的教学效果，获得学生的好评，但与国内先进高校的环境监测教学水平相比，仍有一定差距，需迎头赶上。采用"翻转课堂"教学新模式将克服教学过程中存在的学生学习积极性不足、教师课堂上唱独角戏的状况，必然带来教学效果的提升。

（二）环境监测翻转教学模式

根据环境监测课程特点和教学要求，教师将翻转课堂模式分为五个教学阶段（图1）。

第一阶段：内容分析阶段。教师根据环境监测教学内容及学生学习特征，选择教学方式，并非所有的教学内容都适合"翻转课堂"。理论性弱化但实践性较强、能够充分发挥学生主观能动性的教学内容更能充分体现"翻转课堂"的优越性。

第二阶段：教学设计阶段。根据教学大纲设定教学目标，将大纲中要求学生识记并掌握的内容划分成若干知识单元和知识要点，并找出各单元和各知识要点的联系关系，分析学生原有的知识结构，以及认知能力，包括识记能力、理解能力、应用能力、分析能力、评价能力和综合能力，安排教学顺序，合理选择适当的教学方式。

第三阶段：课前准备阶段。针对于要采用"翻转课堂"的教学内容和知识点，教师亲自制作教学视频或下载网络教学视频，采用多媒体课件结合教学视频或"微课"的方式，将教学内容中的各个知识点及重点、难点诠释出来。教师指导学生认真观看教学视频和其他学习材料，并对实践操作类学习内容，在教学视频的同步指导下反复操作练习。同时，学生将不能完全理解贯通的知识点记录下来，以备在上课时与教师和其他同学交流。

第四阶段：课堂活动设计。学生在课堂上讲解对知识的理解，并提出课前观看视频和

练习中遇到的问题。教师强调知识重点和难点，将学生的问题加以分类，并充分利用情境、协作、分享等要素，发挥学生的主观能动性。设立专题讨论课。将学生分成若干小组，进行小组讨论，教师指导，最后进行各类问题的讲解并总结。

第五阶段：课后阶段。学生针对教师的讲解巩固知识，并通过课后作业和课后讨论、网络查询等方式加深对知识的理解和应用。

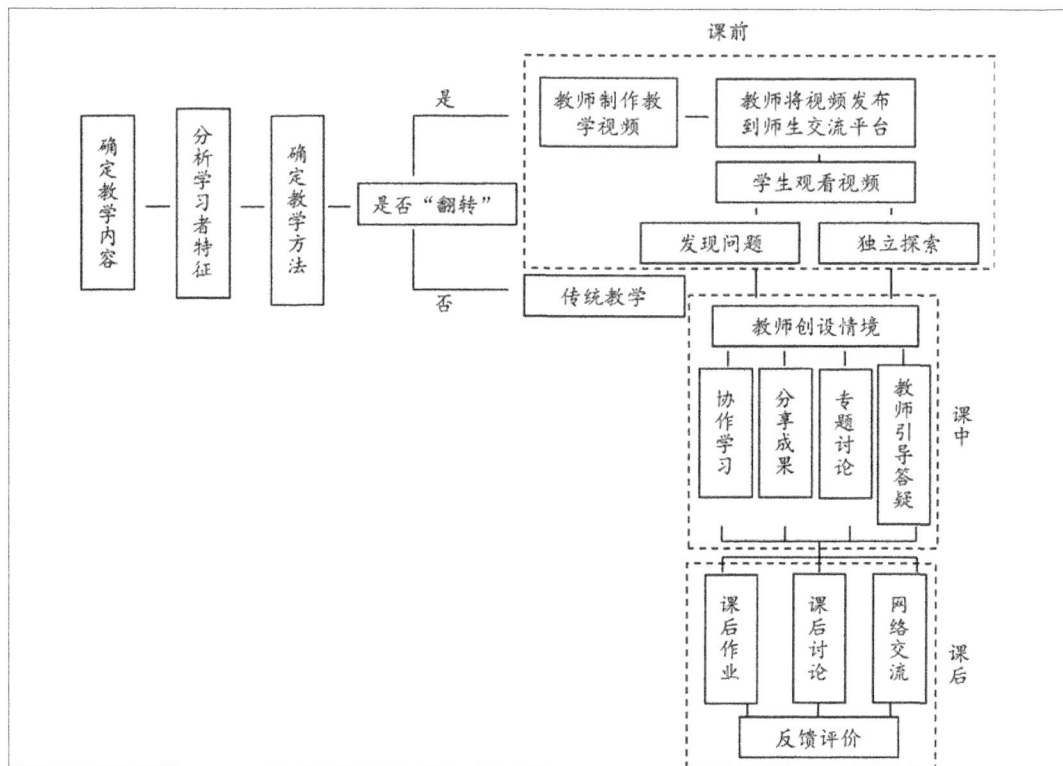

图1　环境监测的翻转课堂教学模式

（三）互联网在环境监测翻转教学模式中的应用

1. 课前线上学习

线上的课前学习为"深度学习"而不是预习，学生只是在课前提前看课本、做习题，是浅层的预习，课堂上依旧要花费大量时间用于知识点的讲授。翻转课堂课前在线深度学习是通过高质量的教学视频完成的，教师指导学生认真观看icourse网站上教学视频并自学能够得到不亚于原本教师课堂内讲授知识的效果。学生除了看视频、学习网上教学资源，还可以通过聊天软件向教师和同伴寻求帮助，教师可以提供在线辅导，学生之间可以通过在线协作小组互相帮助。

2. 课外QQ在线交流学习

信息技术的发展不断创新互动的手段，在环境监测课程的教学过程中，每个班级的学生都组建了 QQ 群，在所有的学生、教师之间构建一个虚拟又实在的"互动社区"，实现网上互动，促进了学生的课外在线学习。通过 QQ 在线交流，教师可以更好地与学生沟通，解决教师不坐班、与学生见面少的问题，学生可以随时地将课程学习中遇到的难点告知教师，教师可以及时地予以处理，教师也可将学习资料上传，让所有学生能够共享。

三、结 束 语

在环境监测教学中实施翻转课堂的理念。根据在这一理念下的教学设计、教学过程和教学效果的分析，发现该方法在环境监测课程中能充分发挥学生的主导性，使学生获得了学习的主动权，提高了学生的学习动力，有利于提升教学效果。但是，翻转课堂中教师的工作任务较普通教学方式增加较多，除了花费大量时间设计课程、制作教学视频和教学资料外，组织课堂讨论、答疑解惑、评估和反馈等现场教学工作也比单一的讲述更加繁重。不过也正是由于教师付出了更多，才使得学生在课堂的有限时间内获得了更多的锻炼和适应机会，并对知识的掌握更加牢固。因此，翻转课堂理念在环境监测教学中是可行的，适合在其他课程中进一步推广和应用。

参考文献

[1] 贺小凤. 翻转课堂教学模式在省级精品资源共享课《室内环境检测》中的应用 [J]. 深圳信息职业技术学院学报，2014，12(2)：69-73.

[2] 崔凡."翻转课堂"模式在环境工程物探教学中的应用 [J]. 科教文汇，2015(4)：60-61.

[3] 刘淼，李彦蓉. 翻转课堂在工科专业课中的教学研究 [J]. 中国职工教育，2014(24)：198-199.

[4] 张子锋，范春香. 基于 QQ 的翻转课堂学习环境设计 [J]. 江苏教育研究，2014(25)：70-72.

[5] 岳松. 高校翻转课堂教学模型设计 [J]. 山东理工大学学报（社会科学版），2015，31(5)：82-88.

基于学生视角的小组学习教学优化研究

——以城乡规划专业为例 [①]

刘可文 [②]　蒯义峰 [③]　李　渊 [④]　郭　文 [⑤]　杨言生 [⑥]

（浙江工商大学旅游与城乡规划学院）

摘　要： 以城乡规划专业 181 名大学生问卷调研为基础，基于学生学习需求的视角分析了小组教学组织过程的基本现状，提出了合理设置学习小组及目标任务、强化组内学生间的相互交流与合作、优化协调管理提升任务完成质量、创新小组学习的评价方式方法、充分调动学生参与小组学习的积极性等优化建议。

关键词： 小组学习；学生视角；教学优化；城乡规划

一、引　　言

小组学习是学生以小组的形式完成课程作业或学习任务的教学方式。自 20 世纪 70 年代在美国兴起以来，被认为是近十几年来美国最重要和最成功的教学改革。小组学习体现了人本主义心理学和认知心理学中的建构主义理论，建立在"以学生为中心"的教学法的基础之上，充分激发了学生的学习动机，促进了小组成员间相互鼓励与合作，为高效学习打下基础。

国外较早地开展了关于小组学习的操作方式与模式构建的研究，如 Slavin 提出小组讨论是合作学习的重要组成部分，包括了教师给出具体任务、小组成员准备、小组讨论、结构呈现等四个步骤。Rosas 和 West 等人的研究指出，在小组学习中，教师的课堂管理也十分重要。国内研究一方面重视对国外小组学习方法的借鉴与引进，另一方面则是通过

① 浙江工商大学高等教育研究项目，编号 xgy16036，xgy15057。
② 刘可文，讲师，博士，研究方向为城市与区域发展。
③ 蒯义峰，华东师范大学教育学部博士研究生，研究方向为基础教育。
④ 李渊，讲师，博士，研究方向为城乡规划信息技术。
⑤ 郭文，副教授，博士，研究方向为旅游空间生产。
⑥ 杨言生，讲师，博士，研究方向为景观规划与设计。

教学实践，总结与中国教学实际相符的小组学习教学方法和实践经验。

城乡规划学是实践性较强的工科专业，在专业教学中引入小组学习方法对锻炼学生分工协作能力，提升学生创新能力和专业水平有着重要意义。以笔者所在的旅游与城乡规划学院为例，大部分教师在课程上均采用了小组学习的教学方式，收获了较好的教学效果，但也存在部分小组组建不合理、小组成员分工不明、组织交流不流畅、最终成绩评价标准模糊等现实问题，制约了小组学习的效应发挥。为此本文以学生的学习需求为出发点，对笔者所在的城乡规划专业 181 名高年级学生进行小组学习相关的问卷调研，从大学生视角分析小组学习的组织、管理与评价等环节，提出优化建议，作为提升小组学习教学效果的参考。

二、基于学生视角的小组学习组织过程与评价分析

（一）学习小组的建立

组建学习小组的方式主要有两种，一为学生自愿组合，一为教师设计分组。从调研学生角度看，57% 的学生倾向于自愿组合的形式，仅有 7% 的学生选择由教师设计分组，也有 35% 的学生愿意采用自愿组合和教师设计相结合的方法。小组学习的规模方面，77% 的学生认为小组的最佳规模为 3—5 人。学生在自愿组建小组时依次看重组员的个人能力（93%）、性格特点（85%）、志趣相投（71%）和人际关系（70%），而对组员的性别、家庭背景、学业成绩等不太关注。

（二）小组目标设置与分工

小组学习的目标任务设置对于小组学习的积极性和成效影响较大。对于小组目标任务的类型，63% 的学生认为必须是创造性任务，60% 的学生认为是感兴趣的任务，45% 的学生认为小组任务要和课业紧密结合。仅有 30% 左右的学生认为小组学习的目标任务是工作量较大、难度较大的任务。在小组分工时，约有 61% 的学生倾向于组员间协商分工，29% 的学生认为分工要突出个人特长，仅有 16% 的学生认可工作量均等的分工方法。

（三）小组协调管理与交流

协调管理和组员间的交流协作贯穿于小组学习始终，直接影响到小组学习任务的完成和教学效果。在完成小组学习任务过程中，79% 的学生认为组员间的沟通协调非常重要，还有 18% 的学生认为该项内容重要。小组组长的领导推动对于完成小组任务也有着重要的作用，约有 43% 的学生认为该项内容非常重要，有 52% 的学生认为重要。教师的跟踪指导也被认为是重要因素，约 29% 的学生认为非常重要和有用，59% 的学生认为重要且较为有用。此外，约有 76% 的学生认为时间上分配不当及其他外界干扰也是影响小组任务完成的重要因素。当前，小组成员间协作交流方式较为单一和薄弱，49% 的学生所在小组定期进

行讨论交流，24%的学生所在小组由组长统一安排协调交流，33%的学生各自完成自己的分工，缺少交流。约有60%的学生认为小组成员分工不明确、小组目标不明确、小组组长缺乏管理协调是导致小组任务完成质量欠佳的主要因素。

（四）小组最终成果呈现及评价

调研的学生认为PPT（79%）和设计作品（52%）是展现小组学习最终成果较好的表现形式，在最终成果汇报时，约占68%的学生认为由组内推荐一位代表进行汇报的形式较好，另有32%的学生希望小组成员均参加汇报。小组学习最终成果的评定中，仅有15%的学生赞成由教师根据评分标准进行打分，6%的学生赞成小组间互评打分，大部分学生（近80%）赞成教师评分和小组互评各占一定比例的评价方法。对于小组内部成员成绩的评定，仅有14%的学生选择将最终成果评分作为小组每一个成员成绩的平均主义方式，7%的学生选择教师依据小组分工进行组员成绩评定，大部分学生赞成以小组最终成果评分为基础，根据各组员分工进行评分的做法。

对于小组学习的教学方法，70%的学生认为效果较好，28%的学生认为效果一般。通过小组学习学生最看重的是团队协作能力（64%的学生认为非常重要）和责任感的培养（50%的学生认为非常重要），其次为社会交往能力的提升（39%的学生认为非常重要）、专业知识技能的学习（38%的学生认为非常重要）、创新能力的培养（35%的学生认为非常重要）、荣誉感的体验（27%的学生认为非常重要）等。

三、小组学习的优化策略

通过以上对学生小组学习的调研分析，提出优化小组学习教学的建议如下：

（一）合理设置学习小组及目标任务

小组学习的人数规模以3—5人较为合宜，人数较多容易出现"搭便车"现象，人数太少则单个学生的任务及压力增大。教师可由学生自愿组成学习小组，再根据学生具体情况进行适度调整，使小组间的人员组成较为均衡，避免因小组实力差距过大而出现的消极心理。小组学习的目标设置应围绕课程教学主要内容，采用创造性强、难度适中的任务，结合学生兴趣应留有一定的机动选择余地。

（二）强化组内学生间的相互交流与合作

可通过过程管理和制度化建设增强小组内学生的交流，使小组成员获得能力提升和参与感。可将小组成员定期参与讨论的次数及质量计入成绩评定，将小组成员完成任务分工作为重要的评分参考。通过小组组长的协调管理加强不同组员间的合作。

（三）优化协调管理提升任务完成质量

教师应加强对小组学习各个环节的跟踪指导，在小组学习完成的重要任务节点上即时给予指导，在最终成果呈现中给予改进意见，同时还需与小组组长进行定期沟通，了解进展情况。小组内部的管理协调也至关重要。在小组组员分工方面，通过组员间的协商，尽量发挥个人特长，在此基础上做到工作量的均衡；小组组长一般由小组内部推举产生，肩负小组内部管理协调的责任，同时还要沟通教师与组员间的信息，即时反馈小组学习出现的问题及动向。

（四）创新小组学习的评价方式方法

对小组学习的评价应做到真实和公平，如实反映小组学习的成果，对小组成果及小组内部各成员的成绩进行公平评价。在小组成果评定时，可采用教师评分与小组互评相结合的方式，两方面各占一定的比例，所占的比例和评分标准可与小组任务一起发布，对小组成果完成有一定的指导作用。小组组员的成绩评定应以小组成绩为基础，由教师或小组内部依据组员分工进行调整，可规定出一定的分差比例与评价标准，使组员成绩真实反映出组员在成果中的贡献，并带有激励作用。

（五）充分调动学生参与小组学习的积极性

小组学习应充分调动组员的参与热情，使组员在技能知识掌握、心智成长、自我实现等方面获益。通过任务导向提升学生在小组学习中的责任感，通过小组间的竞争和任务质量评比提升小组的创新能力和荣誉感。通过小组交流讨论、成果汇报、小组间互评等小组学习环节提升学生的团队协作能力和社会交往能力。

四、结　　语

小组学习是教学中广泛采用的教学方式之一，以往的小组学习组织方式和评价方式中，教师占有主导地位，较少关注到学生的需求，本文以学生小组学习相关调研问卷为基础，从学生的视角分析了在小组组建、目标设计、任务分工、协调管理、成果评价等小组教学环节中学生的学习需求及基础现状，据此提出了优化小组学习的建议，如合理设置学习小组及目标任务、强化组内学生间的相互交流与合作、优化协调管理提升任务完成质量、创新小组学习的评价方式方法、充分调动学生参与小组学习的积极性等方面的建议。

小组学习教学还可与探索性学习、翻转课堂等新的教学方式进行嫁接融合，产生新的教学方式，相关的研究也是未来小组学习教学研究重要的方向。

参考文献

[1] 罗伯特·斯莱文.教育心理学 [M]. 姚梅林，译.北京：人民邮电出版社，2004.

[2] 闵玲.教师主导下以小组讨论为主的学生合作学习模式的构建——以纽约市立大学英语系《英语阅读》课为例 [J]. 英语研究，2013，11(1)：82-84.

[3] 徐小洲，王天嬙.论研究型大学本科教学的小组合作学习 [J]. 中国高教研究，2002(5)：57-58.

[4] 王坦.论合作学习的基本理念 [J]. 教育研究，2002(2)：68-72.

[5] 王坦.合作学习：原理与策略 [M]. 北京：学苑出版社，2001.

[6] Clarissa R，Mary W.Teachers beliefs about classroom management：Pre-service and in service teachers' beliefs about classroom Management[J]. International Journal of Applied Educational Studies，2009(1)：54-61.

[7] Slavin R E. Synthesis of Research on Cooperative Learning[J]. Educational leadership，1991(5)：71-81.

食品类通识实验课教学模式创新与实践 ①

张卫斌 ②　　石双妮 ③　　韩剑众 ④

（浙江工商大学食品学院）

摘　要：面向未来大学生能力发展，食品学院提出依托优势学科开设食品类通识实验课的思路，并通过课程教学模式创新、教学平台创新，进行了积极大胆的实践，丰富了通识教育的形式和内容，对促进学生综合素质的提高具有现实意义。

关键词：通识教育；通识实验课；教学模式创新

我们正处在一个飞速变化的世界，未来瞬息万变，不可预测。终身职业的时代已一去不复返，行业变化更多、更快。本科教学的本质，并不在于教给学生过去的具体知识和技能，而在于激发学生的潜能，提高处理复杂资讯的能力，启发探索未知世界的勇气和好奇心，使学生能够面对未来一个完全不同的世界，帮助他们解决未知世界面临的难题。

通识教育在高等教育大众化的背景下具有十分重要的作用和意义。但是，纯粹的以理论课、全景式介绍的通识课程，在互联网、慕课时代，不仅很难引起当代大学生的兴趣，而且也难起到其应有的作用。对于地方普通高校特别是财经类院校，不仅相关的理工科课程资源匮乏，更由于文科学生多、女生多、沿海发达地区的独生子女多的特点，很少有机会进入实验室自己动手。很多学生需要的知识、技能和感受无法仅靠听课来获得，而传统的课堂灌输式教学、网络化、碎片化的学习，使学生正在丧失极为宝贵的思考能力。如果学生不能从过程入手去思考、分析、研究问题，而只追求结果的话，一旦面对巨大的不确定性时，将会手足无措，陷入迷茫和恐惧之中。基于通识教育理念的实验课，为他们提供了难得的机会。

学校较早就已启动面向全校文科学生的理工科通识实验课计划，并成立相应的通识教育委员会。通识实验课作为整个通识教育的重要部分，食品学科积极开展试点，并依托食品科学与工程省"重中之重""一流学科"建设的雄厚实力，利用省"现代食品安全与营养"协同创新中心及省食品安全重点实验室等研究平台，开设了通识实验课"味觉改变生

① 浙江工商大学校级精品通识课建设项目（1110XJ0515009）。
② 张卫斌，讲师，博士，研究方向为食品感官科学。
③ 石双妮，讲师，硕士，研究方向为食品科学。
④ 韩剑众，院长，教授，博士，研究方向为基于人工胃肠系统模型和动物消化道的食品营养生物学。

活"等课程。一方面，食品是人类赖以生存的物质基础；另一方面，食品学科又是一个与生物、化学等高度交叉融合的学科，因此，从食品科学出发，设立相关通识实验课，内容覆盖生物科学、化学等基础学科知识，容易激发学生兴趣，通过不同层次的实验体验，让学生不仅关注自身所处的食物环境，更引导他们思索这些与生活密切相关的实验背后的科学规律，从而培养发现问题和解决问题的能力。

一、通识实验课的创新与实践

通识实验课以强化学生为主体和教学互动，引导学生主动学习、积极思考、激发兴趣，推动以教为主向以学为主的转变为宗旨，不仅培养了学生的创新思维、严谨认真的科学态度，更加深了文科学生对生命、化学和食品科学等自然科学的了解和兴趣，促进了学科交融；锻炼了学生的动手能力、团队合作精神，提升了学生的综合素质。

（一）通识实验课教学内容的选择

1. 实验内容设计原则

基于通识课程的特点，对学生的非专业、非职业性、非直接功利性、不直接为职业做准备的知识和能力教育，关注人生活的、道德的、情感的、理智的和谐发展。在教学方式上注意问题与讨论，要求学生训练思维，学会独立思考和价值判断，学会研究性学习；在教学方法上，要求尊重学生的个性发展，注重启发式教学，注重训练学生掌握不同学科的方法。通识实验课是让学生感受、理解知识的产生和发展过程，学习和掌握必要的工程技术、测量方法、先进设备和各学科的基本研究方法，培养学生的科学精神和创造思维习惯以及收集处理信息、分析解决问题的能力。因此实验内容涉及首先根据食品质量与安全的热点焦点问题，结合高中阶段的生物、化学等基础知识，采用不同途径的课程素材（企业案例分析、产品制作体验及自主创新开发）分别设计形成了有关生命科学、化学及食品科学等基本技能、基本技术和现代食品安全与营养、食品工艺与制作等几大模块。

2. 通识实验课课程体系

味觉改变生活通识实验分别以味觉生理与饮食选择、糖酸比与产品口感、微生物与人类健康、食品质量安全检测、产品安全性综合评价为线索，让探索食物之谜的过程逐渐展开。通过自主、互动的通识实验体验，让学生直观了解食品安全方面的基础知识，开阔视野、激发兴趣；经过通识实验的初步实验训练，唤起学生对自然科学的好奇；通过设计的不同层次技能体验，提升学生提问、分析与解决问题的能力；通过综合实验的体验，让学生在探索中逐步提高，培养科学精神和创新意识。

模块一：味觉生理与饮食选择（可选 2 个实验，共 4 课时）

从生活情境、研究情境入手，学生课前自主选择实验材料，分组、微信预约实验时段；课内通过教师演示、自主实验、师生对话等方式，以糖酸比 3 个实验内容为主线，结合体验、仪器分析等不同角度阐述这一概念对生活的影响，内容逐步向食品安全过渡；课后让学生通过文献阅读、作品展示、实验报告、思考题等形式，激发学生兴趣。

模块二：糖酸比与产品口感（可选 2 个实验，共 4 课时）

从生活情境、研究情境入手，学生课前自主选择实验材料，分组、微信预约实验时段；课内通过教师演示、自主实验、师生对话等方式，以糖酸比 3 个实验内容为主线，结合体验、仪器分析等不同角度阐述这一概念对生活的影响，内容逐步向食品安全过渡；课后让学生通过文献阅读、作品展示、实验报告、思考题等形式，唤醒学生好奇心。

模块三：微生物与人类健康（可选 2 个实验，共 6 课时）

从生活情境、研究情境入手，学生课前自主选择实验材料，分组、微信预约实验时段；课内通过教师演示、自主实验、师生对话等方式，以微生物、添加剂、农残兽残检测 5 个实验内容为主线，着重食品安全检测手段的体验；课后让学生通过文献阅读、作品展示、实验报告、思考题等形式，着重技术体验。

模块四：食品质量安全检测（可选 3 个实验，共 8 课时）

从生活情境、研究情境入手，学生课前自主选择实验材料，分组、微信预约实验时段；课内通过教师演示、自主实验、师生对话等方式，以现实生活中的热点安全问题的 9 个实验内容为主线，体验食品安全的复杂性；课后让学生通过文献阅读、作品展示、实验报告、思考题等形式，引发学生对问题的思考。

模块五：产品安全性综合评价（可选 1 类实验，共 8 课时）

从牛奶、猪肉等常见的食物质量与安全情境入手，学生课前自主选择实验材料，分组、微信预约实验时段；课内通过教师演示、自主实验、师生对话等方式，以社会热点问题的深入剖析为主线，用 2 类 6 个实验让学生体验食品安全的系统性、综合性、复杂性；课后让学生通过文献阅读、作品展示、实验报告、思考题等形式，形成良好的学习思维模式。

（二）通识实验课的教学组织与实施

1. 组织形式

排课采取全时空（周末、中午、晚上）开放模式，考虑不同专业学生选课时间与兴趣，实验内容以菜单形式并结合移动终端及网上预约系统同步进行，采用 2—3 人的小组教学，保证每一位同学都有上手操作机会。

2. 教学情境

设计了源于生活、源于产品、源于企业及源于研究的四种教学情境，通过"问题、实验、思考"环节的设置，提升学生学习的兴趣、分析和解决问题的能力，培养创新意识。通过师生对话、视频与动画展示、实验室与企业实习相结合、自主实验等手段，使食品科学通识实验课程集科学性、先进性、趣味性、实用性和可操作性于一体，使学生有浓厚的兴趣完成实验，并有所收获，同时激发学习积极性和求知欲。

3. 教学节奏

事先布置征集学生感兴趣的热点、焦点问题，在实验间隔及等待时间内，进行专题讲座及讨论，以有效控制教学节奏，保持一定的张力。

4. 建立了针对课程的新媒体应用平台

微博平台富有创意的作品分享、动手实践的成果展示、持续思考的课外探讨等，微信平台即时查询、随时预约，既拉近不同专业同学之间交流距离，也成为推动实验室开放的新途径。

5. 实施了三个导向的考核评价

实验作业以拓展思路导向，引导学生主动进行文献阅读；实验报告以动手实践为导向，以动手操作、小组合作、结果展示为评价重点；课程测试以思维创新为导向，通过延伸实验中的思想，考查学生提问、分析、解题的综合能力。

二、通识实验课的成效与发展

（一）通识实验课培养了学生的创新能力、实践能力和创业精神

实验不仅增加了文科生对知识的新鲜感和探索感，并且内容广泛、形式多样的感性体验，激发了学生的兴趣和潜能；实验结果的不确定性，思考方向的差异，促使学生突破固定思维的框架，激发学生思考并奠定深层次创造的基础；学生感受并理解了知识的产生和发展过程，了解了自然学科中必要的技术、方法，学会了如何发现并解决问题。

（二）学生的创新意识与动手能力得到极大激发，作业、作品充满活力

通过通识实验课的体验，不仅让学生有了更多的感性认识，而且所展示出的作业、作品都显示出学生通过课程收获到独特的体验。学生作品经常成为学生朋友圈中的话题，微博话题阅读 420 万，引来了央视导演的关注，内容的转化率越来越高。

（三）学生经常通过微博、微信与老师线上线下交流，分享喜悦，答疑解惑

先后有两位外专业学生通过通识实验课程学习，申请专业转入。在学生组织进行的通识课调查中，味觉改变生活先后两次上榜，入选校级精品通识课，校级督导听课评价优秀。

（四）通识实验课程从校内向校外延伸

保俶路学校、文海实验小学的学生多次到学校参加体验，并与我院共同建设中小学生课外实践基地，让通识实验课的成果为更多人的成长服务。

相关专业教师参与通识实验课的教学改革实践后，许多教师能够自觉从通识教育的

理念出发，开展专业实验教学的改革，使"协调发展、宽知识面"融会于专业教学计划，"启发式教学和研究性学习"贯穿于学生专业技能训练，"博学多能、广闻博览"的理念贯穿于学生的实验学习，促进了专业建设。

参考文献

[1] 李会春 . 中国高校通识课程设置现状研究 [J]. 复旦教育论坛，2007，5(4)：21-27.

[2] 莫亮金，刘少雪 . 从通识课程改革看人文教育与科学教育融合 [J]. 中国高等教育，2010(2)：48-50.

[3] 冯惠敏，李姗霖，黄明东 . 自然科学领域通识教育课程特点及其设计理念 [J]. 高等工程教育研究，2016(5)：68-73.

[4] 于志刚 . 推动大学通识教育课程体系的培育与完善 [J]. 中国高等教育，2016(11)：37-40.

从"学习中心法"谈专门用途英语教材设计

——以《物流英语简易教程》为例

李丹弟[①]

（浙江工商大学外国语学院）

摘 要：不少学者指出，当前大部分高校在 ESP 教材选用和教材建设方面存在着许多问题，而 ESP 教材在 ESP 教学中起着关键性的作用。笔者受 Hutchinson & Waters（1987）"以学习为中心"这一教学理念的启发，试图在他们教材设计模型的视角下，从输入、内容、语言和任务四个方面对浙江工商大学商务英语专业三年级学生的《物流英语简易教程》这一教材进行评估，以期为 ESP 课程教材的设计提供一些建设性的意见。

关键词：专门用途英语；教材设计；以学习为中心

一、引 言

专门用途英语即 ESP（English for Specific Purposes）指与某一学科或某一职业相关的英语，是为了满足学习对象的特定需求和特殊目的而设计的英语课程（Hutchinson & Waters，1987）。随着 ESP 逐渐成为我国高校英语课程的发展方向，ESP 教材建设也逐渐受到了英语教学界的关注。但是不少学者（梁雪松等，2006；谷志忠，2010；王艳，2011；等等）指出，目前大部分英语高校在 ESP 教材选用和教材建设方面存在着诸多问题，如教材使用混乱，教材编写盲目、不专业等。针对这些问题，不少学者（高嘉璟，2009；郭燕玲，2013；蔡基刚，2013；等等）肯定了"以学习为中心"这一教学理念对 ESP 教材设计的指导作用，但大多数都是从"以学习为中心"这一理念在教材设计中的体现这一角度研究的，而没有从 ESP 教材所应包含的具体内容展开探究分析。本文在众多 ESP 教材研究成果的基础上，受 Hutchinson & Waters（1987）"以学习为中心"的教学理念的启发，借用他们的教材设计模型对浙江工商大学商务英语专业三年级学生的《物流英语简易教程》这一教材进行评估，以期通过对该教材的评估分析，为 ESP 课程教

---

① 李丹弟，教授，博士，研究方向为认知语用、英汉对比和语言类型学。

材的设计提供一些建设性的意见。

二、以学习为中心

Hutchinson & Waters（1987）认为真正的 ESP 教学应当基于对语言学习过程的理解，因此他们提出了"以学习为中心"的 ESP 教学理念，即学习是一个极其复杂的过程，学习者有不同的需求，有一定的认知能力和情感体验，学习的最终目标是让学习者具备在真实的环境中完成实际任务的能力，而课程设计应当基于对学习本质的认识，始终体现"以学习为中心"这一理念。就教材设计而言，在"以学习为中心"的教学理念下，教材设计模型（见图 1）主要包含四个成分：输入（Input）、内容（Content）、语言（Language）和任务（Task）。

"输入"，即语言的输入，它可以以文本、对话、录音、视频或图表等多种形式呈现，主要用作活动材料，提供新的语言知识，传授语言使用的正确形式，以及给学习者提供锻炼信息加工技能、运用现有语言和话题知识的机会。"内容"，主要指话题知识。设计这一部分的主要目的是为了锻炼学习者从语言输入中提取信息的能力。"语言"，主要指语法知识。"任务"，主要指解决某一交际问题。任务设计可以从易到难，从更与语言输入相结合到更与实际生活接轨（Project）。"输入""内容""语言"和"任务"四个元素是紧密相关的，"内容"和"语言"来自于语言输入，"任务"的设计主要是为了锻炼学生运用之前所学话题知识和语法知识的能力。另外，为了增强话题知识同学生自身兴趣和需求之间的联系，"任务"所涵盖的知识往往不仅仅是语言输入中的话题知识，还需结合学生自身的知识和能力（Students'own knowledge and abilities）。而当"任务"所需的语法知识超出了语言输入中的语法知识时，需增加额外输入（Additional input）以填补这一知识空缺。

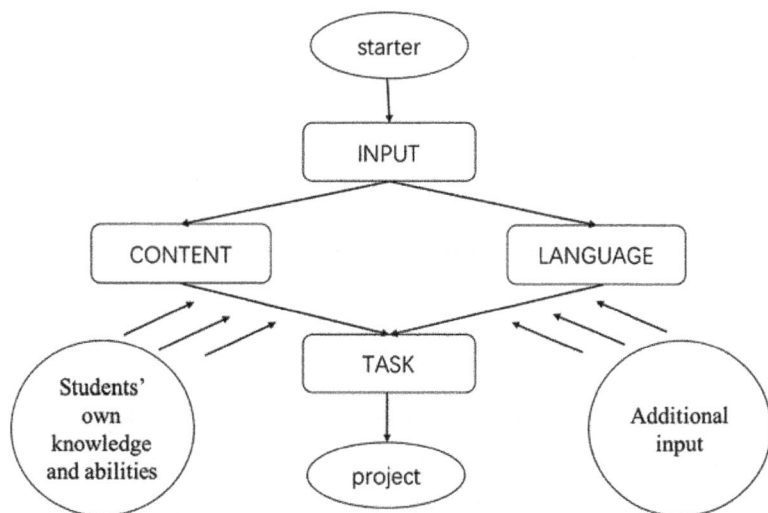

图 1　Hutchinson & Waters 教材设计模型

三、教材评估

本研究所选教材为浙江工商大学商务英语专业三年级学生物流英语课所用教材，*A Concise Course of Logistics English*（《物流英语简易教程》）（牛国崎主编）。研究对象为本教材中的第14单元——Procurement（采购）。该单元的节标题、相关内容及形式如表1所示。表中左边一栏是单元的节标题，右边是各个小节的具体内容。本单元主要教学目的是让学生了解采购的定义，采购过程中的一些主要活动及其顺序，学会一些有关采购的基本英语词汇和表达，并能简单描述实际采购活动。下面笔者将在Hutchinson & Waters的教材设计模型视角下，从输入、内容、语言和任务这四个主要方面对本单元的内容及形式进行评估。

表1 教材该单元节标题及相关内容

Unit 14 Procurement	
14.1 什么是采购？	有关采购定义的一篇文章
14.2 采购程序中有哪些主要活动？	有关采购中主要活动的一篇文章
14.3 在采购程序中管理关系为什么是必要的？	有关管理关系在采购程序中的作用的一篇文章
14.4 采购程序涉及到什么样的活动顺序？	有关采购程序中活动顺序的一篇文章
14.5 案例研究	"YH公司降低采购成本的'金钥匙'"
14.6 物流英语对话	有关"海尔家用电器制造商集中采购"一段对话
14.7 前沿物流英语句式	前沿物流中常用的有关"采购"的一些英语表达
14.8 核心物流术语	物流英语中有关"采购"的一些核心术语
14.9 物流相关知识	"百安居（B&Q）的采购优势"（中文）
14.10 扩展词汇	本单元内之前没有出现过的一些词汇
14.11 提示练习	共两个练习，分别为回答问题和翻译英文术语

（一）输入

根据Hutchinson & Waters的教材设计模型，教材的第一部分是"输入"，但是在语言输入之前还应开展一些预热活动，让学生大概了解本单元将要学习的主要内容，激发学生的学习兴趣，调动学生的积极性。但是就本研究教材而言，单元一开始便是一篇有关采购定义的英文文章，形式内容枯燥，缺乏趣味性，并且内容还不是学生所熟知的，这样的单元设计显然无法在一开始就调动学生的学习兴趣。更符合"以学习为中心"这一理念的教材设计应当是在单元开始之前设计几个预热问题，如"你之前有过采购经验吗？""你眼中的采购是什么样的？"或者是放置有关采购的一些简易趣味图片，添加有关采购的视频（本教材附有光盘），以此创设一定的学习情境，让学生能够更好地进入之后的学习。

（二）内容

就 Hutchinson & Waters 教材设计模型中的"内容"而言，笔者认为该单元很好地调动了学习者从语言输入中提取信息的能力，但是并没有给学生提供锻炼信息提取能力的机会。

本单元前四节是四篇有关采购的英文文章，14.5 虽以案例形式出现，实则也是一篇有关如何降低采购成本的文章，14.6 也是如此，相当于教材设计模型中的"输入"部分。值得一提的是，这四篇文章中每篇都有中英文对照，并且文章右侧都列有重点词汇和表达，这给学习者提取重点信息提供了十分便捷的途径。另外，本单元每个小节都附有图表，14.2 中更是有一个趣味性的流程图，清晰地传达出了采购程序中的一些主要活动及其顺序，在帮学习者提取信息的同时还增加了学习的趣味性。但美中不足的是，所有的重点知识都是教材罗列、给定的，而不是让学生主动从语言输入中提取出来的，也就是说学生只是知识的被动接受者而不是学习的积极参与者。针对 14.4 这一小节，更符合"以学习为中心"这一理念的教材设计应当是给学生提供有关采购流程的信息，然后设计一个空白流程图，引导学生从所给的信息中提炼出采购活动，按顺序将其放入空白流程图中的相应位置。

（三）语言

Hutchinson & Waters 的教材设计模型中的"语言"主要是指语法知识，是学习者之后开展学习任务所需掌握的词汇、句型、时态等。这同本研究教材中的 14.7 和 14.8 是相对应的。14.7 是前沿物流中常用的有关"采购"的一些英语表达，均来自于本单元前六个章节。所有的知识点都是教材给定的，学生仍然是知识的被动接受者而不是学习过程的主动参与者。就 14.4 采购程序中的活动顺序而言，更加符合"以学习为中心"这一教学理念的教材设计应当是给学生一定的提示（如句型），然后让学生根据这些提示具体描述采购程序中的各个活动，这样可以很好地锻炼学生将之前学到的知识碎片组装起来的能力。

另外，本单元 14.9 和 14.10 两个小节主要是与采购有关的一些知识和之前没有出现过的一些新词汇，这样的设计与 Hutchinson & Waters 教材设计模型中的"额外输入"有着异曲同工之妙，可以起到填补知识空缺的作用。

（四）任务

最后是教材设计模型中的"任务"。本单元最后设计有两部分提示练习：回答问题和翻译英文术语，这同 Hutchinson & Waters 所定义的"任务"有很大的出入。"任务"是指解决某一交际问题，是为了让学习者运用之前所学的话题知识和语法知识来解决某一问题，而不是让他们做相关的英语练习。更加符合"以学习为中心"这一教学理念的教材设计应当是给学生指定某一产品，让学生描述该产品采购的主要活动以及具体的流程，这样可以很好地锻炼他们的知识运用能力。

根据 Hutchinson & Waters 的教材设计模型，笔者对原教材的单元内容与形式进行了重新设计。表2详细说明了教材设计模型中各个成分所对应的内容和形式，以及如此设计的目的。

表 2　Hutchinson & Waters 教材设计模型指导下的单元设计

教材设计模型	内容、形式	目的
Starter	提问、图片、视频	激发学生兴趣，创建学习情境
Input	什么是采购？ 采购程序中有哪些主要活动？ 采购程序涉及到什么样的活动顺序？ 案例研究 物流英语对话	作为活动材料，提供新的语言知识，传授语言使用的正确形式，以及给学习者提供锻炼信息加工技能、运用现有语言和话题知识的机会
Content focus	根据以下关键词给采购下定义 匹配采购活动和对应活动详情 将所给采购活动按一定顺序放入下面流程图	传授话题知识，锻炼学生提取信息的能力
	从原文中找出与下列词（词组）意思相近的词（词组）	让学生将所学知识同自身原有的知识和能力相结合
Language focus	比较以下句子同文中画线句子的区别，将 XX 部分的句子改写成以下形式 用以下所给句型描述采购活动的具体流程	传授语法知识，锻炼学生组织信息的能力
	物流相关知识 扩展词汇	填补学生开展任务所需的空缺
Task	描述以下产品的采购活动和具体流程	锻炼学生运用所学话题知识和语法知识的能力
Project	描述你网上购物流程：画一个简单的流程图，描述每个活动所指具体内容，交流分享	让学生将所学知识同实际经历相结合

四、结　　语

ESP 教材作为语言学习的重要来源，其质量对学习者的学习效果有着重要的影响。

Hutchinson & Waters 的教材设计模型从输入、内容、语言和任务四个方面阐述了教材设计应当贯彻"以学习为中心"这一理念。虽然在具体实施中，教材的设计还会受其他多种因素的制约，如编者的水平和学习过程的复杂性等，但是不可否认的是，Hutchinson & Waters 的教材设计模型给我们设计 ESP 教材提供了一个全新的视角和指导。ESP 教材设计要以培养学生在真实环境中完成交际任务的能力为目标，不应只强调语言自身的规律，而忽略对语言学习过程的理解。

参考文献

[1] Hutchinson T，Waters A. English for Specific Purposes [M]. Cambridge：Cambridge University Press，1987.

[2] 蔡基刚 . 专业英语及其教材对我国高校 ESP 教学的影响 [J]. 外语与外语教学，2013(2)：1–4.

[3] 高嘉璟 . 高校专门用途英语教材建设 [J]. 外语界，2009(6)：84–89.

[4] 谷志忠 . 高校 ESP 教学现状剖析与应对策略 [J]. 外语电化教学，2010(3)：25–29.

[5] 郭燕玲 . 从"学习中心法"谈 ESP 教材的任务设置：超越语言使用 [J]. 外语教学，2013(3)：68–73.

[6] 梁雪松，陈黎峰，陆莺 . 英语专业 ESP 课程建设中的问题与对策 [J]. 外语界，2006(4)：30–35.

[7] 王艳 . 对我国 ESP 教材编写原则的探讨 [J]. 中国 ESP 研究，2011(1)：106–113.

基于翻转课堂模式下教学设计有效性研究 [①]

朱晓华 [②]

（浙江工商大学教师教学发展中心）

摘　要：翻转课堂是近年来提出的一种新的课堂教学方式，它颠覆了传统意义上的教学模式，对教师和学生在教学过程中的角色进行了重新定位，为课堂教学改革带来了新的希望。课堂教学是实现教育目的、提高学生素质的最基本的途径，有效地设计教学是教学成功的基础条件。尤其是在翻转课堂模式下，对于教学设计的每一个环节都必须考虑其有效性，这对于提高人才培养质量和促进高等教育发展具有重要现实意义。

关键词：翻转课堂；教学设计；有效性

一、研究意义

（一）信息技术与教育深度融合的客观要求

教育部在《教育信息化十年发展规划（2011—2020 年）》中提出了信息技术应与教育"深度融合"的观点。翻转课堂无疑是信息技术与教育融合的产物。它不仅对教师的使用水平，还对学生的操作技术提出了更高的要求，改变了传统的课堂教学结构，使师生角色发生了转变，教学媒体的使用程度和使用方式也发生了巨大转变，为信息技术与教育的深度融合奠定了基础。

（二）落实素质教育和培养学生创新能力的要求

素质教育是以培养学习者创新和实践能力为核心的现代教育理念的集合。课堂教学设计是围绕着学生分析问题、解决问题能力的培养来设计，利于当前对高素质、强技能人才的培养，能促进学生全面发展，特别是对学生实践操作能力、创新能力、批判性思维、社会能力、方法能力、专业能力的培养都显得尤为重要。

---

① 2017 年浙江工商大学高等教育研究项目（xgy17044）。
② 朱晓华，讲师，研究方向为高等教育管理。

（三）活化教学内容，是课堂教学优质高效的必然要求

课堂教学设计是教学素材既符合知识本身的逻辑结构，又符合学生的认知规律，达到教学素材处理上的最优化，促进学生有效学习，实现课堂教学的优质高效，提高人才培养质量的重要环节。

（四）教师教学思想、教学风格和教学艺术充分体现的重要渠道

课堂教学设计不仅是教师备好课写好教案的基础，更是反映教师教学能力、体现教师自身教学特色和风格的重要途径。教师是课堂教学的设计者、组织者、实施者，教学效果的好坏很大程度上取决于教师的课堂设计思想。课堂教学是一门艺术，也是教师素质的综合体现，表现在教师教学理念、教学方法的运用、师生互动的设计、课堂问题的设计、教学程序的安排、教学评价的处理以及课后作业的安排等方面，充分体现了教师的教学风格，激发学生的学习情感和兴趣，形成强烈的求知欲。

二、翻转课堂模式下教学设计的必要性

（一）翻转课堂的内涵

1. 什么是翻转课堂

翻转课堂译自"Flipped Classroom"或"Inverted Classroom"，也可译为"颠倒课堂"，是指重新调整课堂内外的时间，将学习的决定权从教师转移给学生。在这种教学模式下，课堂内的宝贵时间，学生能够更专注于主动的基于项目的学习，共同研究解决问题，从而获得深层次的理解。教师不再占用课堂的时间来讲授信息，这些信息需要学生在课前完成自主学习，他们可以看视频讲座、听播客、阅读功能增强的电子书，还能在网络上与别的同学讨论，能在任何时候去查阅需要的材料。在课后，学生自主规划学习内容、学习节奏、风格和呈现知识的方式，教师则采用讲授法和协作法来满足学生的需要和促成他们的个性化学习，其目标是为了让学生通过实践获得更真实的学习。

2. 翻转课堂的理论基础

（1）掌握学习理论。

掌握学习理论（the Theory of Mastery Learning）是美国当代著名的教育心理学家和课程论专家布卢姆（Bloom）提出的学校课堂学习理论，集中反映了布卢姆基本的教育思想和理论观点。所谓"掌握学习"，就是在"所有学生都能学好"的思想指导下，为学生提供所需的个别化帮助以及所需的额外学习时间，从而使大多数学生达到课程目标所规定的掌握标准。

（2）构建主义学习理论。

当代建构主义者主张，世界是客观存在的，但是对于世界的理解和赋予意义却是由每个人自己决定的。所以，学习不是由教师把知识简单地传递给学生，而是由学生自己建构知识的过程。学生不是简单被动地接收信息，而是主动地建构知识的意义，这种建构是无法由他人来代替的。

（3）自组织学习理论。

自组织学习理论是印度教育家苏伽特·米特拉（Sugata Mitra）通过著名的"墙中洞"教育实验而总结得到的教育和学习理论。苏迦特·米特拉在印度山区的偏远小村，放置"墙上的电脑"并装上摄像头对孩子学习行为进行监控，发现学生的"学习是一种自组织行为"，借助计算机和网络技术的支持，任何学生可以教会自己和同伴任何知识和技能（Kids can teach themselves），从而进一步推进了建构主义的学习理论和实践；机器和技术不仅能替代教师的部分作用，而且在某些方面会比教师做得更好；学习的最大乐趣和动力是可以教会其他人学习。

（4）最近发展区理论。

最近发展区理论是由苏联心理学家维果茨基提出来的。维果茨基的研究表明：教育对儿童的发展能起到主导作用和促进作用，但需要确定儿童发展的两种水平：一种是已经达到的发展水平；另一种是儿童可能达到的发展水平。这两种水平之间的距离，就是"最近发展区"。把握"最近发展区"，能加速学生的发展。最近发展区是社会文化理论的核心概念之一，它阐明了个体心理发展的社会起源，突出了教学的作用，教学应走在发展前面；彰显了教师的主导地位，教师是学生心理发展的促进者；明确了同伴影响与合作学习对儿童心理发展的重要意义。

3. 翻转课堂的特点

（1）教学视频短小精悍。

不论是萨尔曼·可汗的数学辅导视频，还是乔纳森·伯尔曼和亚伦·萨姆斯所做的化学学科教学视频，一个共同的特点就是短小精悍。大多数的视频都只有几分钟的时间，比较长的视频也只有十几分钟。每一个视频都针对一个特定的问题，有较强的针对性；视频的长度控制在学生注意力能比较集中的时间范围内，符合学生身心发展特征；通过网络发布的视频，具有暂停、回放等多种功能，可以自我控制，有利于学生的自主学习。

（2）教学信息清晰明确。

萨尔曼·可汗的教学视频有一个显著的特点，就是在视频中唯一能够看到的就是他的手，不断地书写一些数学的符号，并缓慢地填满整个屏幕。除此之外，就是配合书写进行讲解的画外音。用萨尔曼·可汗自己的话语来说："这种方式，它似乎并不像我站在讲台上为你讲课，它让人感到贴心，就像我们同坐在一张桌子面前，一起学习，并把内容写在一张纸上。"这是"翻转课堂"的教学视频与传统的教学录像的不同之处。

（3）重新建构学习流程。

通常情况下，学生的学习过程由两个阶段组成：第一阶段是"信息传递"，是通过教师和学生、学生和学生之间的互动来实现的；第二个阶段是"吸收内化"，是在课后由学生自己来完成的。由于缺少教师的支持和同伴的帮助，"吸收内化"阶段常常会让学生感到挫败，丧失学习的动机和成就感。"翻转课堂"对学生的学习过程进行了重构。"信息传递"是学生在课前进行的，教师不仅提供了视频，还可以提供在线的辅导；"吸收内化"是在课堂上通过互动来完成的，教师能够提前了解学生的学习困难，在课堂上给予有效的辅导，同学之间的相互交流更有助于促进学生知识的吸收内化过程。

（4）复习检测方便快捷。

学生观看了教学视频之后，是否理解了学习的内容，视频后面紧跟着的4到5个小问题，可以帮助学生及时进行检测，并对自己的学习情况做出判断。如果发现几个问题回答得不好，学生可以回过头来再看一遍，仔细思考哪些方面出了问题。学生对问题的回答情况，能够及时地通过云平台进行汇总处理，帮助教师了解学生的学习状况。

（二）目前大学课堂教学存在的弊端

1. 学生的主体作用让位于教师主导

大学课堂教学没有真正地体现学生的主体地位，教学内容选择、教学方式与手段、师生关系、课堂组织与氛围、教学评价与测量等诸多方面，实际上大多是以教师为主体的，受教师的知识结构、能力水平甚至个人好恶的影响，学生的主体地位没有得到承认与体现。

2. 学习与探究脱节

某些课堂教学，教师教材提供的知识和自己的理解与看法以"大水漫灌"的方式传授给学生，教学手段简单刻板，使学生被动接受知识，成为灌输的对象，学生的任务就是快速地画课本和记笔记，从而扼杀学生的个性，限制了学生创新意识和创新精神的培养。偶尔的提问与思考也局限于教材提供的知识和教师的观点。一个理论是如何形成的，为什么会有这样的结论，以后会怎样，学生很少去疑问与探究。

3. 教学模式僵硬限制了学生的学习兴趣与热情

传统的教学模式和目前一些高校的课堂教学，依然采用比较单一的教师讲授式，气氛沉闷、缺少互动、学生厌学情况严重。很多教师不顾教学内容变化、教学目标侧重点不同、教学情境在动态变化、学生的知识在积累等因素，把教学程式化，严重忽视青年大学生的生理特性和心理特征，学生的表现欲望和参与热情被掩盖和压抑，循规蹈矩的问题和缺乏创意的答案使学生感到无聊和没有意义。

4. "知识本位"取代"学生本位"

目前在为实现教育目标而设置的知识体系中，更多的是关注知识的完备性、科学性和顺序性，整个课堂弥漫和充斥的全是知识和练习、功利，却很少考虑教育对象的特性，如年龄特点、接受能力、个性心理特征和心理需要，只是为了传授知识而设置知识，这样关注了知识却忽略了学生。

三、翻转课堂模式下教学设计有效性的思考

（一）翻转课堂模式下教学设计应具有的特征

1. 教师：由"主演"而为"导演"，引导者的角色

传统的课堂教学设计以教师的教为本位。其主要表现有：从教师的主观臆断或经验出发，以教师的教为基础来设计课堂教学流程。其弊端是在课堂上师生之间、生生之间的多向交流变成了只从教师到学生之间的单向活动，学生的学只能围绕教师的教，从而使学生只能处于"观众"的席位，丧失了学习过程中学生的自主性和主动性。课堂教学设计教师应由原来的主导者的角色向引导者角色转变，要充分创设问题情境，引导学生主动探究和讨论，以充分调动学生参与教学的积极性，调动学生探索知识的主动性，使学生从教学活动被动接受者转为主动学习者。

2. 学生：由"观众"而为"演员"，实践者的角色

传统的课堂教学设计忽视学生的学习、忽视学生的发展，从而使课堂教学活动变成了一种简单的传输、传递和接受的过程，导致学生发展有效性的丧失。在课堂教学设计的过程中，关注并尊重每个学生求知需求的独特性、主动性，使学生从盛装知识的容器向知识的主动构建者、实践者转变，为学生的发展创造有利条件。

3. 凸显良好的交互性

教学过程是交互性非常强的活动，在进行教学设计时要充分考虑到课堂教学中教师与学生、学生与学生、学生与教学媒体、教师与教学媒体等诸多教学要素进行交互。学生要与教师、同伴进行交互，以分享信息与成功的快乐；学生还要与网上资源、网上同伴进行交互，以获取更多的支持和资源；教师与学生在课堂上互相呼应，气氛变得活跃，师生间的距离得以拉近，从而有利于教学双方最佳状态的发挥，通过采用案例教学、问题教学、讨论教学、合作教学等教学方法，充分发挥各种教学资源的作用，使课堂成为全员参与的探讨、思考、学习、生产知识的场所。

4. 突出创新性

培养具有创新精神的学生，是以学为中心课堂教学设计的宗旨，设计时特别重视学生创新能力、创新思维的培养，给学生创造进行各种创新的环境和时空，将关注点放在学生能力的发展和提高上，而不能仅仅局限于简单的知识传授，这是以学为中心教学设计的必然要求，是它的灵魂，也是它的一个显著特征。

5. 评价的时代性

以学为中心教学设计的评价，具有一般评价的作用、类型和功能，但最主要的是它的

评价标准与现代社会需求的一致性，社会需求是制定评价标准的重要依据，社会需求发生了变化，评价的标准也跟着变化，表现出了明显的时代特征。

（二）如何进行有效的课堂教学设计

1. 学习需求分析，确定教学起点

学习需求分析包括学生情况分析和学习内容分析。学生情况分析指摸清学生的一般心理、生理背景（如年龄、性别、学习动机、认知成熟度、社会经历等），了解他们的学习态度、学习能力、学习风格和认知结构特点。学习内容分析指按照相关学科的教学大纲或教学基本要求了解希望形成的知识结构与学生现有认知结构的差异，从而确定教学起点。

2. 依据课程标准和学情，确定教学目标

教学目标是进行课堂教学设计的出发点和归宿，教学目标确定了课堂教学活动的方向，也是课堂教学评价的依据。这一目标将自始至终贯穿并体现于教学设计全过程，起着灵魂作用。教学目标的确定应注意如下几点：一是既要依据课程标准，又要坚持"以学生发展为本"的理念，立足于学生实际；二是教学目标一定要细化，具体可行；三是要突出情感、态度、价值观方面的要求；四是教学目标要有整体性、层次性、延续性和针对性。

3. 依据教学目标，整合教学内容，突出重点、难点

在确立教学目标后，首先要思考的是具体的教学内容。一方面，要用好教材，做好对教材内容的分析，明确重点难点；另一方面，要结合校情学情，对教材内容进行整合，增加一些具有时代气息的、反映学生生活实际的、符合学生的兴趣的学习内容。在这里要避免两种倾向：一是脱离教材，另起炉灶；二是死抱教材，照本宣科。

4. 依据教学内容，制定教学策略，组织高效的课堂活动

教学策略是完成既定教学目标而采用的教学活动的程序、方法、教学资源、形式和媒体等因素的综合，包括教学思路、教学方法和教学手段。教学策略的选择和制定应该从分析出的教学对象特点、教学目标和教学内容出发，选择合适的教学模式、教学方法和教学手段。常见的教学方法主要有启发式教学、互动式教学、研究实践式教学等等。教学方法的应用要关注学生的参与性，灵活运用；要发挥不同教学方法的综合整体功能。最普遍的授课模式包括面授、讲座、视频会议、在线学习等。教学手段是指那些支持和促进教学的基本组成部分，包括黑板、PowerPoint 幻灯片、电子白板、视频短片、网站、博客等。每一种教学手段都能用来支持任何一种授课模式。教学手段的选择取决于教学内容的特性，而不是已选定的授课模式。

5. 对照教学目标，反思教学环节，进行教学设计评价

这一步骤，是对自己课堂教学设计的一个再反思的过程。这一过程，一方面能确保教学设计比较科学、精致并紧扣教学目标；另一方面在反思中又能不断提高进行课堂教学设计的能力，并为课堂教学设计的修正和完善提供依据。教学设计评价分形成性评价（Formative evaluation）和总结性评价（Summative evaluation）。形成性评价是阶段

性评价，是教学是否有效的监控手段。形成性评价方法很多，比如观察、提问、谈话、作业、问卷、测验、实验操作等。教师运用评价所提供的信息对教学过程进行反馈和修正，帮助分析学生需求，从而调整教学目标、教学内容和教学策略，教师从教学评价的仲裁者角色向促进者角色转变。学生则从被评价者转为学习自我监控和自评者，通过教师指导和自我评级及调控，最终实现自我调节学习策略生成。总结性评价是在多次形成性评价并反复修改教学设计之后才进行，教师可结合课程性质和目标，设计考试方法，例如开卷考试、课程设计、课程论文、口试等。

总之，课堂教学设计是一个系统化规划教学系统的过程，需解决三个重要问题：一是为了完成预期的教学任务，必须分析学生的需求和教学目标进行；二是为达到预期的教学目标，必须考虑采用什么样的教学方法以及如何构建有效的课堂教学过程；三是如何对教学活动的效果进行评价。

实践教学篇

SHIJIAN JIAOXUE PIAN

地方高校通识教育的探索与实践①

——以浙江工商大学为例

赵　霞② 厉小军③

（浙江工商大学教务处）

摘　要：近年来，越来越多的高校意识到过去将专业教育置于主导地位的方式已不能适应社会发展对各类人才的需求，开始重视实施通识教育，扩大学生国际视野，提高学生人文素养，培养学生的人文情怀，全面提升学生的综合素质。

关键词：通识教育；人才培养目标；实践

早在 20 世纪 90 年代，高校就逐渐意识到人文科学的重要性，并采取措施提高大学生的人文素养。1998 年教育部颁布了《关于加强大学生文化素质教育的若干意见》，标志着文化素质教育进入全面推广阶段。随着文化素质教育的开展，有些高校引入了西方国家的通识教育理念，对通识教育进行专门的研究与实践，使得通识教育与原有的专业教育进行对接，改变专业教育占主导地位的局面。不少重点高校开设校级通识选修课，并明确规定每个学生毕业前需要修够一定学分的通识教育课程，否则不授予其学位。经过多年的实践，这些高校开展通识教育取得了不错的成效，同时也将此经验逐渐在不少的地方高校得以推广。

一、通识教育的基本概念

通识教育（General　Education），字面意思为"普通教育"或者"一般教育"，起源于古希腊的"自由教育"，也称为博雅教育。目的在于培养公民的健全人格。通识教育的内涵丰富，没有统一的定义。④

---

① 浙江省高等教育教学改革项目"地方高校专业教育、通识教育与创新创业教育相融合的问题与策略研究探索与实践"（jg20160068），浙江工商大学高等教育研究课题。

② 赵霞，通识教育中心主管，讲师。

③ 厉小军，处长，教授，博士，研究方向为高等教育管理、创新管理。

④ 黄海：《当前我国通识教育的困境与突破》，《现代教育管理》，2014 第 4 期。

在我国，通识教育的提法并不常见，而通常以"促进学生全面发展的教育"或"素质教育"等命名，是针对我国学习苏联造成大学过分专业化而提出的。李曼丽在综合了国内外学者对通识教育的各种表达后，从性质、目的和内容三个角度对通识教育的概念做了初步的构建：就性质而言，通识教育是高等教育的重要组合部分，是所有大学生都应该接受的非专业性的教育；就目的而言，通识教育旨在培养积极参与社会活动，具有社会责任感的、全面发展的社会的人与公民；就内容而言，通识教育是一种广泛的、非专业性的、非功利性的基本知识、技能和态度的教育。[①]

二、通识教育现状及人才培养目标

通识教育才刚刚起步，我们的通识课教学尚处于尝试和探索阶段，2016年，国家"十三五"规划正式提出建立通识教育和专业教育相结合的培养制度，在政策层面上推进通识教育，使得通识教育更以蓬勃之势发展。近年来，北京大学、清华大学、复旦大学、中山大学、浙江大学、山东大学、四川大学等一批重点大学都进行了通识教育改革，在国内外产生一定影响。但在高校实施过程中发现通识课教学过程中尚存在种种不足，通识课的教学质量和教学效果还有诸多不尽如人意之处。通识教育对目前高等教育人才培养目标即具有国际视野、人文情怀、专业素养、社会担当的复合型、应用型、创新型人才的实现还需加强。部分学生对通识课明显缺乏兴趣，部分通识课的学生到课率持续偏低，有些通识课的教学内容空泛，个别通识课的课堂教学秩序紊乱，等等。高校应采取有效途径与措施，对高校的教育管理者也提出了诸多的要求。

（一）提高对通识教育重要性的认识

尽管我们实施通识教育已有一定时间，通识课程也已成为我们教学计划中不可或缺的重要组成部分，但客观地讲，到目前为止，全国高等院校对通识教育还不能说已完全形成共识，对通识教育的认知还远未到位，这种状况致使我们对通识课教学的重视更多的还只能是浮于表面。由于对通识教育的认识不到位，总是将通识教育和专业教育的关系看作是"泾渭分明"，总认为在培养方案中是通识课程板块在挤压专业课程板块，所以，在处理两者的关系时就难免会表现出不同的倾向性情绪，从而不仅会使得我们培养方案的修订和完善工作困难重重，而且在专业课的教学过程中，通识教育的理念也就很难真正地渗透，通识教育思想在整个人才培养过程中也就难以真正地得到贯彻和落实。部分教师由于对通识课程的认知不到位，在思想上总是将通识课程混同于一般意义上的常识课，所以，教学目标总是局限于简单的传输（介绍）某一领域的主要知识点，教学内容不是基本概念的简单堆砌，就是零散知识点的简单排列，教学方式方法呆板僵化，单向性突出，总是习惯于

---

① 李曼丽：《通识教育———一种大学教育观》，北京：清华大学出版社，1999年。

"我念你听"，照本宣科。这种状况引致学生学习兴趣减弱、到课率低等等，也就不足为奇。这种现象当然无疑是与一些教师本身的综合素质、专业造诣、职业能力等直接相关，但最主要的还是因为对通识课程的性质有某种误解，或者对开设通识课程的目的不完全理解。实施通识教育的目的，就是要矫正上述传统教育模式的偏疾；就是要向学生进行一种能立足未来社会所必要的、通辩而全面的教育；就是要在培养学生一定的专业知识和职业技能的同时，培养学生全面综合地认知和掌握相关各领域的基本知识、主要思想、主要观点及其萌生、发展、演进的逻辑形式和思维方式；就是要铺垫学生能适应未来社会发展需要的知识结构、能力结构和思维方法；就是要启迪、激发学生的各种潜能，成全学生平衡的人格，使其成为崇尚科学和民主、追求真理和正义、通达事理、懂得自处及待人之道、善于沟通、长于协调并能"仰望星空"的真正实用型的人才。通识课程的开设不一定能使学生的知识更为渊博，但却可以矫正学生的知识性盲点；通识课的教学目标不仅是要向学生提供更多的资讯，而是更多地要向学生传授不同的精神、意识、思维和方法；专业课的要义是告诉学生可以做什么和怎样去做，而通识课的要义则是要告诉学生应该做什么和为什么去做。正如通识教育不是普及教育一样，通识课程也绝不是一般意义上的常识课程。

（二）优化课程结构，甄选教学内容

通识教育从培养和积淀人格素养的角度来说，一般可分解为人文素养、哲学社会科学素养、自然科学素养、美学艺术素养、实践能力素养等五个方面。虽然从整体来看涉猎范围相当广泛，但从具体分类上来看，也主要是提供了前四种类型的素养源，后一类素养源则几乎没有涉及。显然，这样的课程结构与我们"创新应用型人才"培养目标的要求仍有一定距离。不仅如此，我们更具体的人才培养目标不是一般意义上的应用型人才，而是"未来社会中坚阶层的领导者"，但我们的课程体系里却又恰恰缺少适合领导力培养的课程群。这就是说，我们现有的课程体系针对性不强，与人才培养的需要契合度不高，而且没有重点，缺乏特色。关于教学内容方面，由于目前通识课程教学内容的甄选和确定还没有形成行之有效的制度和规范，加之大多又没有指定的教材或参考书目，主要是由任课教师依据个人喜好而自行选定，所以在一定程度上就造成了教学内容形成的随意性和不确定性，与此相应，在教学过程中因此而暴露出的问题也就相对较多一些。因此，当务之急是应当在充分论证的基础上，尽快形成教学内容甄选的有效机制，并制定相应的制度措施，以保证所确定的教学内容既能满足实现教学目标的需要，又适合教学对象的特点，也能体现我们人才培养的特色。

（三）拓宽通识教育渠道，搭建多元化的通识教育平台，充实通识教育内涵

实施通识教育，可以有各种不同的途径，可利用各种形式的平台，但目前我院通识教育的实施还只是限于自己开设课程这种单一的途径。事实上，利用网络平台实施通识教育已是许多高校普遍采取的一种通行做法，指定必读书目也是许多高校丰富学生多方面素养的有效途径。除此之外，我们还有"名师讲堂""新生研讨课"等多种平台可以利用。开辟多种途径，搭建多元化平台，构筑立体化的资讯网络，不仅可以有效利用外部的优秀教学资源，最大限度地扩充通识教育的内涵，而且通过相互间的互补来促使通识课教学水平和教学质量的提升。

三、地方高校通识教育的现状

（1）通识教育尚未引起地方高校的足够重视，没有转变传统的教育理念，仅仅通过开设一些全校的公共选修课，开展通识教育还流于形式，没有进行通识教育与专业教育的融合。

（2）通识教育的实施缺乏政策法规的支持，对通识教育的发展没有进行长期的规划，没有得到政府部门明确的指导，对出现的问题不能及时有效地解决，从而影响了通识教育的实施过程。

（3）通识教育师资力量还有待加强，特别是对地方高校来讲，由于学科布局的原因，通识教育的师资非常欠缺，不少通识课程由专业教师担任，影响了课程的教学质量。

四、浙江工商大学通识教育实践

浙江工商大学自 2007 年提出通识教育理念以来，已历经 10 年，这 10 年来我校取得了一定的成绩，开设通识课程百余门，近百余名教师参与到课程建设及教学中。为进一步加快我校通识课程建设，学校于 2014 年成立通识教育教学指导委员会，2015 年启动新一轮通识教育教学改革，成立通识教育中心，调整通识课程体系，引进校外优质课程进校园，将通识课程划分为"文学·历史·哲学"等 6 个模块，将通识学分调整为 12 学分，供一、二、三年级同学学习。学校于 2015 年启动了新一轮的通识教育改革，其中建设一批精品通识课程是改革的重点，建成 40 门左右具有商大特色的校级精品通识课程，目前已经立项 25 门校级精品通识课程。积极探索，在课程体系、课程内容、团队建设、课程教材、教学方法等方面持续创新改革，积极探索大班授课、小班讨论的教学模式，通过精品通识课程的建设激发全校教师参与通识教育课程改革的热情，共同促进通识教育质量的进一步提高。2015 年学校创新性地构建了博雅经典、博雅讲堂、博雅课程、博雅优培、博雅学会、博雅社区等"六博雅"通识教育路径，并有针对性地开展各项工作。引入校外优质网络课程 15 门；组织创建了博雅学会，并建立了博雅学会微信公众号，定期推送通识教育有关的课程大纲、教师访谈、学生访谈等栏目；2016 年开展"经典阅读·电影赏析"活动，组织编写了《博雅经典阅读》和《博雅电影赏析》丛书，创建了包含 100 部经典图书和 100 部经典电影的在线平台；成功组织了浙江省"互联网移动时代下通识教育"会议，100 多所高校参加，学校向全省高校介绍了通识教育的经验。学校加强网络优质课程的引进与管理，加强宣传，选课人数由原来 500 人提升为 1500 人，扩增 2 倍。

（一）"六博雅"的通识教育有效路径

学校 2015 年创新性地提出博雅经典、博雅讲堂、博雅优培、博雅学会、博雅社区等"六博雅"通识教育路径，并由通识教育中心统一策划组织，针对性地开展各项活动，具体如下。

1. 博雅经典

学校于 2015 年开始由教务处通识教育中心牵头邀请通识教育教学指导委员会部分成员及人文学院部分教师参与制定、确立学校经典阅读·电影赏析的书目及电影名单（百部图书·百部电影），2016 年出版了《博雅经典阅读指导丛书》《博雅电影赏析指导丛书》，并投入使用，与超星公司联手搭建了经典阅读·电影赏析的在线阅读和观影平台，2016 年年底开始尝试使用，截至目前全校共印刷 3000 册指导丛书，约 300 人参加在线阅读，线上 400 人参与电影赏析；为了更加夯实经典阅读·电影赏析，学校举办《简·爱》——新女性与新的时代博雅沙龙 1 期，举办以"电影成就梦想，电影放飞希望，电影展现自我，电影反思生活"为主题的"电影赏析之夜"活动，共 5 场，线下参与人数 400 余人。

2. 博雅讲堂

博雅讲堂是学校通识教育"六博雅"的路径之一，是学校推动"思政课程"向"课程思政"转化的一种表现形式，通识教育中心本学期全校共举办博雅讲堂 5 期，参与人数 2700 余人。凡是走进博雅讲堂的嘉宾我们将颁发"浙江工商大学博雅讲堂讲师团聘书"及博雅讲堂纪念水晶杯，留下的是嘉宾精彩的讲座内容、观点和见解，起着明责、励志、抒情、奋进的教育，带走的是商大博雅人的感激之情、感恩之心。博雅讲堂还创新性地将历来走进博雅讲堂的嘉宾讲座录制、整理、编辑，再通过教务处博雅学会官微传播出去，让未曾莅临讲堂现场的老师和同学也可以学习、了解、重温、回顾，所以我们简称为"博雅实录专栏"。

3. 博雅课程

学校于 2015 年首次立项 25 门精品通识课程，给予每门课程 2 万元课程建设经费支持。同时学校积极引进校外优质课程资源，与上海智慧树签约，引进 3 门智慧树的网络通识课程，随着学校发展，学生通识教育意识的不断增强，学生综合素质不断提升，我校于 2015 年在智慧树基础之上，又与北京超星尔雅教育公司签约，引进 8 门尔雅网络通识课程，随着学生选课人数与学习情况调查，2016 年又扩大课程资源库，由全校 11 门网络通识课程提升为 15 门网络通识课程，选课人数约 1200 人，占全校通识选修课学生的 15%。2017 年学校扩增到 20 门网络通识课程，并首次尝试将网络通识课程的授课形式由完全在线修改为部分在线 + 部分见面课的转课堂，确保网络通识课程的教学质量，培养学生主动学习、发现问题、解决问题、思辨的能力。为了让学生更好、更有效地选修自己的课程，学校每学期将针对性地对精品通识课程和网络通识课程进行有效的选课指导，组织召开各班级学习委员的宣讲会、见面会等，层层传达，通过微信、网络、邮件等有效的多媒体手段进行宣传解读，让更多的学生了解通识课程，有针对性地进行选课。积极探索浙江工商大学"通识课程地图"，力争让学生选课更为有效、更加明确。

4. 博雅优培

通识教育中心联手教师教学发展中心组织全校精品通识课教师、通识课开课教师进行课程教学、教学设计、教学方法、课件制作等研讨会，从思想上、方法上等提高通识教师对通识课的重视程度和课程质量。

5. 博雅学会

学校由通识教育中心牵头，为了培养学生自我学习、自我管理、自我服务与自我发展的能力，创建了博雅学会，协助学校做好通识教育系列活动。博雅学会根据通识教育课程的六个模块下设微澜堂、艺文协会、商法协会、知行协会、科技协会、国创团。

6. 博雅社区

联手学校相关部门共建学生社区，为学生提供相互交流学习的平台，努力做到全员育人、全过程育人、全方位育人的目标。

（二）通识教育今后发展规划

学校今后将在原有通识教育基础之上，加强通识教育的课程建设和通识教育的实践基地的建立。不断规范通识课程评价机制、质量监控机制、课程准入机制，从课程内容到课程体系、课程实施与课程评价等方面都不断完善，评价改革的重点在于学业成绩考核方式方法的改革。要排除应试教育的不利影响，应以对学生综合能力和人格修养的评价为核心，要注重过程评价，淡化结果考核，努力实现学生学业成绩评价（考核）方式、方法的多元化和多样化。

通识教育离不开实践，为了弥补课堂教学的不足，能够让学生在实践中学习提高，增长才干，增强本领，学校将建立通识教育实践基地。其目的是让学生"受教育，长才干"，又可以加强学校与社会的联系，实现学校与社会的互相支持、互相渗透、优势互补、资源共享。今后学校将根据办学定位与培养目标，建立历史文化类、教育类、艺术类服务管理类、创新创业类等通识教育实践基地。学校要精心设计，积极筹备，将通识教育的六大模块与通识教育实践基地有机结合起来，让学生能够在此接受公民教育以及民族民俗文化的熏陶，从而使学生学会生活、学会做事、学会做人，不断追求真、善、美，成为有教养、有内涵、有素养的社会合格公民。

五、结　　语

中国在变化，世界在变化，学生也在变化。今天的世界已不同以往，知识和技术创新在经济发展中越来越占据主导作用，科学技术快速进步、信息的传递和流动加快，这都使人才竞争、产业分工越来越全球化；环境、能源、健康和可持续发展等已经成为全球都要面对的共同挑战。我们的国力迅速增强，经济总量已经世界第二，科技竞争力和国际政治地位不断提升；但中国的发展也面临严峻挑战，我们的政治、文化等软实力都亟待加强，经济和社会都面临艰难转型，全面建成小康社会任务繁重，实现"青春梦""中国梦"更需要高素质人才，所以高等教育越发重要。当今社会要求人才既要具备一定的专业知识和技能，又要有其他方面的复合素质和能力，这些需要通过本科教学改革来促进人才培养质量的提升，将学生的学习能力、素质能力、生存能力结合起来，使综合素质教育更加明确、清晰。

附表1：浙江工商大学精品通识课与校外优质课程资源汇总表

开课学院	课程名称	负责人
管理学院	组织行为与管理心理	金杨华
管理学院	领导力与团队建设	盛 亚
管理学院	管理原理与组织变革	郝云宏
财会学院	财务报告阅读与分析	吴 晖
统计学院	西方经典音乐剧欣赏	张利
统计学院	数学建模	李银飞
金融学院	投资与理财	朱 晋
食品学院	食品营养与食品安全	陈忠秀
食品学院	味觉改变生活	张卫斌
食品学院	化学与生活	陈 青
信电学院	物理学与人类文明	马 涛
信息学院	大数据与智慧生活	傅培华
法学院	法律文化	杨 磊
人文学院	传媒与中国社会	吴 凡
人文学院	摄影艺术概论	周志平
人文学院	历史上中国与世界	杨齐福
人文学院	西方文学名著导读	李艳梅
人文学院	中国文学名著导读	潘水根
公管学院	社会调查与研究方法	严霄云
外语学院	《趣谈希腊神话》——西方文化源与流的蒙太奇	叶建平

续　表

开课学院	课程名称	负责人
外语学院	跨文化交际	潘章仙
东语学院	中日文化交流史	吴　玲
艺术学院	艺术与审美——设计与现代生活	张世月
马克思主义学院	东方哲学智慧	蒋伟胜

附表 2：浙江工商大学校外优质课程资源——网络通识课汇总表

课程名称	授课教师	开课大学	归属部门	见面课教师
大学启示录：如何读大学？	熊丙奇	上海交通大学	教务处	厉小军 赵霞
百年风流人物：曾国藩	周鼎	四川大学	人文学院	杨齐福
视觉文化与社会性别	沈奕斐	复旦大学	人文学院	沈珉 汤喜燕
穿 T 恤听古典音乐	田艺苗	上海音乐学院	艺术教研室	王楠
美学原理	叶　朗	北京大学	艺术学院	王双阳
魅力科学	车云霞	南开大学	环境学院	韩竞一
	杨振宁	清华大学		
	张首晟	美国斯坦福大学		
	马宗晋	国家地震局		
	欧阳自远	中国科学院		
探索发现：生命	黄耀江	中央民族大学	环境学院	刘惠君
中华传统思想：对话先秦哲学	万献初	武汉大学	马克思主义学院	徐晟 丁建华
	李景林	北京师范大学		
	郭齐勇	武汉大学		
	夏可君	中国人民大学		
	陈　炎	山东大学		
大学生恋爱与性健康	甄宏丽	北京大学	公共管理学院	白玥
	李子勋	中日友好医院		

续　表

课程名称	授课教师	开课大学	归属部门	见面课教师
从爱因斯坦到霍金宇宙	赵铮	北京师范大学	信电学院	马涛
舌尖上的植物学	邓兴旺　等	北京大学	食品学院	杨玥熹
人生·人心	陈果	复旦大学	马克思主义学院	郑根成
中华诗词之美	叶嘉莹	南开大学	人文学院	李玲玲
马克思主义的时代解读	吴晓明	复旦大学	马克思主义学院	于希勇
	王德峰	复旦大学		
	张双利	复旦大学		
	刘建军	复旦大学		
	潘伟杰	复旦大学		
	姜义华	复旦大学		
	童兵	复旦大学		
	张辉明	复旦大学		
	杜艳华	复旦大学		
诗意的人学：西方文学名著欣赏	蒋承勇	浙江工商大学	人文学院	陈军

参考文献

[1] 李曼丽，汪永铨.关于"通识教育"概念内涵的讨论 [J]. 清华大学教育研究，1999(1).

[2] 施建祥.基于学生综合素质提升的大学通识教育发展探索 [M]// 陈寿灿.人才培养与教学改革——浙江工商大学教学改革论文集 (2011).杭州：浙江工商大学出版社，2012.

[3] 史静寰，陆一.中国大学通识教育课程建设的路径分析 [J].通识教育评论，2016.

[4] 周绪红.2014 重庆大学教学工作会议校长报告 [R].重庆：重庆大学，2014.

[5] 戴维·格雷斯.西方的敌与我：从柏拉图到北约 [M].上海：上海人民出版社，2013.

[6] 庞海芍，郇秀红.中国高等通识教育：回顾与展望 [J]. 高等教育管理，2016(4).

食品学院期末成绩正态分布情况简析

谢湖均[①]　郑春燕[②]　陈建设[③]　韩剑众[④]

（浙江工商大学食品与生物工程学院）

摘　要： 为了提高教学质量，发现教学与学习中存在的问题，我们对食品与生物工程学院 2015—2016 学年所有考试科目的成绩进行了详细深入的分析，探讨了课程性质、考核方式、学生年级、专业等因素对期末成绩正态分布情况的影响。

关键词： 正态分布；期末成绩；统计分析

一、研究背景

考试成绩是评价学生学习效果的重要指标。考试是教学过程中一个非常重要的环节，是教学质量反馈和评估的重要手段，对学生起着重要的督促和导向作用。[1-2] 在食品科学与工程专业 IFT 认证的背景下，食品与生物工程学院本着提高教学质量、培养优秀人才的目的，结合本院的实际情况，依据学校有关课程考试的相应规定，在 2015 年 11 月印发了关于课程考试的补充条例。条例规定考试分数应以百分制计算，全班级的学生成绩应当符合正态分布。一般情况下，90 分以上的比例不大于 15%，69 分以下的比例不小于 10%。并且年级合理平均分为 65—85 分之间。根据经典测量理论[3-4]，在正常情况下，如果试卷的考试成绩呈正态分布，则试卷的质量较高，否则较低。通过对期末考试成绩的分析，可以了解考试的题型是否合理，难度是否适中，了解学生对课程的掌握程度，了解教学中的薄弱环节，了解把 IFT 的从知识记忆到创新六个层级的考核理念引入到学院的考试考核实践中的效果，并发现和解决教与学中存在的问题，有针对性地找出对策从而达到更好的教学效果，不断提高学院的教学质量。为此我们对食品学院 2015—2016 学年期末考试成绩进行了统计，并在此基础上进行了分析研究。

---

① 谢湖均，副教授，博士，研究方向为食品化学。
② 郑春燕，讲师，硕士，研究方向为教学管理。
③ 陈建设，副院长，教授，博士，研究方向为食品质构与食品物性学。
④ 韩剑众，院长，教授，博士，研究方向为基于人工胃肠系统模型和动物消化道的食品营养生物学。

二、结果与讨论

以食品与生物工程学院 2015—2016 学年期末考试成绩为数据源，我们分析了课程性质、考核方式、学生年级、专业等因素对期末成绩正态分布情况的影响。

1. 按照考试人数统计

按照考试的人数对期末成绩进行了统计，图 1 表明 90 分以上的比例为 14.9%，69 分以下的比例为 12.1%，符合正态分布。根据课程性质对期末成绩进行了统计。图 2 表明必修课和专业选修课都能较好地符合正态分布；通识选修课和任意选修课符合得相对较差，其中 90 分以上的比例都占到了近 38%。按照课程分类对期末成绩进行了统计。图 3 表明实验课和结合型课 69 分以下比例略低，理论课基本符合正态分布。按照考核方式对期末成绩进行了统计。图 4 表明开卷考试 90 分以上比例偏高，技能测试课 69 分以下比例偏低，闭卷考试课则符合正态分布要求。从专业和年级来看，生物、食工、食安、应化四个专业都较好的符合正态分布（见图 5），12、13、14、15 四个年级也能较好地符合正态分布（见图 6）。

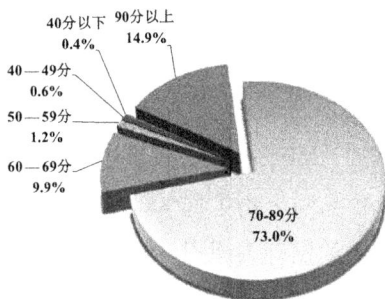

图 1　按照人数对期末成绩的统计分析结果

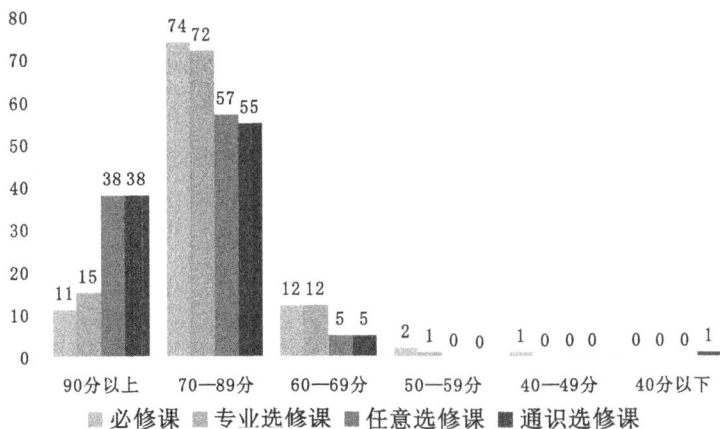

图 2　不同课程性质对期末成绩的影响

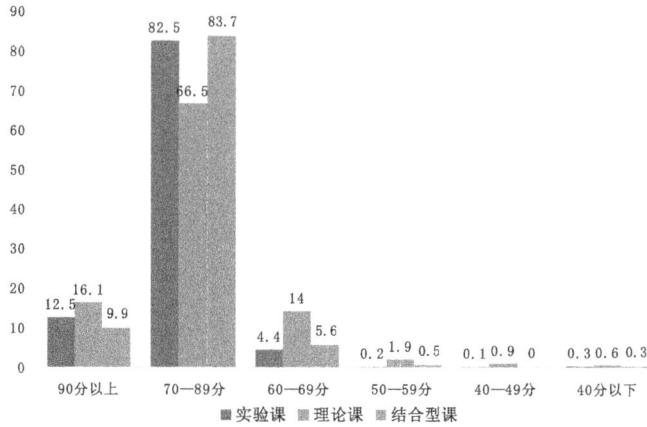

图 3　不同课程分类对期末成绩的影响

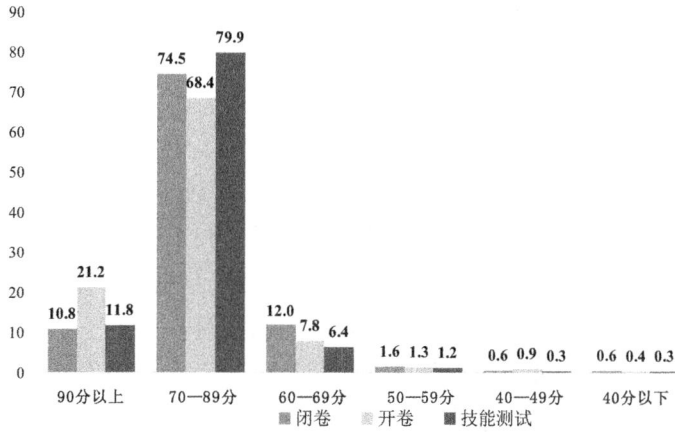

图 4　不同考核方式对期末成绩的影响

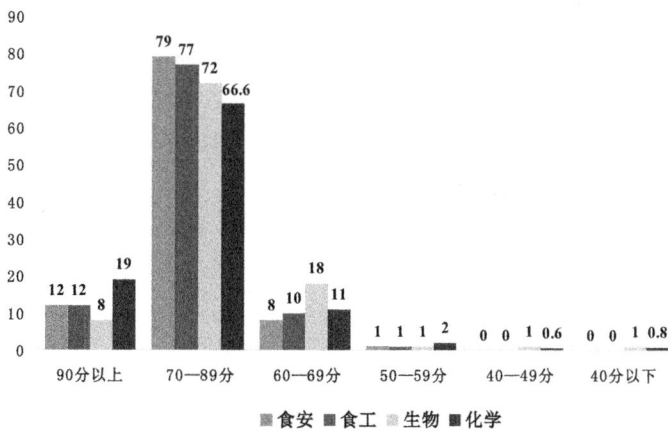

图 5　不同专业对期末成绩的影响

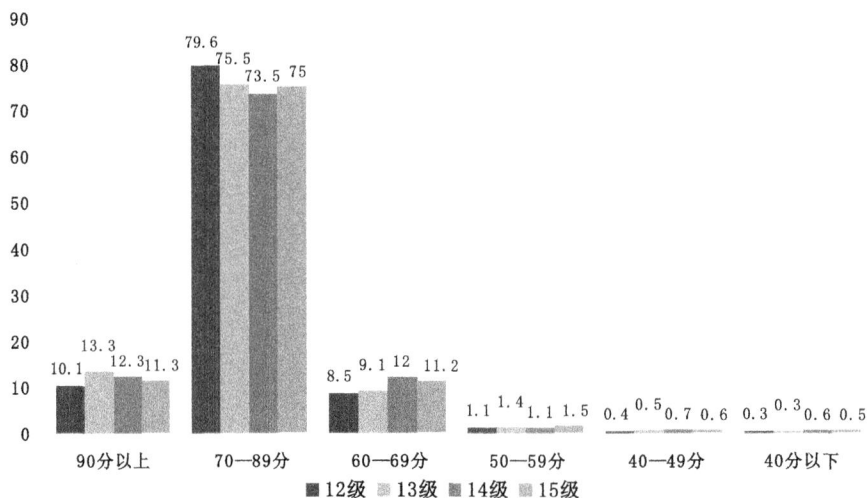

图 6　不同年级对期末成绩的影响

2. 按照课程门数统计

我们也对 2015—2016 学年所有的 156 门课程进行了统计，符合正态分布的课的数目为 63 门，约占 40.4%；不符合正态分布的课的数目为 93 门，约占 59.6%。按照课程性质（见图 7），必修课中符合正态分布的课的数目占 40/81，专业选修课中符合正态分布的课的数目占 24/55，任意选修课中符合正态分布的课的数目占 1/17，通识选修课中符合正态分布的课的数目占 0/3。按照课程分类（见图 8），实验课中符合正态分布的课的数目占 11/39，理论课中符合正态分布的课的数目占 53/112，结合型课中符合正态分布的课的数目占 0/5。按照考试形式（见图 9），开卷考试符合正态分布的课的数目占 5/20，闭卷考试中符合正态分布的课的数目占 28/47，技能测试考试符合正态分布的课的数目占 2/19。按照专业（见图 10），生物班中符合正态分布的课的数目占 13/34，食安班中符合正态分布的课的数目占 20/41，食工班中符合正态分布的课的数目占 15/43，化学班中符合正态分布的课的数目占 20/38。按照年级（见图 11），2012 级中符合正态分布的课的数目 5/9，2013 级中符合正态分布的课的数目 24/65，2014 级中符合正态分布的课的数目 20/46，2015 级中符合正态分布的课的数目 19/36。

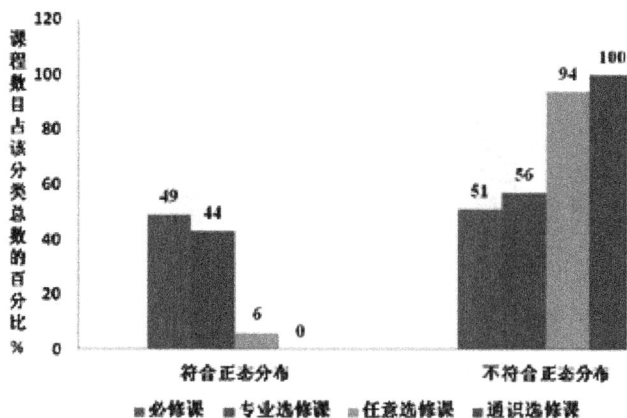

图 7　课程性质对期末成绩正态分布课程门数的影响

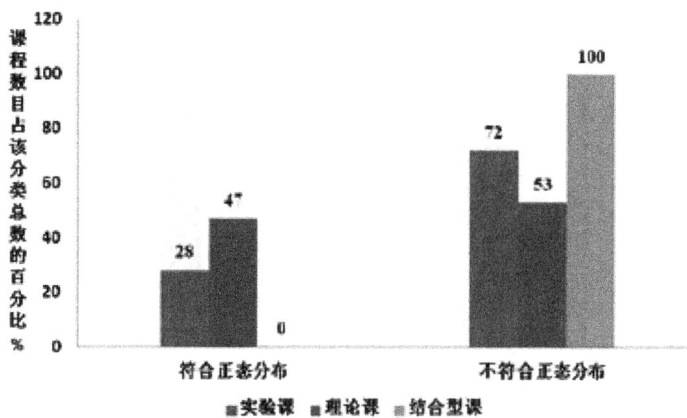

图 8　课程分类对期末成绩正态分布课程门数的影响

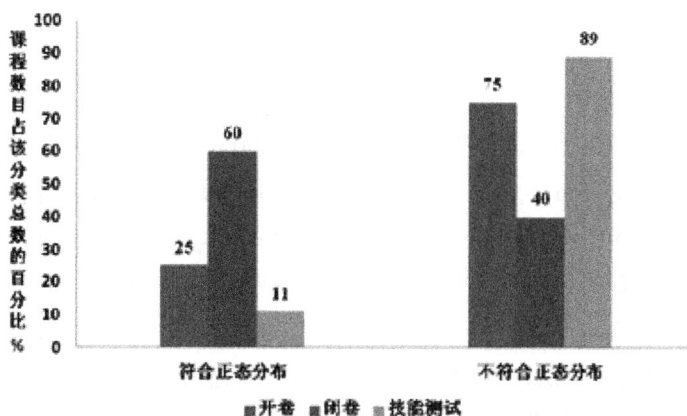

图 9　考试形式对期末成绩正态分布课程门数的影响

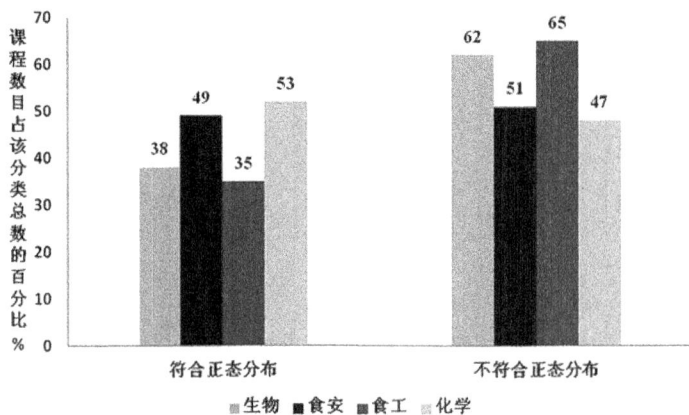

图 10　不同专业对期末成绩正态分布课程门数的影响

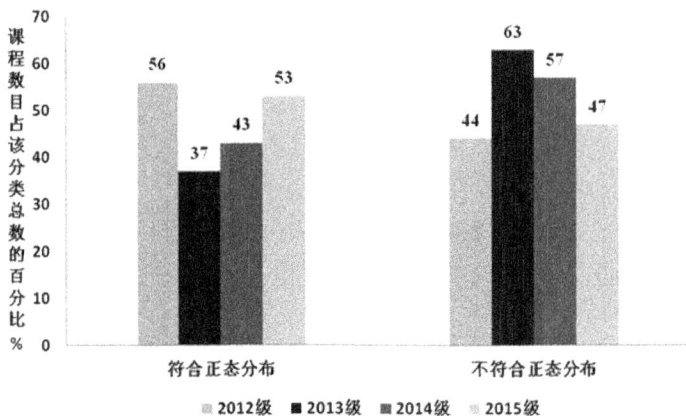

图 11　不同年级对期末成绩正态分布课程门数的影响

三、分析和建议

从统计的数据来看，必修课和专业选修课能够较好地符合正态分布，而通识选修课和任意选修课不符合正态分布要求，后者总体上来说 90 分以上的比例偏高，69 分以下的比例偏低。通识选修课和任意选修课由于面向的是全校的本科生，考试成绩普遍偏高，这可能与老师的出卷思路有关。一个重要的因素是期末成绩给得高的课，通常情况下学生选的人数就会多，当然，选课很多时候也跟老师个人的魅力和上课的内容有关。实验课和结合型课中 69 分以下的比例偏低，而理论课则基本符合正态分布。对于实验课的成绩，一般学生每次实验完成之后，都要求写一个实验报告，而每次老师对这些报告都会给出一个分数，折算到平时成绩里面。实验课程在期末的时候，会有实验操作考试，也会折算到期末成绩里面。一般而言，大多数学生都能较好地完成上述考核内容，这样与理论课相比，上实验课的老师给出的期末成绩都会相对偏高一点。开卷考试 90 分以上的比例偏高，技能测试课 69 分以下的比例偏低，闭卷考试课则能符合正态分布要求。开卷考试成绩偏高的原因可能与出题的难度有关，假如考试题目都能在书上找到现成的答案，那么相应的分数就会提高。

针对上述出现的一些问题，我们可以采取以下的一些措施来解决：

（1）针对成绩普遍偏高的问题，我们可以从出题内容上加以考虑。稍微增加有难度题目的比例，适当减少容易题目的比例，这样使得大多数的成绩能够集中在 70—90 分之间，这样能够更好地符合正态分布。

（2）对于不同的课程体系，应该采取不同评价标准。比如实验课和理论课，应该采取不同的考核标准，来给出最终的成绩，这个值得教学管理者及教师去思考。

（3）改革对教师的考核制度。现在每个学期结束，每个学生都要对任课老师进行打分。就目前的情况来看，老师给同学成绩打得较高的班级，普遍给老师打的分数较高。而教师考核的业绩，又影响到教师职称的评审。因此，应该制定更为合理的教学规章制度，更好地评价老师的教学业绩，这些也值得教学管理者及教师去思考。

四、结　　论

对期末成绩的综合分析，可以为大家今后出期末试卷、评价学生提供新思路，能够使试卷具有较好可信度和区分度，从而使教学考核和评估的质量越来越高。对食品与生物工程学院的期末成绩分析，也为其他工科性学院教学质量的提升奠定了扎实基础。当然，本研究还存在很多不足之处，如数据源中得到的只是某一成绩段的学生人数，研究的时间不长，只是对一学年的期末成绩进行分析，没有纵向对比两个平行班级同一学期之间的相关性和差异性等，这些都值得我们做进一步的深入研究。

参考文献

[1] 梁小筠. 正态性检验 [M]. 北京：中国统计出版社，1997.

[2] 周明. 教学评估中的试卷分析 [J]. 天津师范大学学报（基础教育版），2003，15(1)：14–22.

[3] 王孝玲. 教育测量 [M]. 上海：华东师范大学出版社，1989.

[4] 吕丽娟，立春，苏文悌. 试卷分析的功能与实现 [J]. 上海理工大学学报（社会科学版），2005，27(2)：13–16.

高校创业教育与创新型人才培养①

——来自欧美高校的实践与启示

任家华②　　周　玲③　　胡康康④

（浙江工商大学财务与会计学院）

摘　要：创业教育契合了知识经济对创新型人才的需求，致力于创新型人才培养已成为欧美国家的创业教育理念。欧美实践和经验对我国高校创业教育有诸多启示，主要体现在：创业教育应面向创新型人才培养、理性的创业教育、从国家创新战略高度认识创业教育的作用。

关键词：欧美国家；创新型人才培养；创业教育；理念；启示

一、创业教育与创新型人才培养

20世纪70年代，欧美国家相继出现了以创新和创业为灵魂的创业型经济形态。创业型经济是一种知识经济，其驱动因素是科技知识、企业家的创业活动以及创新精神。目前美国社会超过90%以上的财富都是大变革中的创业企业创造。以麻省理工学院、斯坦福大学为代表的一批美国大学，大力推动创业教育，在美国形成了两个著名的创新轴心，即以斯坦福大学为核心的硅谷和以麻省理工学院、哈佛大学为核心的波士顿地区高科技产业集聚区，促进了美国创业创新型经济的发展。

我国需要转变教育理念，探索创新型人才培养新模式，而创业教育契合了知识经济对创新型人才的需求。高校创业教育是一种全新的教育理念和教育模式，它是以培养创新创业型人才为目标导向的素质教育，其核心内容是培养学生勇于探索、开拓进取的创新精神。联合国教科文组织在《21世纪的高等教育：展望与行动世界宣言》中提出，"必须将创业技能和创业精神作为高等教育的基本目标"，并提高到与学术研究和职业教育同等重

---

① 浙江工商大学2015年度课堂教学创新项目"基于互联网应用的'管理咨询'课程翻转课堂设计与实践"。
② 任家华，副教授，博士，研究方向为财务管理、创业管理和技术创新。
③ 周玲，讲师，硕士，研究方向为思政教育与教学管理。
④ 胡康康，硕士研究生，研究方向为财务管理。

要的地位。在联合国教科文组织、经济合作与发展组织和欧盟等国际组织的推动下，推进创新创业教育成为一种世界性的教育改革趋势。

二、欧美国家致力于创新型人才培养的创业教育实践

（一）企业家精神教育

管理学大师彼得·德鲁克把企业家的创业精神视同于社会创新精神，并把这种精神提高到社会进步杠杆的高度。因此，创业教育理念的核心是培养学生的企业家精神、机会意识、创新精神和理性的冒险精神。目前，美国创业教育目标正由过去的创业导向转换为企业家创业精神导向。企业家创业精神教育的兴起使越来越多的美国大学生真正掌握了管理技术，管理技术正在使美国经济转化为企业家的经济。目前企业家精神教育主要是围绕创业和新创建企业管理问题展开，随着理论研究的深入，企业家精神教育内容已拓展到企业家型战略、企业家型领导、企业家型营销等课程，旨在培养富于企业家精神的管理人才。哈佛商学院开设了创业型管理者和企业家精神方向的研究生及本科课程。

经过多年的实践和探索，英国政府和高校普遍认为，应从国家竞争优势的战略高度认识高校创业人才培养，创业人才所具有的"企业家精神"相对于劳动力、资本等生产要素是更为稀缺的隐性要素，这种要素可通过"岗位创造""生产力增长"及"创新"等方式培育国家的竞争优势。英国沃里克大学强调用企业家精神和追求卓越来培植乐观向上、敢冒风险、敢为天下先的各类人才。瑞士洛桑国际管理发展学院强调培育具有创业思想、能够制定创业的配套设施、擅长沟通合作的未来企业家。

（二）创新精神与创业意识教育

在美国，绝大部分大学都有创业教育，目的是培养大学生的创新精神和创业意识。在课堂上，学生的创新精神就是在课堂上敢于提问、勇于质疑、挑战权威。斯坦福大学的创业教育理念是不断地寻求和探索新方向、新理念，追求新的知识，并不断试着跳出框架思考事情。美国百森商学院把创新思想、创业意识和创业活动贯穿于整个教育过程中，并着眼于"为未来的几代人设定创业遗传代码，以造就最具有革命性的创业一代作为其基本价值取向"。美国纽约大学理工学院（NYU-Poly）把发明、创新和创业放在学生教育经历的首要位置，注重培养跨学科能力、鼓励师生交流、孕育成为领军人物必备的创业精神，组织各种形式的创新创业实践活动，真正提高学生的创新创业能力以及实战能力。

德国大学校长会议和全德雇主协会在1998年发起了"独立精神"的倡议，呼吁创造一个有利于高校毕业生独立创业的国内环境，并使高校成为"创业者的熔炉"，欧盟将创业技能培养整合进欧洲终身学习框架，欧洲议会和理事会将"首创性和创业精神"列为终身学习的八大关键能力之一，将创业精神作为高等学校不同学科的重要课程，并在不同学

科中传播。英国政府把创业教育列为了 21 世纪重点发展的四大政策之一，政府要求大学要培养有创新思维的人才，培养学生的创业精神。英国高校把创业教育作为一项战略性的教育模式，强化学生的创新精神和创业意识培养。英国伦敦商学院、杜伦大学商学院等名校将培养大学生的创新精神和创业意识作为人才培养目标和使命，培养具备优秀企业家素质或者具备一定管理能力的职业经理人。

（三）全社会合作的创新人才培养

美国政府与高校集各方之合力推进创业教育发展，实现了创新人才培养。美国成立了全国性的创业教育联盟，其成员有学生组织、大学、基金会、企业、教育组织与政府机构等。其次，美国将创业教育纳入大学、中小学课程体系，基础教育与高等教育相互合力；创业教育已融入各个学科，实现了跨学科合作。许多高校要求教学课程及教学内容都要体现创业教育思想，并开设创业学或创业研究专业，还可授予相应的学士、硕士、博士学位。许多高校在 MBA 项目和博士课程专门开设了创业学专业方向，有些高校还设立了专门的创业学系。

英国大学积极整合各种资源，促进创业群体、学校、企业等多方的知识共享和创新，为学生创业实践提供支持。例如，牛津大学赛德商学院设立"创业赛德"，整合了校内创业成员、校友以及周边 1500 余个高科技企业门户，实现实践教学、研讨会和网络资源的合力，为创业者和高成长企业提供有力的支持。法国巴黎中央理工大学强调创业教育与企业界的合作，并定位于培养具有创新领导能力的专家以及视野广阔的"国际人"。德国的创业教育贯穿于学生的整个学习过程，中小学阶段注重创业文化的启蒙教育，大学阶段则侧重于增强创业意识、创新精神，并通过各种机构、校企之间构成团队，支持创业项目，避免创业教育停留在理论上。瑞典的创业教育已深入社会各个角落，并已成为大学、科研机构与企业间联系的重要纽带，小学、中学、大学、社会教育机构都普遍开设了以培养创业精神及创业技能为目标的相关课程，包括 Ericsson 在内的多家跨国公司还设置了专门的创业精神培训部门。

三、欧美创业教育理念对我国的启示

（一）创业教育是面向创新型人才培养的教育

美国大学创业教育的实践表明，对大学生进行创业教育，培养具有创造力、创新精神和创业能力的高素质复合型人才是高等教育的重要任务。创业教育核心在于以人为本，充分发挥人的主观能动性，突出强调对创业意识、创新精神的培育，它并不要求学生在校期间或者毕业后马上创业，而是为大学生在心里种下一颗创新精神的种子。因此，创业教育是面向创新型人才培养的教育，这一本质，意味着创业教育不仅仅是创业课程的讲授，也不是专注于"学生老板"的创业培训，而是着眼于大学生创新素质的培养。培养具有创新素质的人才，必须贯穿于高校整个人才培养的体系框架中并以此为载体，紧紧围绕创新人才培养的基本要义来进行，否则创业教育就成为添加在高校身上的政治任务。

（二）树立理性的创业教育理念

创业教育是培养大学生知识创造能力、洞察力、创新能力、适应能力等一系列综合能力的手段，不是从校方角度鼓励或引导学生创业。在我国高校创业教育观念中存在功利性商业价值评判，大都认为创业教育是针对少数大学生的教育活动。功利性的价值判断局限了许多大学生的视野，导致他们误以为创业教育就是能立即带来经济效益的商业活动，而忽略了创业教育对人的综合素质和创新能力的提升以及职业品格塑造的本质作用。以致于不少接受了创业教育的大学生根本没有认真学习和思考，而是急功近利，盲目跟风，认识停留在一般商业活动层面，没有根据自身特点进行综合素质训练和提升。创业教育不等于开公司，学生创业，取决于自身的资源禀赋和主观判断。高校创业教育旨在提升高等教育质量，将创新创业精神贯穿于教育教学全过程。创业教育也不能等同于短期的创业技能教育，它是关注于企业家精神、创新精神和创业意识相统一的素质教育，鼓励学生学会企业家的思考、敢于创新。

（三）从国家创新战略高度认识创业教育的作用

目前，我国社会各界对创业教育与创新型人才培育的认识不足，更多地把创业教育与大学生创业和就业问题联系在一起，而忽略了创业教育的更深刻的理论内涵和战略意义。大学生创新是社会进步的灵魂，国家可持续发展和腾飞的不竭动力，我国高校的创业教育应是以创新人才培养导向，发展创业教育战略目标是培养创新型人才，围绕这个目标，高校教育教学改革需构建一个全局性、系统性的工程，从国家创新战略高度重新认识创业教育的战略作用。创业教育应基于国家创新战略高度，将创业教育由专业性教育转型为普及性教育，形成全体学生的全过程学习，并作为素质教育融入人才培养全过程。创新精神与创业意识最终要成为大学生的内生变量，创业基因代代相传。

参考文献

[1] 李政. 以创业教育促进创新型人才培养的理论与路径 [J]. 高教实践与研究，2011(3)：16-21.

[2] 周祖翼. 加强创新创业教育 提高人才培养质量 [J]. 中国高等教育，2013(8)：42-43.

[3] 刘宝存. 确立创新创业教育理念 培养创新精神和实践能力 [J]. 中国高等教育，2010(12)：12-15.

[4] 侯锡林. 企业家精神：高校创业教育的核心 [J]. 高等工程教育研究，2007(2)：31-34.

[5] 张玉利，杨俊. 国外企业家精神教育及其对我们的启示 [J]. 中国地质大学学报（社会科学版），2004(4)：22-27.

[6] 张春虎. 英国高校创业人才培养的实践及借鉴 [J]. 中国高校科技与产业化，2010(7)：58-59.

[7] 丁伟民，何伏林. 基于创业教育理念的高校企业家精神教育研究 [J]. 现代教育科学，2008(4)：85-86.

[8] 王晶晶，姚飞，周鑫，等. 全球著名商学院创业教育比较及其启示 [J]. 高等教育研究，2011(7)：80-86.

[9] 石变梅，吴伟，高树昱. 纽约大学理工学院 i²e 创业教育模式探索 [J]. 现代教育管理，2012(4)：123-127.

[10] 梅伟惠. 欧盟高校创业教育政策分析 [J]. 教育发展研究，2010(9)：77-81.

[11] 李名峰. 英国高校创业教育的特色及对我国的启示 [J]. 辽宁高职学报，2012(3)：18-20.

[12] 乔明哲，陈忠卫. 英国大学创业教育的特点及其启示 [J]. 外国教育研究，2009(6)：92-96.

[13] 王志强. 一体与多元：欧盟创业教育的发展趋势及其启示 [J]. 教育研究，2014(4)：145-151.

[14] 何润字，高俊山. 瑞典创业教育的特点及其对我国高校创业教育的启示 [J]. 中国人力资源开发，2008(10)：77-80.

[15] 张宝，胡杨，刘正宗. 中美高校创业教育比较研究 [J]. 创新与创业教育，2012(2)：49-52.

[16] 张政文. 创业教育模式应以创新意识培养为目的 [N]. 中国教育报，2010-06-03(3).

大学本科毕业论文的定位与质量控制体系的构建 [①]

张宜霞 [②]

（浙江工商大学财务与会计学院）

摘　要： 与国外的大学本科教育相比，毕业论文在我国大学本科教育中是一个非常正式的环节，是本科教育质量的一项重要控制措施，被赋予了极其重要的作用和职能。但从我国大学本科毕业论文的现状来看，众多方面的原因导致毕业论文质量普遍不高，没有达到预期目标。必须构建从论文选题、资料收集、论文大纲、初稿撰写、修改定稿到答辩的全过程质量控制体系。

关键词： 本科毕业论文；定位；质量控制体系

一、我国大学本科毕业论文的定位

本科教育在高等教育中发挥着承上启下的重要作用，向上支撑着研究生教育，是研究生教育的重要基础，向下则是高中毕业生求学以及专科毕业生继续深造的首选通道。世界各国的大学都把本科教育作为大学教育的中心工作，如哈佛大学认为，"本科生教育在哈佛大学居于中心地位"。美国大学本科生往往不写毕业论文，甚至连硕士研究生都不用写毕业论文，他们更注重对学生日常学习的管理和引导。有效的日常管理给美国大学生施加了比中国大学生更大的学习压力，也使美国的大学教育质量得到了普遍的认可。对美国大学生来说，存在着"两多"。一是课外作业特别多，老师讲课很精，更多的是让学生课外自己去阅读、思考、写文章，完成各类作业，老师把平时学习与作业情况作为评价学生每学期总成绩的重要内容，学生们一点也不敢怠慢。二是考试特别多，各学科几乎每周都有考试，稍不留意，考试就会出麻烦，将影响到综合成绩的高低。"在美国这几年，我感觉很苦。在中国读中学时就挨累，到美国读大学也未得闲，每天都学到后半夜一两点钟。而

---

①　浙江工商大学课堂教学改革项目（201306）。

②　张宜霞，副教授，博士，研究方向为内部控制与风险管理。

美国学生往往都学到凌晨四五点钟，甚至通宵。"

与美国大学的"两多"相比，我们基本上属于"两少"。一是课外作业少，课堂讨论少，通常是一本指定的教材和很少的课外作业与阅读资料，教师用指定的教材讲，学生用指定的教材记，课堂提问和讨论少。二是考试少，除了期末考试，其他考试很少，很多时候期末考试也变成了考查。然而，这种情形居然更能令学生满意，某大学生杂志进行的一项调查表明，最受学生欢迎的老师具备以下特征：上课不提问，考试不抓人，课后不留作业。这种状况的形成既有其历史的原因，也有其现实制度安排的问题。如果从积极的方面来看，它似乎可以赋予学生更多的自由空间，自主选择自己的学习内容，但这要求学生必须具有很强的自我管理能力，要求学校能够对学生提供足够的帮助、指导和考核约束。与国外大学相比，我国的大学教育管理更重视对结果的考核，忽视对过程的考核，考核次数少，考核方式单一，既缺乏对平时学习过程的指导，更缺乏对平时的考核。学生往往在期末采取突击策略就能轻松过关，每门课的通过率都接近百分之百，从而导致日常学习的动力和压力不足。

因此，从大学本科教育的整个过程来看，鉴于日常教学管理的"自由化"和"松散化"，毕业论文一方面成为日常教学工作的重要补充，是"高等教育人才培养工作的重要教学环节，是高等学校人才培养质量的重要内容，是培养学生实践能力、创新能力，理论联系实际的重要渠道"。另一方面，本科毕业论文成为大学本科教育质量的一项重要控制措施，"毕业论文写作是本科教学计划的重要组成部分，是培养学生理论联系实际和锻炼学生独立工作能力的有效手段，是对学生掌握和运用所学基础理论、基本知识、基本技能以及从事科学研究能力的综合考核。毕业论文综合地反映了学生是否具有大学本科毕业的水平。"

二、我国大学本科毕业论文质量的现状及原因

"本科生毕业论文（设计），是对学生四年学习的专业基础知识和研究能力、自学能力以及各种综合能力的检验。通过做毕业论文（设计）的形式，可以使学生在综合能力、治学方法等方面得到锻炼，使之进一步理解所学专业知识，扩大知识面。"毕业论文是大学四年的最后一次学习机会和综合检测学生能力的机会，不论是学生还是老师都应该重视论文的写作，但我国大学本科毕业论文的质量令人堪忧。综合各方面的分析，导致我国本科毕业论文质量总体偏低的原因主要有：

（1）毕业论文的实用价值不高。毕业论文仅仅成了毕业的一个条件，与学生的学习、就业以及继续深造的相关性不强，与其最初定位严重不符。

（2）由于考核约束不够，学生忙于打工、考研、实习、找工作，投入时间和精力严重不足。

（3）指导教师往往要求不够严格。本科生毕业论文的质量取决于老师的控制，如果老

师要求严一点，学生的论文质量可能相对高一些。所以作为老师，应该引导学生，让学生平衡好工作与论文之间的关系。

（4）教师本身水平不够，不能提供有效的指导。

（5）平时理论指导太少。"本科毕业生的论文质量不理想，还有一个重要原因就是平时我们的教育注重的是技能培训，对理论指导很少，更谈不上有什么专门的课程教学生如何写论文。"

总之，我国本科生毕业论文质量不高的根本原因在于缺乏一个系统、有效的质量控制体系，不能充分调动学生写作和教师指导的积极性。

三、我国大学本科毕业论文质量控制体系的构建

为了确保本科毕业论文的质量，应当针对毕业论文写作的全过程进行控制，要求指导教师在论文选题、资料收集、论文大纲、初稿撰写、修改定稿、评阅答辩等环节对学生进行指导、评价和考核，培养学生的基本学术素养，使其掌握基本的写作方法。

（一）论文选题

1. 论文选题的原则

教师在确定论文题目的时候，应当遵循以下原则：

（1）创新性原则。论文题目应当具有创新性，题目代表着一篇论文的核心思想和核心论点，题目应当反映出文章的创新之处，或者研究方法的创新，或者研究内容的创新，应当体现出作者独到的见解和观点。

（2）合理性原则。应当合理确定论文选题的难度。既不能太简单，论文的内容太大众化，没有理论深度和应用价值；也不能太难，要符合学生的知识水平，学生经过一定程度的努力之后能够写出一篇合格的毕业论文。

（3）广泛性原则。论文的选题要具有一定的广泛性和开拓性，避免仅仅从本学科、本领域命题的原则，要鼓励从更广的领域、从多个角度、采用多种研究方法进行系统的综合研究。

（4）理论联系实践原则。论文选题要紧密联系实务中存在的各种问题和难点，提高适用性和应用价值。

2. 论文选题的来源

为了保证选题的质量，论文选题的确定可以参考：

（1）国家各项研究基金的研究课题。国家各项科研基金所确定的研究课题通常具有前沿性、系统性、创新性、时效性等特点，是教师确定学生选题的比较科学和有效的参考资料。

（2）各种理论研讨会的讨论热点。每年的各种理论研讨会都会针对当前理论与实务中

的热点问题进行讨论，这些热点在一定程度上反映了该领域的最新发展趋势和发展方向，以及国家经济发展在该领域的需求。

（3）国外研究前沿。可以通过网络查找国外该领域的最新研究前沿和研究内容，作为拟定论文选题的依据，使我们的论文选题紧跟国际研究前沿，与国际接轨。

（4）国内实务的需要。理论在实务应用中总会产生各种各样的问题，可以针对这些亟待解决的问题确定相应的论文选题。

3. 论文选题的管理与控制

理论和实务是在不断变化的，我们的论文选题也必须与时俱进，体现时代特色和经济发展的需要。为了保证论文选题的质量，必须建立有效的质量控制制度。

（1）专人拟题与登记备案制度

每一年都要组织专家确定本年度论文选题的重点研究领域和研究问题，作为本年度论文拟题的依据和参考。应当指定熟悉特定学术领域的专人拟定本科毕业论文选题目录，并针对每一个教师拟定的论文选题进行备案，记录拟题人的姓名、论文的题目、适用学生群体等内容。

（2）评价、更新制度

组织专家和全体拟题教师对所有论文选题进行评价，对其创新性、合理性、广泛性进行整体评估。对于质量不高、没有学术和应用价值的论文选题及时淘汰，更换新的论文选题。

（3）责任追究制度

拟题教师有责任保证论文选题的质量，并根据本学科领域的发展及时更新论文选题。经专家评审如由于拟题教师个人原因导致所拟选题存在严重的陈旧、过时、质量不高等问题，应当取消其拟题资格。

（二）资料收集

学生在完成论文选题后进行资料的收集和整理工作，指导教师应当指导学生如何查找资料。学生应当在收集资料的过程中不断地与指导教师沟通，把所收集资料以清单的形式向指导教师汇报，由指导教师帮助其确定资料是否充分，还需要收集哪些相关资料，直到共同确认论文所需资料已经充足，由指导教师签字确认。指导教师应当记录学生的资料收集情况、学习态度和表现，作为论文评价的依据。学生应当在规定的时间内完成资料的收集、整理、消化和吸收，不能完成资料收集工作的学生不得进行下一阶段的工作。

（三）论文大纲

论文大纲是论文写作的依据，学生应当充分消化和吸收所收集的资料、了解论文选题研究现状的基础上进行创新和发展，撰写论文大纲。在论文大纲的撰写中，指导教师要从方法、理论、逻辑等方面进行充分指导，但必须由学生自主完成。论文大纲要经过多次修改，只有在研究问题清楚、写作思路明确、材料充足的情况下，才可以进行下一阶段的工作。论文大纲定稿后，由指导教师签字确认。

（四）初稿撰写

论文大纲完成后，学生要按照大纲设计的思路在规定的时间内独立完成论文初稿。在撰写初稿的过程中，学生要与指导教师及时沟通论文写作中遇到的各种问题，指导教师要及时做出解答和指导，并有针对性地提出解决的思路和对策，如发现资料不够，应提醒学生补充收集资料。学生应当在圆满解决论文写作中各种问题的基础上独立完成论文初稿。

（五）修改定稿

初稿完成后，指导教师要在认真阅读和研究的基础上评价论文写作过程中各种问题的解决情况，指出论文中存在的主要问题，并与学生进行详细的探讨，提出修改建议。学生应当按照指导教师的要求对论文进行修改，直到共同确认论文符合要求为止。如果学生不能按时完成论文的修改，应当取消其答辩的资格。指导教师对修改定稿的论文要签字确认。

（六）评阅与答辩

论文评阅和答辩是考核和控制毕业论文质量的重要环节，主要有以下几个方面需要注意。

（1）论文评阅应当采用随机双向匿名的方式进行，以避免不必要的干扰，保证评阅的客观性。

（2）答辩的问题要备案，答辩前进行抽查和评估，确保数量和质量标准，及时更换不适当的问题。

（3）答辩人的论文自述要采用脱稿的形式，回答问题要采用即问即答的形式。

（4）根据论文评阅和答辩情况，严格评估毕业论文的质量是否达到了本科毕业论文的标准，没有达到标准的论文视为没有通过，延期答辩和毕业。

（5）答辩后，对论文的质量和指导质量进行全面评估，对于指导不力的教师取消其指导资格。

建立有效的本科毕业论文质量控制体系，还需要我们转变重教学、轻论文的观念，有效地处理毕业论文指导与日常教学的关系，合理地确定论文指导的工作量。

参考文献

[1] 张宜霞，周玲.《审计学》一体化案例 PBL 课堂教学模式设计 [M]// 陈寿灿 . 人才培养与教学改革——浙江工商大学教学改革论文集 (2014). 杭州：浙江工商大学出版社，2015.

[2] 仲崇光 .PBL 的高等院校教学模式探讨 [J]. 中国成人教育，2010(2)：123-124.

[3] 南开大学 . 南开大学本科生毕业论文（设计）管理规定 [S]. 天津：南开大学，2015.

[4] 中国人民大学 . 本科毕业论文写作管理办法 [S]. 北京：中国人民大学，2016.

基于创业隐性知识转移视角的浙江工商大学创客空间建设策略研究[①]

胡洪力[②]

（浙江工商大学工商管理学院　浙商研究中心）

摘　要： 在梳理文献的基础上，本文基于创业隐性知识转移视角提出一个高校创客空间运营模式，提出创客空间运营强化创业模拟及创业实践平台建设。因为创业模拟和创业实践平台是强化获取、应用创业隐性知识的关键路径。依据该模式分析了浙江工商大学创客空间建设的现状及存在的问题。最后，给出了推进浙江工商大学创客空间建设的对策建议。

关键词： 隐性知识；高校创客空间；知识转移

一、引　　言

在"大众创业、万众创新"的背景下，2015年6月浙江省人民政府办公厅颁布了《关于加快发展众创空间促进创业创新的实施意见》，其中第三条中提出要充分利用大学科技园和高校、科研院所的有利条件，构建一批高校创客空间。当前我国有很多高校已经创建了很多比较知名的创客空间，像清华大学的"i.Center"、浙江大学的"COOKIE"、哈尔滨工业大学的"微纳点石"创客空间。浙江省内的地方高校也加紧创客空间的建设，如温州大学的创客空间、浙江理工大学成立的"尚＋"众创空间、浙江传媒学院的"爱·浙"创客空间。高校创客空间的建设突破了传统的大学生创业教育模式，使得创业教育重心从原来单纯的创业理论知识传授转到了创业模拟、创业实践方面，能够有效实现隐性创业知识的转移，极大提高大学生的创业能力。

近几年，浙江工商大学开展创业教育如火如荼，成立了创业学院，并提出了创客空间建设的方案，总之，浙江工商大学创业教育取得了很大成绩但也存在不少问题。本文就是

---

① 本文为2016年度全国教育信息技术研究课题"基于创业隐性知识转移视角的浙江高校创客空间建设策略研究——以浙江工商大学为例"（166223319）、2015年度浙江工商大学高等教育研究课题"基于吸收能力视角的浙江高校大学生创业教育模式创新研究"（Xgy15046）的前期研究成果。

② 胡洪力，男，副教授，博士，硕士生导师，研究方向为创业管理。

针对浙江工商大学创业教育实践，借鉴国内外高校创客空间建设经验，推进浙江工商大学创客空间建设的对策建议。

二、浙江工商大学创业园区及创客空间建设现状

2010年6月浙江工商大学创新创业园成立，并设立了100万元的实验园专项基金，奖励大学生在园区内的创新创业突出项目。在首次创业项目申报中，经过专家评审，最后首次批准入园的共有8个项目。2013年9月浙江工商大学针对本科生创业教育设立创业实验班，以促进学生自主创业、团队创业、协同创业。首届创业实验班有29名学生，来自全校9个学院的16个专业，其中18名学生已进行创业项目运作。

2014年10月，浙江工商大学与浙江华睿投资管理有限公司签署了战略合作协议，决定开设"华睿创业先锋班"，制订个性化的创业人才培养方案，强化创业实践教学，建设创业实践教学平台或基地，对大学生创业团队或项目进行指导、会诊，对具有较大潜力的优秀的创业团队或项目，华睿将提供孵化资金。2014年11月浙江工商大学依托创业学院平台，面向全校学生推出"创业管理"微专业。微专业设置了"4211"课程模块，包括4个学分的核心课程模块，2个学分的特色课程模块，1个学分的创业沙龙和1个学分的创业实践。

2016年11月2日，浙江工商大学与浙江商大创业园管理有限公司签约共建教工路校区创业园，根据协议，双方将共同把教工路校区中区建成面向大学生及创业者的众创空间，建设创客商学院。教工路校区创业园区建筑面积为31500平方米，教工路校区创业园项目将汇聚学校"大商科"优势、校友资源优势和学校区位优势，构建资源整合、创业孵化、创投融资、创业服务、创客实训五大平台。同时，校友将发起募集"浙江工商大学校友天使基金"，用于支持大学生创新创业团队和项目、各类国家级创新创业大赛优胜项目和其他优秀创业项目。此外，将由学校创业学院牵头，吸收优秀校友企业和个人投资者参与，筹建"浙江工商大学创客商学院"，依托创业园，实现创业资源与教育资源的有机整合。

2016年12月，浙江工商大学创业学院已向学校提出创建创客空间的方案，拟在下沙校区原来金工实习基地进行创客空间建设。

从整体上，目前浙江工商大学大学生创客空间建设处于起步阶段。目前浙江工商大学仅仅在下沙校区剧院内设立了一个创新创业园，园区面积较小，能够入住的创业项目有限，不能够满足学生创业实践的需要，况且现在该园区实际上已基本没有创业项目入驻。此外教工路校区创业园建设还处于场地整治阶段。

三、国内外高校创客空间运营模式经验借鉴

（一）国内外高校创客空间运营模式分析

"创客空间"最早出现于20世纪的50年代，由美国黑客聚集的社区发展而来。随着创客空间的普及与发展，为美国、欧洲等发达国家培养了一批批具有创新、创业能力的大学生创客。目前，美国高校创客空间的发展模式已经成型，具体可以划分为四种模式：实验室型创客空间、社区联动式创客空间、图书馆型创客空间、校企合作型创客空间。

实验室型创客空间是非常优质的创客空间模型，它能够为学生提供一个非常高水平的创新创业平台，能够实现跨专业、跨学科的资源整合，同时也拥有开放式的平台，但是该模式的创客空间对于高校的能力、师资、科研水平等有较高的要求。社区联动式创客空间是新兴的创客空间运营模式，它具有投资少、成本低以及培养就业能力强等特点。其缺点是缺乏开放性，不能够进行高水平的研究与创新，所制造与研究的产品都属于低成本的。图书馆型创客空间是目前高校最常见的创客空间模式，该运营模式具有低成本、学校资源支持、师资力量支持等优势，但其作用相对单一，针对的学生创客群体范围较窄。校企合作型创客空间是目前比较受关注的高校创客空间运营模式，有效地拓展了学生的学习资源，为学生的实践及应用提供了渠道。这种模式的缺点是指向性比较清晰，其创客空间的主要构件目的一定是服务于企业所涉及的专业领域。这样对于高校其他专业的学生来说，就并不是具有开放性的创客空间模式。

（二）国内外高校创客空间运营模式经验借鉴

已有的创客空间运营模都有着不同的优缺点，必须要结合浙江工商大学自身的情况来选择合适的运营模式。像浙江大学、清华大学等名校，拥有着强大的科研水平和科学技术，建立实验室型创客空间是非常适合的。由于我校除了食品科学与工程、环境科学与工程等少数几个专业外，基本不具备产品研发的能力，就应该将学生就业作为突破口，可以选择学校与企业合作的方式创建创客空间。目前我校已经和与浙江商大创业园管理有限公司共建浙江商大创业园，并筹建"浙江工商大学创客商学院"。拟成立的浙江工商大学创客空间也可以依托该创业园，实现创业资源与本校教育资源的有机整合，以促进创客空间建设，从而提高在校大学生学生的创新、创业能力。

四、推进基于创业隐性知识转移的浙江工商大学创客空间建设的对策建议

（一）争取省市政府对创客空间建设的支持政策

目前，浙江省人民政府办公厅出台了《关于加快发展众创空间促进创业创新的实施意见》，杭州市人民政府也出台了《关于发展众创空间推进大众创业万众创新的实施意见》，给出了税收、资金、自主创业、众创空间内小微企业招用大学毕业生给予社保等方面的支持政策。浙江工商大学可以积极向相关部门争取对本校创客空间的资金、税收等方面的支持政策。例如杭州市提出 2015—2017 年期间，每年分别给予国家、省、市级各众创空间 30 万元、25 万元、20 万元的资助，专项用于房租、宽带等企业运行费用的补贴。

（二）尽快批准众创空间建设方案，确定学校创客空间管理机构及运营政策

目前创业学院已经申请创客空间建设方案，学校已经批准，并制定创客空间运营的原则和政策；学校应成立一个相对独立的创客空间管理部门，统一管理学校创客空间的运营；每年都拿出一定数量的资金用于本校大学生创业项目的资助；承认创业实践学分，并可以将学生在创客空间的项目孵化情况放在学生综合成绩的考评当中；优化创业项目筛选、创业指导、创业项目退出流程。

（三）加大创客空间要素投入

首先，尽快落实创客空间的场所。创客空间一般设有个人学习区、交流讨论区、发明制造空间。个人学习区是一个独立的空间，便于学生们的学习和钻研；在交流讨论区，学生们既可以进行交流与讨论各自的创意，也可以在这里举办讲座和培训；发明制造空间要配备传统的机械工具和新兴的数字制造工具，学生们可以在这里提高自己的动手实践能力。目前创业学院提出在下沙校区学生金工实习场地创建创客空间，应在考察浙江其他高校创客空间建设经验基础上，尽快落实场地。

其次，完善虚拟空间建设。创客空间不仅是一个实体空间，还包括虚拟空间。虚体空间是整合所有的在线资源，便于学生们学习、交流、讨论的空间。除了设置无线网络外，创客空间可以利用学校现有的微信公众号建立一个创客交流平台。使学生们能够不用出门，在平台上就可以进行讨论交流。

最后，加快创客空间硬件投入和配备创业导师。学校应积极争取省市政府资金支持，为创客空间提供必要的硬件设施，如电脑、3D 打印机、数控机床、激光切割机等高科技的工具与技术；此外为创客空间配备专业的创客导师，以及时指导大学生创业实践。

（四）完善创客空间内大学生隐性创业知识转移机制

一是可以请企业高管或成功的创业者到创客空间通过企业运营指导、创业经验分享等形式，使大学生获取隐性创业知识。二是通过创客空间的创业模拟平台使得大学生进一步消化吸收创业隐性知识。三是高校创客空间应该集成所有创客的隐性知识，使之共享，成为高校创客空间的集体智慧，如：在网络平台上，每个大学生创客都可以通过博客、视频等共享经验，把自己的隐性知识传授给他人；或者通过专业创客导师与学生面对面的学习，进行演示、模仿以及经验的互动，传播隐性知识；将创客空间中新学的知识或技术记录下来，供以后有关实验创造学习。

参考文献

[1] 柴旭东. 隐性知识视野下的大学创业教育 [J]. 高等工程教育研究，2010(1)：75-80.

[2] 李倩，程刚. 企业隐性知识共享模型研究 [J]. 情报理论与实践，2014(1)：100-104.

[3] 王敏，徐宽. 美国图书馆创客空间实践对我国的借鉴研究 [J]. 图书情报工作，2013(12)：97-100.

[4] 李聪. 高校图书馆创客空间建设策略研究 [J]. 中国科技信息，2016(19)：99-100.

[5] 曹天鸽，潘玉香. 高校践行众创空间的实践——以天津工业大学"创客空间"为例 [J]. 教育教学论坛，2016(40)：26-27.

[6] 陈鹏. 创客空间：大学生发明创造的梦工场——基于Y大学创客空间的个案研究 [J]. 现代教育技术，2016(5)：108-114.

基于专业教育与"双创"教育联动的课程改革研究 ①

——以旅行社经营管理课程为例

管婧婧② 陆净岚③

（浙江工商大学旅游与城市管理学院）

摘 要： 专项化的"双创"教育与专业知识教学间存在着脱节现象。两者的共融互动是"双创"教育也是专业教育的发展必然。本文以旅行社经营管理课程为例，立足专业课程教学，探讨了创新创业思维、知识、能力嵌入课程教学目标、内容和实践的改革路径；提出要以"双创"教育为导向，改进学生考核体系、培养教师能力、完善教学保障，更好地落实课程教学层面上的专业教育与"双创"教育联动。

关键词： 创新创业教育；专业课程教育；课程改革

一、引　言

大学生是"大众创业、万众创新"的生力军，只有培养他们的首创精神，才能让其更好地提升自身素质，适应时代发展的需要。2010 年教育部颁布的纲领性文件《关于大力推进高等学校创业创新教育和大学生自主创业工作的意见》，极大地推动了高校"双创"教育的发展。响应政策号召，近年来浙江省各高校普遍重视"双创"教育，开展了形式多样的创新创业教育活动，取得了良好的效果。但传统的"双创"教育其核心内容是教授学生如何创业创新，与专业知识的联系不够紧密。从某种程度而言，"双创"教育与专业课程教学是"两张皮"，缺乏交集，不利于学生开展基于专业知识的创业创新活动。因此，2015 年 5 月，国务院办公厅印发《关于深化高等学校创新创业教育改革的实施意见》，强调要促进专业教育与创新创业教育有机融合，调整专业课程设置，挖掘和充实各类专业课程的创新创业教育资源，在传授专业知识过程中加强创新创业教育。

① 浙江省 2016 年度高等教育课堂教学改革项目（kg20160146）、浙江工商大学 2015 年度高等教育课堂教学改革研究项目。
② 管婧婧，讲师，博士，研究方向为旅游管理。
③ 陆净岚，副院长，副教授，博士，研究方向为旅游教育。

二、专业教育与"双创"教育联动的研究现状：意义、模式、途径

自 2010 年始，学界就开始关注专业教育与创业教育互融的问题，从学校、专业、课程等不同层次，就两者融合的意义、模式和途径等进行了探讨。

（一）专业教育与"双创"教育联动的意义

1. 两者联动是专业教育与"双创"教育发展的共同需求

虽然"双创"教育和专业教育产生的时代背景不同，但两者的共融是高等教育内在逻辑发展的必然。[1]专业教育是"双创"教育的基础和载体，为其提供理论知识基础和学科平台。在创业教育 1.0 时代，教育以提高学生就业为导向，强调的是创业的具体技能；在创业教育 2.0 时代，教育的任务转变为提升学生的创业创新思维和能力，必须在已有的大学课程体系之中嵌入创新创业教育，革新课程教学模式方能取得较好的教育成效。[2]从专业教育的发展来说，"双创"教育是专业教育的有效补充和发展趋势。一方面"双创"教育能帮助专业教育实现提升学生创新和创造能力的目标；另一方面也能加深学生对专业课程的教学目标、实践应用等方面的了解，激发学生的学习兴趣，促进专业课教学。因此，"两者由分离走向聚合"，由"双体同行"转变为"合体并行"[3]，将是发展趋势。

2. 两者联动是大学生能力培养的需要

当今社会极需基础扎实、文理兼通、具有创新和创造能力的综合型人才。一专多能的复合型人才培养，同时需要专业教育和"双创"教育。前者为学生提供基本的专业知识、提供实践的领域和平台，而后者引领学生关注专业领域创新，获得创业创新技能，培养创新思维，锻炼创新能力。通过专业教学的重构，实现对创业创新能力的培养，被认为是"双创"教育实现的最佳实践途径。[4]

（二）专业教育与"双创"教育联动的模式

针对专业教育与"双创"教育的联动，学者们提出了各种模式。曾尔雷等认为"双创"教育融入专业教育的发展模式有三种：一是课程建设模式，即增加专业创新创业类课程；二是课堂嵌入模式，即以课程教学为载体渗透创业内容；三是专业实践模式，即开展课堂之外的专业创业实践项目。[4]其中第二和第三种模式能更好地实现学生在专业领域内的创新创业。曹鸿涛等则提出要构建两者的四维融合模型，即以能力导向为模型内核目标，以课程设置、师资构建融合、不完全市场监管为目标支撑。[5]而何影等针对四年本科培养的全过程，构建了"创新创业精神与通识课程相互渗透—创新创业能力与专业课程相互融入—创新创业教育与专业实习和实践相互嵌入"式的聚合三维模式，以实现专业教育与"双创"教育的联动。[3]

（三）专业教育与"双创"教育联动的途径

就学校和专业层面而言，专业教育与"双创"教育联动的实现，主要通过课程渗透、教师培养、环境支撑和校企合作等途径。[1、6]其中课程渗透意味着要将"双创"教育融入课程体系、课堂教学和专业实践环节。[7]环境支撑则包括校园创新创业文化氛围的培育、新型考核评价体系的建设、高校各机构之间的协调发展。[1、8]

（四）小结

从现有研究成果来看，学者们普遍认同在专业教育中融入"双创"教育是两者进一步深化发展的趋势。不少专家从学校和专业的层面提出了多种融合模式及实现路径。但落实到具体的课程教学上，还缺乏具有实践操作意义的探讨。因此，本文将以旅行社经营管理课程为例，从思维、知识和能力三个层面探讨如何实现"双创"教育与课程教学的融合。

三、在课程教学中嵌入"双创"教育：以旅行社经营管理课程为例

旅行社经营管理是旅游管理专业的核心课程，其实践应用导向的课程特点决定了其与创新创业教育相结合的可能性。充满创意的旅游产品和服务是旅行社吸引顾客的重要因素，所以创新创意能力应成为有志于从事旅行社行业的大学生所必备的专业素养。而旅行社进入门槛不高，小微企业特色化发展的特点，以及互联网经济下在线旅行社迅猛发展的现状为创业提供了可能。因此，"双创"教育应纳入旅行社经营管理课程的教学内容，为今后学生更好地从事旅行社工作及在该领域创业奠定基础。

（一）将创新创业思维嵌入课程培养目标

2.0 时代的"双创"教育强调的是创业意识和创新思维的培养。其中创业意识是推动大学生创新的内在需要和强大动力[9]，而创新思维则希望大学生能够以新颖独创的方法解决问题，产生新颖的、独到的、有社会意义的思维成果。这两项内容不仅要写入旅行社经营管理课程的学生能力培养目标，而且在授课过程中要通过向学生介绍旅行社行业的发展潜力、发展趋势、创新需求等内容，激发学生在专业领域内的创业意向和创新意识。

（二）将创新创业知识嵌入理论教学

在理论教学方面，要围绕创新创业重构理论教学内容。通过对知识点的梳理，可以将旅行社经营管理课程的教学体系分为三篇，即基础篇、创业篇和创新篇。其中创业篇主要围绕旅行社的设立和初期运营展开；创新篇则侧重于旅行社的产品、营销、服务等内容；而基础篇主要介绍旅行社的基本概念。在重新梳理教学内容的基础上，将旅行社经营管理实践所需要的创业和创新知识点，如创业机会识别、创业资源整合等内容融入到各篇的主

题和各章节的教学中去（见表1）。

在教学手段上突破原有的教师单向讲解模式，引入案例教学法、讨论式教学法、情境教学法等，鼓励学生探索发现，深入思考。部分基础知识以学生自学为主，合理利用课堂教学时间，培养学生的自习能力。

表1　旅行社经营管理理论教学结构模式重构

教学体系	专业课程章节	"双创"教育知识点	教学手段
创业篇	旅行社的创业环境	创业机会识别	重点知识点讲解、案例教学法、讨论式教学法、实践教学
	旅行社设立程序 旅行社的设立条件与选址	初创企业管理	
	旅行社资源与风险管理	创业资源整合 创业风险管理	
创新篇	旅行社产品开发 旅行社营销 旅行社接待业务 旅行社计调与采购	创新、创意思维	重点知识点讲解、情境教学法、实践教学
基础篇	对旅行社及从业人员的基本认知 旅行社的历史、发展趋势及新动态	创业者素质	自习为主、启发式教学

（三）将创新创业能力嵌入实践教学

要在专业课程中融入创新创业内容，必须改革传统课程教学"重理论，轻实践"的教学模式，加大实践课比重。实践教学内容包括：① 引入文科实验教学理念，以旅行社经营管理流程为依据，围绕旅行社的设立、产品设计、营销策划等设计实训项目，组织学生开展实验，培养动手和创新能力。② 开展基于创新创业任务的模拟教学，将学生划分为合作小组，模拟旅行社创业过程和初创运营，获取创新创业的直接经验，认识创新创业的规律，把握创新创业活动的程序和方法。③ 定期开展优秀企业家进课堂活动，与学生交流创业创新经验，启发学生的创新创业思路，拓宽学生的创新创业视野。④ 鼓励学生利用各类实习机会到旅行社参与实践。

另外，将课堂教学与"双创"课外实践相结合。第二课堂是进行创新创业教育最有效的途径[10]，将旅行社经营管理的教学成果与学科竞赛、创新项目、创业大赛、创业实践等课外活动进行对接，鼓励学生以课程的实践成果参与各项课外活动，让学生在活动中增长创业创新的兴趣，开拓思维，积累经验，提升能力。

（四）构建面向"双创"教育的评价体系

激励学生积极主动参与学习，提升创业创新能力，必须要有相应的评价体系。面向"双创"教育的评价体系应具有如下的特点：一是注重对实训项目的评价。实训项目成果直接体现了学生的创业创新能力，可以将实训项目的执行和完成效果纳入学生评价指标，并加大评价中创业创新的分数比重；二是在评价过程中注重多方互动，实现教师与学生、学生之间互动、互评，模拟在真实的创业创新环境中团队合作、头脑风暴的情境，将评价作为培养其创业创新能力的一种手段。

四、专业教育与"双创"教育联动下的课程改革保障

课程教学改革的顺利实施离不开师资和学校教学资源的保障。因此，一是要提升教师将创业创新教育融入专业课程教育的能力。不仅要求教师具有专业课程教学能力，同时也要求教师本身具有创业创新能力和经历。应该鼓励教师与旅行社业界紧密结合，去业界挂职锻炼，参与业界活动；同时加强专业课教师创新创业教育课程的学习，弥补该方面知识的短板。二是要进一步完善学校实施教学改革的环境。首先，要完善教师工作量计算办法，将实践教学、课外活动指导等一系列工作内容纳入工作量考核中，激发教师在专业课程中实施"双创"教学的积极性；其次，可以对教学设施和环境等进行完善，改造部分教室以便于实施圆桌讨论、线上线下互动等新型教学手段，让学生在参与式学习中提升创业创新能力；最后，对于面向"双创"教育的学生新型评价体系，学校应给予宽容和支持，允许试错，鼓励不断改进完善。

参考文献

[1] 刘小廷. 论开展创业教育的有效途径——基于创业教育与专业教育相融合的视角 [J]. 中国大学生就业，2014(2)：19-22.

[2] 石庆华. 基于《管理学》课程教学的大学生创业意识的培育 [J]. 延边党校学报，2014(2)：102-104.

[3] 何影，张利南. 创新创业教育与专业教育聚合探析——以社科类专业为例 [J]. 对外经贸，2016(4)：144-145.

[4] 曾尔雷，黄新敏. 创业教育融入专业教育的发展模式及其策略研究 [J]. 中国高教研究，2010(12)：70-72.

[5] 曹鸿涛，赵文蕾. 四维融合模型：高职院校专业教育与创业教育研究 [J]. 黑龙江高教研究，2012，30(7)：64-67.

[6] 高静. 基于"二元教育"的创业教育课程体系构建——以旅游管理专业为例 [J]. 创新与创业教育，2011，02(4)：23-25.

[7] 易伟义，余博. 创业教育融入管理类专业教育的途径和策略探讨 [J]. 湖南工程学院学报（社会科学版），2014，24(2)：85-88.

[8] 王芳 . 高职创业教育与专业教育融合的路径研究——以国际贸易专业为例 [J]. 外语艺术教育研究，
2015(4)：38-41.

[9] 唐果，贺翔 . 高校改善"学评教"效果的措施 [J]. 经营与管理，2012(03)：122-124.

[10] 吕宏凌，陈金庆，田兆富 . 大学生创新创业第二课堂教育的问题与对策 [J]. 教育与职业，2016(10)：
79-81.

高校科研团队内部知识共享机制构建研究 [①]

——以浙江工商大学为例

孙 宁 [②]

（浙江工商大学现代商贸研究中心）

摘 要：本文以知识转移相关理论为核心构建了高校科研团队内部知识共享机制的框架，在此框架下，在对浙江工商大学商贸流通领域的三个科研团队进行调研的基础上，讨论了这些科研团队内部知识共享机制中存在的不足，最后给出了完善高校科研团队内部知识共享机制的建议。

关键词：高等院校；科研团队；知识共享机制

一、引 言

科学技术的不断进步引发了知识数量的激增。因个人或组织无法拥有其所需的全部知识，所以通过知识共享的方式来获取更多的知识，已成为个人或组织提升自身能力的重要手段之一。作为我国基础研究和高技术领域原始创新的主力军之一的高校，单兵作战式的研究模式已经不能适应当前科研发展的需要，科研团队建设对于产出高质量的科研成果至关重要，而内部知识共享对于科研团队的发展具有关键性作用。但目前的研究显示，我国高校科研团队的成员的知识共享意愿还不强，也缺乏完善的知识共享机制，以至于部分高校科研团队无法充分利用团队内资源。因此，深入研究高校科研团队内部知识共享机制，推动高校科研团队内部知识共享机制的建设具有重要的现实意义。

通过对现有关于高校科研团队内部知识共享机制研究文献的查阅，本文发现目前大多数学者在研究科研团队内部知识共享时，多侧重于对科研团队内部知识共享的影响因素进行探索（张亚晶，2008；丛智慧，2011；韩国元，2012；杨洁静、李怡靖，2013；马媛，2015）。基于此，本文尝试构建一个包括内部知识共享的动力机制、转移机制、反馈机制

---

① 浙江省教科规划 2015 年度（高校）研究课题"高校科研团队内部知识共享机制研究：以浙江高校为例"（2015SCG247）、2016 年度浙江工商大学高等教育研究重点课题"高校科研团队内部知识共享机制研究"（xgy16011）。

② 孙宁，讲师，博士，研究方向为创业管理。

和激励机制在内的完整的内部知识共享机制，打开内部知识共享机制的"黑箱"，促进我国高校科研团队内部知识共享机制的建立。

二、高校科研团队内部知识共享机制的构建

高校科研团队内部知识共享是指高校科研团队的成员在研究过程中遇到因自身专业或知识限制而无法解决的问题时，产生向团队中在这一领域知识和技能拥有者进行学习的意愿，或因团队氛围等影响促使团队成员主动形成知识共享意愿后，成员在团队内部贡献知识以及接收知识，并在整个科研项目中将所共享得到的知识加以整理运用，最终实现科研团队的共同目标，提升团队能力的过程。高校科研团队内部知识共享机制主要包括团队成员知识共享的动力机制、转移机制、反馈机制和激励机制。

（一）高校科研团队内部知识共享的动力机制

科研团队内部之所以会出现内部知识共享行为，究其根本原因是团队成员所拥有的知识数量和质量分布的不均衡，即团队成员个人拥有不同的知识存量造成的。但团队成员个人在知识存量上的差异并不能完全促进团队内部知识共享的发生，科研团队知识共享的发生还需一定的推力和拉力。推力主要来自于团队内的知识提供者，而知识提供者的提供意愿取决于团队对知识共享的支持和激励程度、知识提供者拥有知识的多寡等。拉力则主要来自团队内的知识接受者，具体指团队是否拥有良好的知识共享环境、知识接受者的知识基础、知识接受者的接受意愿程度等。只有在推力和拉力的共同作用下，科研团队的知识提供者和接受者双方才能更好地进行知识共享（许金丽、王淑芹、李玉红，2016）。

（二）高校科研团队内部知识共享的转移机制

知识具有的更强内隐性和复杂性特征是影响其共享的重要因素。Polanyi（1966）最早按照可编码程度将知识分为显性知识和隐性知识。知识的显性和隐性特征主要体现在知识是否能以正式而系统的语言进行表达传输（Krogh，Roos，1996）。相对于显性知识，隐性知识主要包括信仰、隐喻、直觉、思维模式和所谓的"诀窍"等（Nonaka，1994），更加难以转移、模仿和替代（Ambrosini，Bowman，2001）。因此，知识转移要通过编码化策略与个人化策略才能实现团队内部的共享，科研团队内部知识转移是一个多阶段的动态过程，主要包括知识获取、知识融合、知识应用三个部分（孙宁，2014）。转移机制是高校科研团队知识共享机制的核心。

（三）高校科研团队内部知识共享的反馈机制

高校科研团队应该建立顺畅的反馈渠道和迅速的反馈机制，将科研团队知识转移和共享过程中存在的问题及取得的成绩及时反馈给团队成员，促使团队成员对存在的问题进行

及时改进，保证科研项目高水平完成。

（四）高校科研团队内部知识共享的激励机制

激励机制对提高科研团队成员知识共享的意愿，提高整个团队的科研水平至关重要。高校科研团队知识共享激励机制的构建分三个层次。首先，高校科研团队应根据团队的科研目标和研究任务制定合理的利益分配机制，主要包括经济利益分配和知识产权分配。其次，注重科研人员的精神激励，如，通过安排团队内成员主持学术讨论、开展专题讲座等，提高成员在研究团队中的地位，提升其工作责任感和满足感。再次，在构建激励机制的过程中要创建和谐的知识共享氛围。通过构建团队共同的愿景，使团队成员明白只有团队成员之间的通力合作、知识共享，才能解决研究工作中遇到的难题，才能最终实现团队的科研目标。而团队成员个人因为贡献了自己的知识而能够获得大家的尊重。这样的知识共享氛围，会激发团队成员的正能量，促使他们更加积极主动地将自己独到的观点和想法与其他成员交流，促进彼此之间主动进行知识共享和学习（罗洪云、林向义、朱志红，2013）。

科研团队内部知识共享的动力机制、转移机制、反馈机制和激励机制构成了一个完整的知识共享机制。在此模型上科研团队能有效地调动成员主动共享知识的意愿和行为，进而提高团队知识共享水平。

三、浙江工商大学科研团队内部知识共享机制的现状与存在的问题

浙江工商大学现代商贸研究中心作为教育部重点研究基地是目前该校最高级别的科研平台。通过对这个平台上三个科研团队的访谈，我们发现，这些科研团队形成了一系列高水平的研究成果，尤其是在围绕智库建设，积极服务国家和区域重大战略方面已经成为我国和浙江省制定商贸流通政策的重要机构之一。总体来看，这些科研团队对研究方向的把握准确，团队负责人能关注成员对隐性知识的转移和共享。但这些科研团队在知识共享的转移机制、动力机制、反馈机制和激励机制的运作方面还有待细化、明确与完善。

（一）科研团队内部知识转移机制不够顺畅

由于知识特别是隐性知识的获取难度更大，更加难以进行转移、模仿和替代，因此，科研团队如何构建更加有效的知识转移制度至关重要。通过访谈，我们发现该平台上三个科研团队开展内部知识转移的措施、制度等均不完善，造成科研团队内部知识转移机制不够顺畅。有的科研团队并未就团队成员获得的经验、心得、体会等隐性知识在团队成员间实现共享，使得团队成员的知识获取较少，知识融合、知识应用被弱化，从而制约了科研团队内部的知识共享水平，降低了科研团队的研究效率。

（二）科研团队内部知识共享的动力略显不足

由于该平台上的科研团队成员以分布在校内外的专兼职研究员为主，因此，团队的运作基本上靠科研团队负责人的个人影响力，明确的团队管理制度、细化的团队管理规范尚未形成，从而使这些科研团队的组织较为松散，团队成员的归属感不强，造成了团队内的知识提供者和知识接受者的知识共享意愿以及主动吸收知识的能力程度降低，团队内部知识共享动力不足。

（三）科研团队内部知识共享激励机制仍需完善

通过访谈，我们发现该平台上的三个科研团队内部知识共享的激励机制还不完善。首先，均未形成明确、细化的利益分配制度，这就造成团队成员利益分配的随意性比较大，不能很好地兼顾所有团队成员，使得科研团队成员的工作积极性受到很大影响。另外，定期组织科研团队召开工作例会，定期组织团队成员参加学术讨论、开展专题讲座等活动，仍未形成惯例并固定下来，使得科研团队内部知识共享受到影响。最后，由于科研团队组织的松散性，使得团队成员之间的交流沟通较少，科研团队的知识共享氛围较弱。

四、完善浙江工商大学科研团队内部共享机制的建议

（一）健全高校科研团队内部知识共享的转移机制

首先，团队负责人应该根据研究的任务和目标，优化团队成员结构，应使团队成员的年龄结构、知识结构、社会经验等方面形成互补与交叉。其次，可以通过建设专门的知识共享平台，如微信公众号、团队网站、微博等，将成员贡献的知识进行整理、归纳、发布与共享，从而促进创新知识的形成。最后，为团队成员提供讲座、内部讨论等学习形式，以帮助团队成员获取新知识，尤其是隐性知识，并促进他们对获取的新知识进行分析、加工、诊释、理解。

（二）完善高校科研团队内部知识共享的激励机制

首先，完善和明确科研团队目标考核评价体系，使团队成员明确科研团队的目标及各自的任务与职责，使团队成员知道自己在团队中的位置。其次，实施以价值贡献为导向，以促进团队知识共享为基础的高校科研团队利益分配机制，细化团队利益分配制度，调动科研团队研究人员的工作积极性。最后，在构建以教科研、社会服务、管理等业绩贡献为导向的绩效考核评价体系的收入分配制度的同时，也注意调整团队成员之间的激励水平，维护分配制度的合理性与公正性。

（三）激发高校科研团队成员的知识共享意愿

首先，科研团队中应营造鼓励创新、相互尊重、相互激励与合作的文化氛围。通过使用微信、QQ 等沟通方式，促进团队成员之间坦诚、开放、平等地沟通与相处，促使团队和谐人际关系的形成，从而提升成员知识共享意愿。其次，科研团队负责人要主动引导成员进行知识共享。最后，科研团队要将知识共享作为对成员表现的评判标准之一，对于积极参与知识共享的团队成员提供更多学习深造机会、进行鼓励与奖励等。

参考文献

[1] 丛智慧. 高校科研团队知识共享激励研究 [D]. 黑龙江：哈尔滨工程大学，2011.

[2] 韩国元. 高校科研团队知识共享研究 [D]. 黑龙江：哈尔滨工程大学，2012.

[3] 杨洁静，李怡靖. 科研团队员工知识共享激励机制构建研究 [J]. 价值工程，2013(13)：136-137.

[4] 罗洪云，林向义. 朱志红. 虚拟科研团队知识共享机制研究 [J]. 现代情报，2013(4)：12-16.

[5] 张亚晶. 高校科研团队知识共享实现机制研究 [D]. 大连：大连理工大学，2008.

[6] 马媛. 高校科研团队学生隐性知识共享激励机制研究 [J]. 天津大学学报（社会科学版），2015(5)：459-463.

[7] 许金丽，王淑芹，李玉红. 知识管理背景下团队知识共享的动力及实现机制 [J]. 中国商论，2016(10)：167-169.

[8] 孙宁. 外资企业 R&D 溢出、吸收能力与企业技术创新——基于我国省域工业企业动态面板模型的实证分析 [D]. 杭州：浙江工商大学. 2014.

[9] POLANYI M.The Tacit Dimension[M].New York：Doubleday & Co.，1966.

[10] KROGH V G，ROOS J. Five Claims on Knowing[J].European Management Journal，1996(14)：423-426.

[11] NONAKA I.A Dynamic Theory of Organizational Knowledge Creation[J].Organization Seience，1994，5(1)：14-37.

[12] AMBROSINI V，BOWMAN C. Tacit Knowledge：Some Suggestions for Operationalization [J]. Journal of Management Studies，2001，38(6)：811-829.

大国工匠的培养

——模型营造 [①]

赵秀敏 [②]　林坚玮 [③]

（浙江工商大学艺术设计学院）

摘　要： 现如今，各大高校陆续开展"建造教学模式"，并大力建设全开放的实验教学平台，从原先室内拓展到室外，"模型营造教学"已然成为设计教学中的重要环节。本文分析模型营造教学的属性，将传统实验室教学与模型营造教学进行对比，探讨了模型营造教学的重要性，提出建立以模型营造理论为核心的设计教学新模式，将教学模式从传统的重理论轻实践转变为以实践深化理论，即以问题为驱动，以实验倒逼教学，以验证激发探究。

关键词： 实验室教学；模型营造；验证探究

当提到建筑、环艺专业时，人们满脑子中只有"画"的概念，完全没有"做"的概念。"做"意味着用模型去"建造"。当自己成为环艺系教师后，就一心想把模型营造理论引入到设计教学中。要求学生在学习前，利用各种材料或建模软件构建和推敲自己的设计概念实体，这就是教学模式从传统的理论教学向模型营造教学的转变。下文将从模型营造教学的游戏性、教学性、社会性、研究性和艺术性这几个属性来探讨对模型营造理论的一些感悟。

一、模型营造教学的相关理论探索

Kate Stohr 在《用心设计：人道主义危机的建筑学回应》（*Design Like You Give a Damn: Architectural Responses to Humanitarian Crises*）一书中记录了设计师们在面对各种危机问题时的真诚态度和实践行动，其中包括了建筑师、志愿者以及建筑院校师生们的设计和工作。以及对一些建筑院校的设计教学及建造工作的记录。Steve Badanes 在

---

① 2013 年度浙江省高校重大人文社科项目攻关计划项目，编号 2013QN023。

② 赵秀敏，教授，博士，研究方向为环境设计。

③ 林坚玮，艺术设计学院 2015 级研究生，研究方向为环境设计及理论。

《扩展的建筑学：作为行动主义的设计》（*Expanding Architecture: Design as Activism*）一书详尽地介绍了聚焦于社会层面的建筑设计实践，为我们提供了丰富的案例以及一系列优秀的文章。刘庄（2014）介绍了浙江大学本科实行实验课改革，建设开放式实验平台，让本科教学从"验证"走向"探究"。徐卫国、卢向东（2005）介绍了清华大学建筑学院三年级三个实验性的设计专题，其中结合了建造教学的方式。王小红（2016）介绍了中央美术学院与德国大学合作面向本科三年级学生的建造课题，并总结德国建造课题的特点。顾大庆（2015）结合自己的任教经历，分析了建造课题的几个属性，并提出对建造课题的几点建议。张早（2013）梳理了建造教学的历史及发展脉络，结合数字设计教学展开的建造活动进行了分析，探讨了建造教学与数字技术结合的方式，以说明在飞速发展的技术之下建造知识和意识的重要性。王德伟（2007）分析总结建造课国内外现状，结合相关案例，展开对比分析，提出建造课程编制方式的具体策略和建议。张建龙（2015）介绍了同济大学建筑与城市规划学院建筑设计基础教学的成功经验，提出按阶段实施建造教学的重要性。范占军、刘学（2009）提出用建造的逻辑去理解建筑和设计建筑的观点，建立以建造为核心的设计——建造教学新模式，并提出了建造课程编制方式的具体策略和建议。

二、模型营造教学的属性

（一）游戏性

游戏性是模型营造教学的一个最基本属性。游戏性主要体现在模型营造的过程中学习理论，即从做中学，做的过程又包含了游戏的意思。模型营造教学有别于传统的设计教学，需要同学之间相互合作完成。例如本系本科一年级的课程——模型与制作，专业教师要求学生自行分组，选择自己喜欢的建筑师临摹其代表作。课程中学生的响应度与兴趣度较高，图1为本系学生完成的作品。传统的建筑理论课，专业教师向学生详细讲述著名建筑师及其代表作。学生往往在课上留下印象，却无法保留长时间的深刻记忆。通过模型与制作的课程，学生之间相互配合，在搭建的过程中了解作品的空间结构，在游戏中学习建筑理论并加深对于建筑师及其作品的印象。

游戏性还强调参与者之间的互动；某些高校的户外模型构建课会联络若干建筑院校一起参与，最后的实体建造往往进行在校园中，完成之时将会成为校园中的一个新闻事件。例如同济大学的建造节，当作品完成后，吸引了许多来自社会的人士前来观赏，甚至还有学生家长带着自己的孩子参与到作品中，并拍照留念（见图2）。这个时候其实学生完成的作品的好坏已经变得不那么重要，"游戏性"成了活动的核心。从"游戏"角度来看建造课题的功效：一方面它起到调节略显沉闷的传统设计教学的作用，犹如烹饪的调味剂，为菜肴增味增色；另一方面，它也能给学生一次向外展现自己的机会，通过这样的机会增强学生的自信心。否则，学建筑以及相关专业的学生整天埋头在寝室赶图，不能为外界所知。

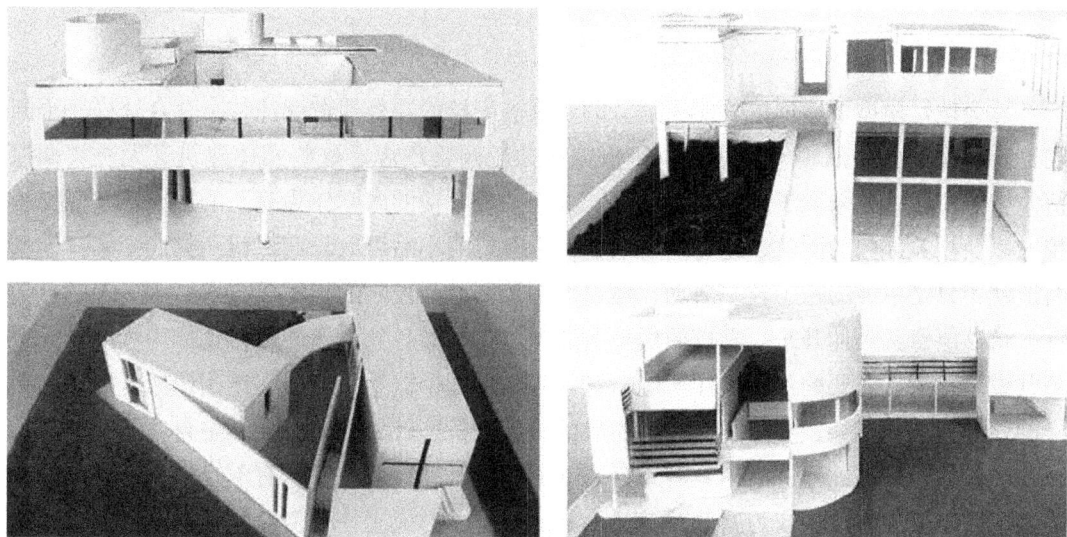

图 1　模型与制作课程学生作品

图 2　同济建造节

（二）教学性

教学性是模型营造教学的基本属性之一。建造课出现的本意就是为了解决传统设计教学所难以达到的教学目的，即有关于建造知识的学习。模型营造课程教学性还体现在新的学习内容在课程中被不断挖掘。例如香港中文大学尝试在建造课题中融入比如关于经费使用、场地的设计等问题。这些问题的加入都极大地丰富了学习内容并提供了学生们继续探索的可能。香港中文大学的建造课，采取建造初期个人独立完成的方式，到中期进行小组综合，后期小组相互配合共同完成一个建筑物，在完成共同作品后，再次回到个人设计环节。让学生重新审视并设计自己的个人方案，将在建造中所获得的知识以及与集体碰撞后的思想融入在个人设计中。这种灵活且独特的模型营造方式极大程度上提高了教学的质量，是传统教学模式无法达到的。

（三）社会性

社会性是模型营造理论的使用意义的延展。高校的户外建造课往往会存在这样一个问题，实体建筑产生后不知如何处置，根据相关校园管理规定这些实体建筑又无法长期保留。香港中文大学采取了这样一种方式，将一栋教学楼的内庭作为建造的场地，并征得了校方以及相关部门的同意，建造的构筑物作为庭院的小品可以长期保留。如此一来，模型营造就不只是单纯的一个教学活动，建造的构筑物成为校园的一部分，具有了一定的社会性。将这层意义延伸开来，学校的模型营造课可与社会各界合作开展，比如为社区建一个公共设施，为有需要的人士建住房等。进一步拓展这个概念，就是在贫困地区开展形式多样的建造活动。例如，香港中文大学主导的"无止桥"计划，校内大学生自发在柬埔寨乡村建学校的计划，此建造活动具有十分强烈的社会服务性质。香港有不少热心于捐助内地贫困地区建设的人士，成为这些建造活动的赞助者，形成了一种良性的社会氛围。这些建造活动还体现一定的生态性，选材与建造技术都源于当地，并且是由师生和当地人共同合力完成建造，具有积极的社会意义。传统的设计课程，在相当大层面上提升了学生的理论知识以及扎实的设计能力。而模型营造课程不仅能够巩固学习理论知识，更重要的是培养了学生实践能力以及社会责任感。

（四）实验性

实验性是我们谈论模型营造时常用到的形容词。实验性有别于教学性，具有一定的偶然性，用实验的方式探索教育的方式，教学性的目的是教师在建造的过程中将自己现有的知识传授给学生，而实验性的目的是师生在模型实验的过程中探索未知的知识和方法，以实验的方式倒逼教学，可以说这是一个教学相长的过程。香港中文大学教授伯庭卫研究"杠杆梁"，他在不同学校开设短期课程，与学生一同做模型探索各种利用杠杆原理搭建的结构形式。他们搭建出的结构形式都是课程之前所不知的，都是在教学的过程中产生的。实验性也依赖于跨专业领域的合作，一些建造都与技术问题相关，例如新的结构形式、资源再生利用、特殊的建造手段、能源问题等。

对于学生而言，实验性体现于构建模型的过程中对于方案形态、功能、材质推敲的不确定性。例如，我系学生公共空间设计课程的作业。教师要求学生从模型营造入手，让学生一开始先选择自己喜爱的形式语言，逐步到构造形式的形成，再逐步到组合形式的探索，再到铺装形式、内部功能以及材质的探索。这系列的演化与推敲，具有一定的实验性，教师从中起到引导作用，而方案的最终形成源于学生的不断试错。尽管作品还存在诸多不足，但这样一个构建的过程，激发了学生的探索欲望，在探索中一步步完善自己的作品。相比于传统教学，模型营造的教学方式更为主动，学生成为了自己作品的主人，而不是受到教师的限制，通过不断推敲以及自我否定最终形成作品。在实验的过程中也习得了相关的专业理论。

（五）艺术性

艺术性是设计学科无法避而不谈的属性。艺术性也体现了一个"做"的过程，美的事物只有呈现在眼前，才能被人们所感知与体会。传统的画图设计方式枯燥乏味，使得学生很难去把握事物的美感，而先做"模型"这种设计方式，学生能够更为直观地观察到作品是否具有美感、艺术感。当然，在模型营造中，视觉冲击力是吸引目光的第一要义。但对于设计模型营造而言，艺术性十分重要但却并不是唯一，设计不同于艺术，设计更要合乎于情理。那些不太具有人体尺度和人居特点的构筑物，往往会被人误认为装置艺术。所以在模型营造中，需要把握艺术，但也不能模糊设计与艺术的边界，让艺术成为目的。

三、教学中的建议

（一）在游戏中学习

专业教师应该尽可能引导学生找到自己的兴趣偏好并引导学生学会团队合作，为学生营造一个轻松的课堂氛围，让其在游戏的课堂中收获丰硕的知识，并激发其探索的欲望。学生在保持轻松愉悦的心情外，还应树立认真严谨的工作态度，做到精益求精，发扬"工匠精神"。

（二）编排灵活的课程

教师应该善于向学生抛出问题，与学生共同探索问题，全身心地参与课程之中。并用灵活的方式上课，敢于打破常规的教学流程及模式，尽可能从全方位角度教熟学生知识。学生也应参与到教学活动中，对于课程的编排，如有自己独到的见解，也可与教师商榷。

（三）培养社会责任感

模型营造教学的社会性，就要求了无论是学生还是老师，都应具有强烈社会责任感以及社会服务意识。在做作品前，应考虑好作品的用途与意义，而不是作为垃圾处理。应该积极参与社会性质的模型建造活动。

（四）培养探索精神

实验性要求师生都应该具有较强的学科探索精神。教师更多的是担任引导者、技术顾问、客户律师的身份，并参与到设计讨论中。教师给予的建议应该是多方位的，将设计的主动权交给学生。而学生应该勇于接受挫败，学会接受自己设计中的不足，并且尽可能地调整不足。在不断试错的过程中成长学习，把每一次课程当成一次锻炼。

（五）注重功能与形式的统一

设计需要艺术，但艺术不是设计的唯一。这就要求无论是学生还是老师，在设计中应注重形式与功能的统一，不能割裂其中任何一个。提醒自己不要让艺术性压过"模型营造"的本质。

四、结　语

模型营造教学是当下大学教育新要求催使和学科发展新条件下应运而生的教学模式，建筑学等相关专业中应提倡广泛意义上的模型营造，对内建立开放式实验平台，向外开展户外建造活动以及社会建造活动。教学应以问题为驱动，以实验倒逼教学，以验证激发探究。本文以此作为出发点，从模型营造教学的游戏性、教学性、社会性、实验性、艺术性等属性方面做了简单剖析，比较传统教学与模型营造教学的异同，并结合实例，从而验证模型营造教学的必要性，最后针对师生提出建议。

参考文献

[1] Stohr K，Sinclair C. Design Like You Give a Damn：Architectural Responses to Humanitarian Crises[M].Los Angeles：Metropolis Books，2006.

[2] Badanes S.Building Consensus in Design[M]//Studios B，Bell B，Wakeford K. Expanding Architecture：Design as Activism.Los Angeles：Metropolis Books，2008.

[3] 李功毅，唐景莉 . 从"验证"走向"探究"——浙江大学本科生实验课改革纪实 [N]. 中国教育报，2014-10-16(1).

[4] 徐卫国，卢向东 . 走出传统的设计课程范式 [J]. 新建筑，2005(3)：8-11.

[5] 王小红 . 从建造及材料出发的课题设计——中央美术学院建筑学院工作坊教学回顾 [J]. 城市建筑，2016(10)：51-53.

[6] 顾大庆 . 小议建筑设计教学中建造课题的几个属性 [J]. 中国建筑教育，2015(9)：88-89.

[7] 张早 . 建筑学建造教学研究 [D]. 天津：天津大学，2013.

[8] 王德伟 . 建筑学专业建造课程的比较研究 [D]. 重庆：重庆大学，2007.

[9] 张建龙 . 建造实验——阶段与目标 [J]. 中国建筑教育，2015(2)：23-26.

[10] 范占军，刘学 . 设计 / 建造教学模式的理念、做法与问题 [J]. 南通大学学报（教育科学版），2009(3)：89-92.

学期课程主题化的教学模式探索

——以"文字设计"为例

陈　岫[①]

（浙江工商大学艺术设计学院）

摘　要： 本文针对"在当下平面设计专业面临瓶颈，如何有效地提高教学"这一问题进行研究。以"文字设计"教学为主要研究对象切入，由点及面，对提出的"学期课程主题化"及其意义进行阐述。该模式"同一主题，多个层面"的特点，无论从广度还是深度，使得教学效果最大化。

关键词： 学期课程主题化；文字设计；教学模式

"文字设计（Typograhpy）是平面设计的最重要基石，就如同安尚秀（Ahn Sang Soo）所言：'文字设计是平面设计的脊梁。'"[②] 但是，在多年的教学过程中发现，学生对于字体的选择、字形的设计以及字间距、行间距的安排显得比较随意。尽管在课堂上、作业辅导中，已多次指出这些问题，但似乎仍然没有引起重视。因此，针对平面设计系学生在这方面普遍存在的薄弱问题，我系开展了为期一学期的以"文字设计"为主题的实验教学。由此，从日常教学出发，探索合适的、有自身特色的教学模式，进而练好"内功"应对各种变化。

一、学期课程主题化的教学模式的提出

关于文字设计的种种问题，之前也都讨论过，并在课程教学中尝试解决。可是，从各年级特别是毕业生的设计作品中发现，收效甚微。所以，全系教师试图找出一个真正能解决问题的教学模式。

---

① 陈岫，讲师，研究方向为平面设计。

② 蒋华：《现代美术字：作为方法的汉字》，《书籍设计》2012 年第 5 期。

（一）"文字设计"教学中存在的主要问题

1. 概念的误区——狭义地理解"文字设计"

文字在平面设计中的重要性已无须多言。无论是印刷媒体，还是数字媒体，都离不开文字。中文的"文字设计"对应于西方的"Typograhpy"，是一种涉及对字体、字号、缩进、行间距、字符间距进行设计、安排等方法来进行排版的一种工艺（见图1）。但是，对此仍存在很多误区。

虽然设有"字体设计"的专业课程，但从学生的作品来看，似乎字体方面的训练见效不大。一提到"文字设计"，同学们往往会从文字图形化的角度去理解。不得不承认，很大程度上跟课堂的引导、作业的安排有关。很多时候，课程也会将当时的各种字体比赛作为课题，而这些比赛往往会更注重文字的创意性。久而久之，忽略了"文字设计"的其他方面，甚至不知道如何恰当地运用字体。

2. 应用的误区——重英文，轻中文

另一个普遍的问题则是，学生在设计中逃避中文的应用。每每问及为何不用中文时，学生经常以"中文字体很丑，而用英文会显得洋气"这样的借口，来掩盖不能很好地应用中文字的真正原因。在老师对此解释的当下，学生会扭转这错误观点。但是到了下一个单元或之后的专业课，问题仍然频繁出现。或许是在时间有限的课程中，并没有真正透彻地理解。

（二）解决对策的尝试

鉴于上述状况，我们希望集中在一段时间内，将"文字设计"作为主题，贯穿整个视传系，通过各种活动扩大其影响力和范围，加强问题的解决力度。"学期课程主题化"的模式逐渐形成，即各年级的专业课程都围绕"文字设计"这一主题展开，同时配合其他相关课程和活动的一种教学模式。

二、学期课程主题化的教学模式

针对文字设计概念及应用的问题，决定于2012—2013年第一学期，尝试"文字设计主题学期"的教学模式，希望通过一学期的、多方位的、主题性的教学，使学生扭转对文字设计的误解，并进一步深入对文字设计的研究。

（一）教学思路——"点、线、面"结合

此次教学模式的探索，从"点""线""面"三个层次展开（图1）。

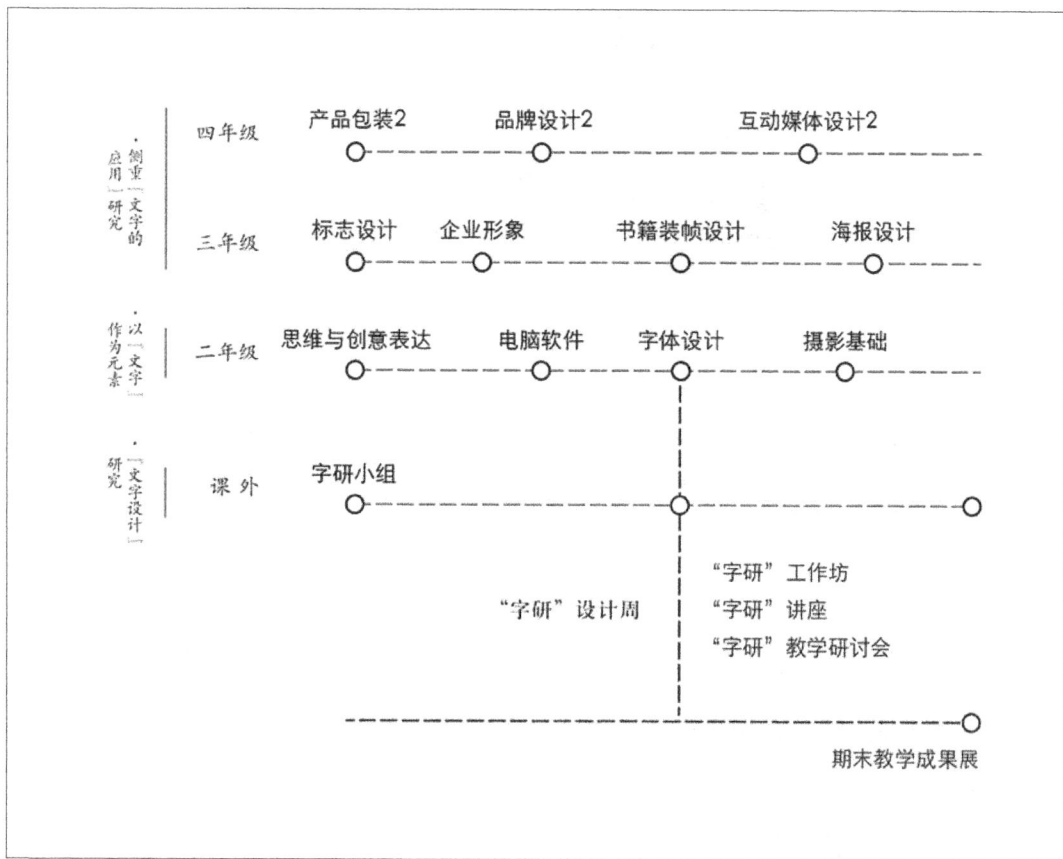

图1　教学思路："点、线、面"结合

1. 点：视传系各门专业课程

除大一外，其他年级的专业课程，都加入"文字设计"这一主题，其中又特别强调汉字设计。至于以何种形式加入、占多大比例、到怎么样的程度，仍然由任课老师把控。如二年级的"思维与创意表达""摄影基础""电脑软件"等，由于还未接触文字设计，因此，大都以文字作为主元素，进行练习。大三、大四的"标志设计""产品包装""海报设计""书籍装帧设计""互动媒体设计"等课程，则侧重于文字在不同媒介中的应用。

为配合主题学期教学，在课外增设了面向各个年级的"字研小组"①，以字体研究为主，贯穿整个学期。

---

① "字研小组"，是由专业教师组成的团队，在大二、大三、大四中挑选20位专业成绩比较好，对字体有兴趣的本科学生，进行"字体研究"的辅导。之后，也作为"字研工作坊"的主要教学对象。

2. 线：字研设计周

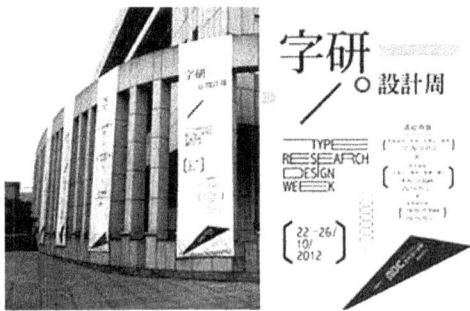

图 2　字研设计周

"字研设计周"（见图 2）活动邀请了文字设计领域的几位国内知名专家，与师生就"文字设计"展开相关的教学交流和互动，包括教学研讨会、专业讲座和短期工作坊。由此，将各个小"点"串联成线，营造浓厚的关注、探讨、研究"文字设计"的学术氛围，并将其推向高潮。

3. 面：期末教学成果展

期末，以全系专业课程展览的形式进行汇报，就此教学模式进行成果总结和研讨。

（二）增设其他形式教学环节

1. 课外"字研小组"

在不影响正常字体设计课程的情况下，组成三人教师团队，负责课外"字研小组"的开展。主要针对印刷字体的研究，以中文字为主线，结合与西文的对比分析，梳理各种关系（图 3、图 4）。

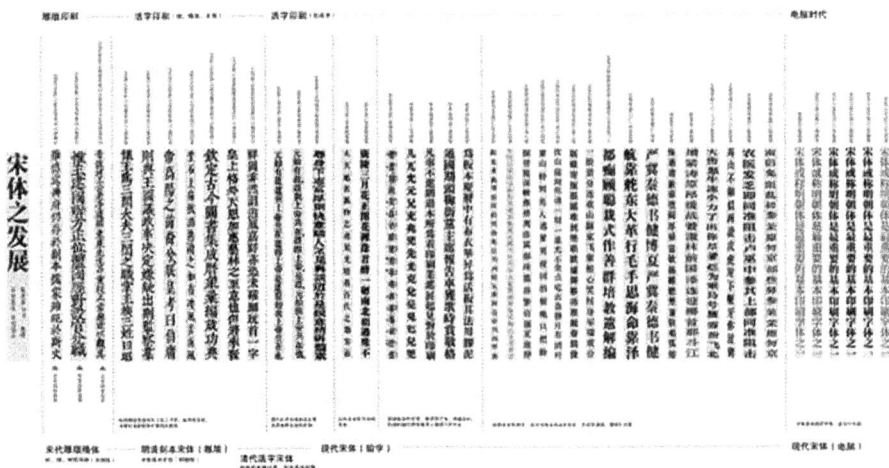

图 3　字研小组字体史分析

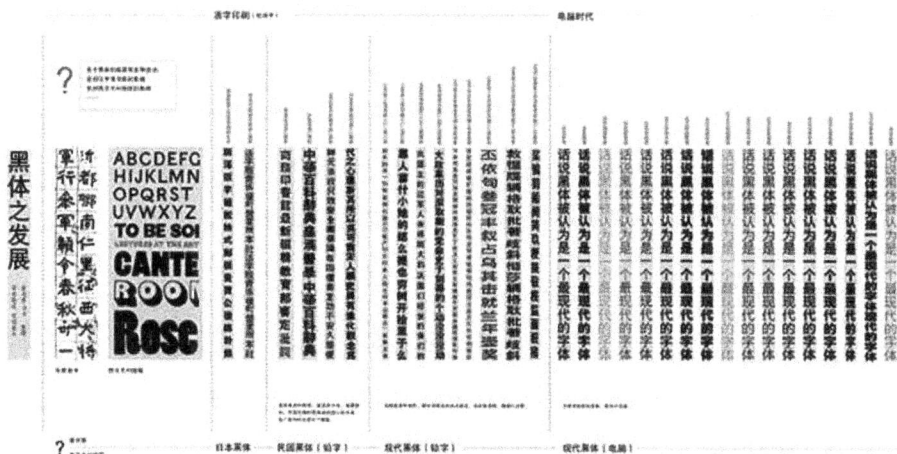

图 4　字研小组字体史分析

　　一方面，深入研究中文字体本身的骨架结构、笔画间的关系、几款基本文字体系的特点等细节。作为字体课程的补充，使同学通过比较、分析印刷字体，扭转"文字设计"即"文字创意"的片面认识。一学期中，每周 3 课时的频率，有助于学生对知识点的消化吸收，有一个循序渐进的过程。

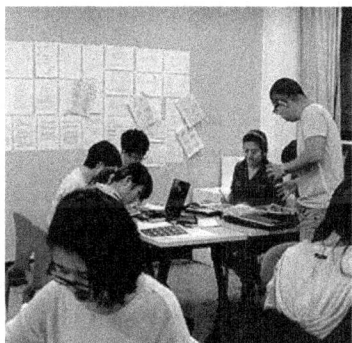

图 5　字研工作坊　　　　　　　　　图 6　字研工作坊

　　另一方面，也为"字研工作坊"（图 5、图 6）提供前期的铺垫准备和后期的延续深入工作。由于研究性课题的短期工作坊，不同于项目性的工作坊，完整度和深入度相对会弱。而文字设计方面的研究性课题又是我们学生的薄弱点，因此，在工作坊之前，先自行培养学生进行这方面的学习和训练，以提高专业水平。如此，在之后的工作坊中，能有一个比较好的起点，很快地进入到更深的层面。之后的实际情况显示，由于时间有限，虽然学生掌握了方法，但课题作业还需进一步修改。那么，这一问题在接下来的"字研小组"课程中得到了解决。如此，在"字研小组"的配合下，使短期工作坊效用最大化。

2. "字研设计周"

一个工作坊（主题——心眼准程：中文基本设计，内容包括"中国范式"和"汉字方法"两部分），三个讲座（主题——批判性实践 / 汉字语境下设计思考 / 汉字字体设计与未来），一个学术研讨会（主题——字体教学）。整个设计周的内容，紧紧围绕汉字字体的设计，加强了学生对汉字设计的正确认识，体会其在平面设计中的重要地位及如何应用。同时，在学期中期掀起一个学术小高潮。

（三）教学实践成果评估

通过一学期的主题教学实践，在师生间普遍获得了较好的反响。学生对字体设计（特别是汉字设计）、文字在平面设计中重要性的认识以及树立正确的设计观有了很大的提高。这一教学模式（学期课程主题化模式 = 统一主题的日常教学 + 主题研究小组 + 主题周 + 主题汇报展）有较强的实践价值，可以推广至解决平面设计的其他基本问题，诸如网格编排研究、图形研究、色彩应用研究等等。

1. 同一主题，多个层面

全系各年级专业课程围绕同一个大主题，学生在整个学期中，都可以感受到浓厚的主题氛围。也能通过期末教学成果展，了解到这一主题的其他侧重面，毕竟每门课程不可能对其有全面而深入的研究（图7、图8、图9）。拿"文字设计"来说，低年级的同学就能看到大四学生在"产品包装""品牌设计""交互媒体设计"中对于文字在不同媒介中应用的相关分析和设计。而高年级的同学也能在"字研小组"作品区域里看到，不同于以往的对汉字的分析研究及设计。

图7 学期主题化——书籍装帧课程作业

图8 学期主题化——标志课程作业

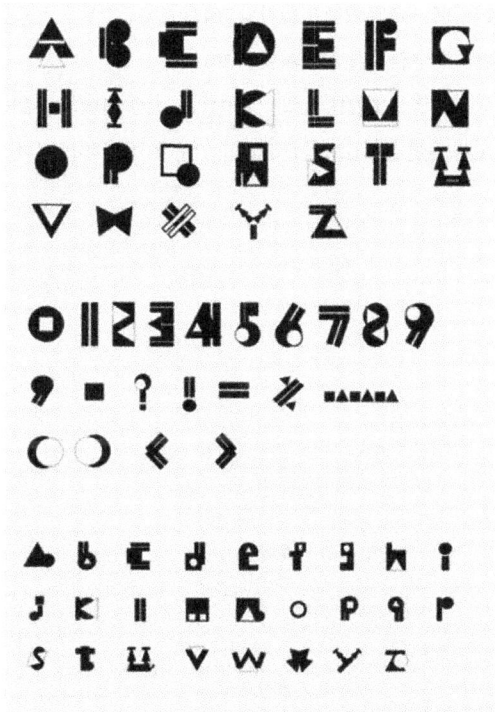

图9 学期主题化——字体课程作业

2. 形式多样，效用最大化

除了日常教学的专业课程外，增加诸如主题研究小组、主题周、主题汇报展，邀请该领域的知名专家、教授开展各类相关活动，为师生提供了很好的交流学习机会。而多种形式的教学之间都相互关联、延续，使得效果最大化。

三、结　　语

当然，实践中在某些方面也有所欠缺。比如，主题加入到专业课程中的程度把控、给予任课老师相关要求的程度把控等等。又如，这一模式是否可以扩展至大一以及研究生教学中去？以怎样的频率出现更为合适（而非完成任务似的硬性规定每个学期都要如此）？主题如何选择更为恰当？这也是今后此教学模式所要思考和提高的方向。现今，只是迈出了一小步，要提出一套合理的教学模式，需要我们在不断地实践中及时收集反馈信息，对模式不断改进和完善。这将是一个漫长的过程。

参考文献

[1] 王受之 . 世界平面设计史 [M]. 北京：中国青年出版社，2002.

[2] 李立新 . 设计艺术学研究方法 [M]. 南京：江苏美术出版社，2009.

[3] 柳冠中 . 设计方法论 [M]. 北京：高等教育出版社，2011.

[4] 祝帅 . 设计观点 [M]. 沈阳：辽宁科学技术出版社，2010.

[5] 廖洁莲 . 中国字体设计人：一字一生 [M]. 武汉：华中科技大学出版社，2012.

[6] 中国出版协会装帧艺术工作委员会 . 书籍设计 [M]. 北京：中国青年出版社，2012.